아산
정주영
레거시

아산 정주영 레거시

초판 1쇄 발행 2021년 2월 10일
초판 5쇄 발행 2023년 8월 30일

지은이 김화진

펴낸곳 서울대학교출판문화원
주소 08826 서울 관악구 관악로 1
도서주문 02-889-4424, 02-880-7995
홈페이지 www.snupress.com
페이스북 @snupress1947
인스타그램 @snupress
이메일 snubook@snu.ac.kr
출판등록 제15-3호

ISBN 978-89-521-2952-9 03320

아산 정주영 레거시

김화진

서울대학교출판문화원

머리말

2019년 11월 초에 현대중공업지주의 계열회사 현대오일뱅크를 방문하기로 했다. 그 김에 부근에 있는 고 아산(峨山) 정주영(鄭周永) 현대그룹 명예회장의 서산농장도 둘러보기로 해서 일정이 늘어났다. 역시 같은 지역에 있는 현대자동차그룹 소속 현대제철도 방문지에 포함되었다. 서산농장과 아산기념관, 현대 기업들을 돌아보면서 아산의 족적을 체감하게 되었다. 이 여정이 저자가 이 책을 쓰게 된 직접적인 계기다.

처음에는 아산의 생애와 업적을 학술적으로 조명하는 평전을 생각했다. 그런데 기업인 아산은 직업상 본인이 남긴 문서가 많지 않았고 학술적·전문적인 2차 자료도 찾기 쉽지 않았다. 그리고 아산의 20주기 즈음해서 모두가 읽을 만한 책을 내는 것도 의미가 크리라 생각했다. 그래서 본격적인 학술적 평전은 훗날로 미루고 현대와 아산에 관심 있는 독자들에게 울림을 줄 전문교양서를 쓰기로 했다. 분량은 유튜브 세대를 염두에 두어 300페이지 내외로 설정했다.

이 책은 '현대'의 역사책이 아니다. 저자 특유의 시각에서 현대와 그 사람들을 바라본 것이다. 이 책은 아산의 생애와 업적도 조명하지만 아산이 일군 사업의 과거와 현재, 그리고 미래에 더 초점을 맞춘다. 즉, 아산의 유산인 현대와 그 사람들이 이 책의 주인공이고 글로벌 기업들의 소유지배구조를 연구하는 저자의 관점이 반영되었다.

아산의 유산은 기업으로서의 현대에 국한되지 않는다. 기업의 유산은 현대자동차의 정몽구 명예회장과 범현대 기업 전문경영인, 임직원들의 활동과 업적을 통해 함께 일구어 가고 있고 기업 밖의 유산은 주로 아산사회복지재단 정몽준 이사장의 정계와 외교, 스포츠 관련 활동과 업적으로 이어져 내려온다. 아산의 3세들도 현대와 사회 곳곳에서 아산의 유업과 유지를 전승한다. 그리고 아산이 시작했거나 그 뜻을 이어받은 사회복지사업 기관들과 교육, 연구기관이 있다.

이 책에 포함된 아산과 현대에 대한 긍정적인 평가가 동시대 다른 기업인과 기업에 대한 비교 평가는 아니라는 점도 밝혀 둔다. 많은 훌륭한 기업인과 기업이 굴곡의 현대사를 헤쳐 나오면서 오늘의 한국을 같이 이루었다. 이 책은 이제 한 세대가 지나 아산 20주기를 맞으면서 현대의 과거를 돌아보고 현대와 한국 기업 미래의 방향을 찾아보기 위한 것이고, 현대나 다른 기업을 비판적인 시각에서 바라보려는 것은 아니다.

아산사회복지재단 정몽준 이사장님의 각별한 관심과 성원에 깊이 감사드리고 오늘날의 현대를 있게 한 과거와 현재의 모든 현대 임직원들께도 감사드린다. 저자와 현대의 인연을 만들어 주신 울산대 오연천 총장님과 현대중공업그룹 권오갑 회장님, 그리고 현대자동차그룹 정의선 회장님의 성원에도 감사드린다.

이 책은 어떤 형태의 외부 재정지원도 받지 않은 저자 혼자만의 프로젝트다. 이 책의 구상 단계에서부터 저자를 격려해 주신 서울대학교출판문화원 원장 정병설 교수님과 좋은 책을 만들어 주신 관계자들께 감사드린다. 저자에게 다양한 자료를 제공해 주시고 팩트체크까지 해 주신 현대중공업과 현대자동차의 여러분들께도 감사를 표한다. 시간이 흘러 세대는 교체되었지만 '현대맨'들의 회사에 대한 애정과 자부심은 면면히 계승되어 지속되고 있다는 것을 확인할 수 있었다.

2021년 1월

저자

차례

프롤로그

현대, 아산 정주영 레거시

'현대'를 상호에 공유하는 기업들이 많다. 고 아산 정주영(1915~2001) 현대그룹 명예회장이 창업한 기업의 후예들이다. 아산 생전에는 모두 '현대그룹'이라는 기업집단 내에 있다가 2000년 현대, 현대자동차, 현대중공업 등 크게 세 그룹으로 재편되었다.

세 그룹은 각기 다른 길을 걸었다. 이제 시간이 흘러 소유지배구조상의 접점은 별로 없다. 그런데도 이들 기업과 사람들에게서는 공통점이 느껴진다. 아산의 후세들은 회사를 달리해도 가족들이기 때문에 당연하지만, 혈연관계도 없고 다른 회사에서 일하는 현대오일뱅크 사람들과 현대제철 사람들 간에 공통점이 느껴지는 이유는 무엇일까.

흔히 말하는 '기업문화'라는 것이 있다. 목적과 환경에 따라 모인 사람들에게 특유의 정체성이 생긴다. 창업 때부터 내려오는 회사 조직과 인력의 정체성은 연속성을 가지고, 사람들이 하루하루 그에 적응하는 과정에서 유지되는 것이 기업문화다. 여기에는 창업자의 품성과 개성, 기업관이 스며 있다. M&A로 합류한 회사들도 그렇다.

창업자에 대한 이야기가 구전되어 내려오고 누군가 글과 책으로 이야기를 남긴다. 사람들은 그 이야기를 듣고 읽으면서 거기에 내포되어 있는 가치를 조직 내 행동에 반영한다. 고위직으로 올라갈수록 창업자와 심정적으로 가까워지고 후배들에게도 그를 전파한다. 저자가 만나 본 현대의 여러 경영자들은 진심으로 창업자를 존경하고 있었다. 창업자의 유산은 더 견고해진다.

사실 이 사이클은 기업에서뿐 아니라 인간이 살아가는 모든 곳에서 일어나는 현상이다. 인간이 만드는 모든 조직은 혼자나 몇몇이 할 수 없는 일을 해내기 위해서도 존재하고 방어적인 목적도 가진다. 어떤 용도든 강하고 지속가능해야 한다. 그러기 위해서는 정서적인 구심점이 필요하다. 왕이 있어야 하고 동아리 회장이 있어야 한다. 구심점을 견고하게 만드는 작업은 구성원 모두에게 이익이 된다. 개인에 대한 기념사업을 우상화로 폄훼할 일이 아니다.

기업인이지만 사회적·국가적 의미를 부여할 만한 거인들이 세계사에 가끔 있다. 아산이 그에 해당한다. 기업인이 한 국가의 역사적 자산이 되는 데는 기업을 일군 실적만으로는 부족하다. 그 생애가 사회에서 통용되는 보편적 가치 기준에 비추어 국가적 유산으로 남을 만해야 한다. 물론 호불호, 공과와 장단의 논란이 따른다.

해외에서 아산에 비교할 만한 인물이 그리 많지는 않지만 '이탈리아 왕'으로 불렸던 피아트그룹의 잔니 아녤리(Gianni Agnelli, 1921~2003) 회장이 떠오른다. 아산과 동시대를 살았던 아녤리는 이탈리아 현대사에 큰 족적을 남긴 인물이다. 그러나 그는 창업자가 아닌 2세대였다. 기업을 직접 경영하지도 않았고 귀족적이었다. 아산과 생년이 같은 록펠러가의 당주 데이비드 록펠러(David Rockefeller, 1915~2017) 체이스 맨해튼 회장도 미국 외교와 대외정책에 큰 족적을 남겼지만 금수저 3세였다.

아산은 이탈리아나 미국 같은 큰 배경도 없이 이들을 능가하는 비중을 차지하는 인물이다. 밖에서는 잘 알지 못하던 '코리아' 출신 창업자였고 직접 경영했고 서민적이었다. 만년에 정치에 나섰지만 아무도 아산의 기업인으로서의 정체성을 의심하지 않는다. 한국갤럽의 최근 조사(가장 좋아하는 한국 기업인, 2019.05.)에서 아산은 한국인이 가장 좋아하는 기업인으로 나타났다(24%).

아산을 기리는 영상이나 글에는 공통적으로 '도전정신' 같은 덕목이 강조되는데, 이는 아산의 출신 배경과 서민적인 풍모와 결부되어서 아산 나름의 독특한 이미지를 만들어 낸다. 틀린 것은 아니다. 그러나 아산에게는 그를 넘는 뭔가 비현실적인 요소가 있다. 서민적인 풍모와 그 시대의 허술한 배경이 우리가 아산 본연의 모습을 제대로 보는 데 오히려 장애물로 작용한다. 아산에게는 요즘 우리가 좋아하는 혁신의 에너지가 잠재되어 있었다. 헨리 포드, 스티브 잡스, 구글의 창업자들도 결코 아산에 필적하지 못할 것이다. 아산은 코리아 출신이어서 널리 알려지지 못했을 뿐이다.

아산의 생애와 업적에 대한 무게 있는 학술적 조명(평전)은 아직 없다. 이는 아산이 우리 경제사에서 차지하는 비중에 비추어 보면 놀라운 일이다. 아산은 회고록을 두 권 남겼다. 저자가 회고로 접한 아산은 기업인이었지만 굴곡의 한국 현대사를 나름의 책임감으로 기꺼이 짊어졌고 매우 정직하게 앞으로 끌고 나갔던 인물이었다. 진정한 글로벌 한국인이기도 했다.

저자는 정직성과 책임감, 그리고 본질적인 겸손함 세 덕목이 인간 아산을 규정짓는다고 생각한다. 철저한 신용과 나눔의 미덕도 거기서 나왔다. 과거의 현대가 터프하고 공격적이며 기업문화가 군대와 같았다는 말이 있다. 아산의 행적에도 그런 흔적이 역력하다. 그러나 위 덕목들이 이런 이미지와 상치되는 것만은 아니다. 건설을 위시한 중후장대 산업의 속성에서 온 것일 수도 있고 시대상을 반영한 것일 수도 있다.

2021년 3월이면 아산이 소천한 지 20년이다. 그 시간 동안 아산이 일군 현대 회사들은 성공과 실패를 맛보았고, 이제 완전히 달라진 국내외 정치경제 상황과 글로벌화·디지털화의 도전을 맞으면서 신세대와 함께 새로운 20년을 준비 중이다. 현대의 모습은 달라져도 아산의 유산은 오래도록 한국의 미래와 같이할 것이다.

정주영과 워런 버핏

아산 정주영과 워런 버핏(Warren Buffett), 두 인물은 성공적인 기업인이면서 절제와 나눔의 철학을 실천했다는 공통점이 있다. 버핏은 1958년 구입한 집에서 아직도 사는데, 현재 그 집값은 버크셔 주식 5주 가격 정도다. 그러면서 2006년 이후로 300억 달러 이상을 기부했다. 아산도 평생 검소하게 살면서 후술하는 바와 같이 무수한 사회사업을 펼쳤다.

또 아산과 버핏은 기업지배구조를 연구하는 저자에게는 비교를 통한 기능적 수렴론 검증 차원에서도 매우 큰 의미를 가진다. 기업지배구조 분야에 많은 이론과 연구가 있지만 아산과 버핏처럼 그를 현실에 구현한 생생한 실체들이 가장 좋은 교과서다.

버핏은 기업지배구조를 연구하는 학자와 전문가들을 헛일하는 사람들로 만들어 버렸다. 굳이 책과 강의를 통해 공부할 필요가 없다. 버핏을 따라 하면 된다. 세계 모든 기업의 경영자가 버핏같이 유능하고 윤리적이면 기업지배구조 연구는 필요없다.

그런데 버핏의 버크셔 헤서웨이(Berkshire Hathaway) 지배구조는 교과서에 나오는 원칙들과 반대다. 소유가 집중되어 있고 차등의결권 제도까지 채택하고 있다. 이사회도 버핏 자신과 친한 사람들 위주로 구성되어 있고 장기 재임 고령자들이 다수인데, 90세 이상 3인 포함 평균 79세다. 이사회는 일 년에 고작 두세 번 하고 사외이사들은 우리말로 '거수기'다. 버핏은 아들에게 이사회 의장을 물려줄 거라고 한다. 1967년 이래 한 번도 주주들에게 배당을 한 적이 없다. 버핏이 극단적인 이익 재투자론자이기 때문이다. 그러면 버크셔는 나쁜 기업이어야 하는데 사업만 잘되고 사회적으로 존경받으며 주가는 주당 거의 4억 원이다.

지금 국내 가족경영 대기업에서는 3세, 4세 승계가 이루어지고 있다. 그런데 큰 짐을 지고 앞으로 나아가야 할 이들이 혼란스러워하는 것 같다. 가족 내 경영권 승계 자체에 비우호적인 사회 분위기와 승계하는 사업의 복잡성, 디지털화 시대 글로벌 경쟁 심화 같은 것들이 이들을 압박한다. 아산도 한 언론과의 인터뷰에서 한국의 '부잣집 아들들'이 위축되어 있다고 했다. 씀씀이가 조금 큰 것 밖에는 없는데 사회가 그걸 주목하고 화제로 삼는다는 것이다(이채윤, 397).

새 세대 경영자들에게는 두꺼운 교과서보다 정신적으로 의지할 멘토가 더 절실하게 필요하다. 아산은 지금에 비하면 거의 원시시대라 해도 좋을 만큼 미성숙한 사회에서 사업을 일으키고 글로벌 5위권 기업을 3개나 일구면서도 한 번도 큰 사법적 문제를 일으키지 않았다. 저자가 지금까지 수집한 모든 기록과 심지어 드라마까지 확인해도 그렇다. 만년에 정치에 참여했다가 그 후유증으로 마음고생을 많이 한 것은 좀 다르게 본다는 전제다. 버핏에게 의문의 1패를 안겨 미안하지만 사실 버핏은 아산에 비하면 천국에서 사업을 한 셈이다.

아산은 격동기에 정치권력으로부터 갖은 수모를 당했지만 권력이 문제삼을 만한 허점은 없었다. 압축성장 시대에도 그랬고 서슬이 퍼랬던 신군부의 5공 시대에도 마찬가지다. 그만큼 정직하게 사업을 했다는 의미가 된다. 아산은 정직의 부산물인 손해와 불이익을 상쇄하고도 남을 만한 에너지와 혁신 자산을 갖고 있었다.

멘토는 윤리적 우월성도 갖추어야 한다. 아산이 한국인이 가장 좋아하는 기업인인 이유는 경제적 업적뿐 아니라 윤리성에서도 찾을 수 있다. 아산은 기업을 하는 목적과 국가사회적 가치에 확고한 신념을 가졌던 것으로 보인다. 기업 운영 목적과 가치에 확신을 갖는 경우 지배구조 문제는 애당초 생기지도 않는다. 1950~60년대 미국에서 기업의 목적이 사회적 기여로 이해될 때 경영자 통제 문제가 없었던 것과 같다.

산도 가까이 있으면 크기와 높이를 잘 모르듯이 우리는 언제나 해외에서 롤모델 찾기에 열중한다. 그러나 버핏 같은 외국 경영자가 오늘날 한국의 정치경제 환경에서 차세대에 좌표 역할을 해 주기는 어렵다. 한국 역사에서 그런 인물을 찾는 것이 가장 이상적이다. 아산에 대한 조명과 연구가 필요한 이유다.

정주영의 경영자 청지기론

아산의 서울 청운동 고택이나 서산농장 기념관을 가 보면 아산이 하루하루 생활했던 모습이 그대로 남아 있다. 한국에서 제일 큰 기업을 일군 창업자, 경영자, 대주주였던 아산은 당연히 재산도 어머어마했을 것이다. 신문지상에 한국 1위 부자로 오르내렸다. 그러나 검소와 소박 그 자체인 삶을 살았다는 것이 거처나 유품에서 쉽게 보인다. 아산은 자신이 부자가 아니라 현대가 부자라는 말도 종종 했다.

> "나의 생활은 중산층과 비슷한 범위를 벗어나지 않는다. 내가 생각하는 중산층 개념은 우리 직원들과 엇비슷하다는 뜻이다... 지금은 다이너스티를 타고 있는데, 평생 일도 꽤 많이 했고 나이도 있으니 탈 만하다 생각하면서도, 어떤 때는 너무 좋은 차를 타는 것이 그러지 못하는 사람들에게 다소 면구스럽다."(정주영a, 361)

세계 최고 부자들 중 한 사람인 워런 버핏이 나름 소박한 집에서 살고 집에 대문도 없어서 도둑이 들기도 했다는 일화와 오버랩된다. 버핏은 자기 재산에 자기 나이면 온갖 좋은 곳을 다니면서 재미있는 것들을 즐길 수 있지만 자신은 책상에 앉아서 회사 일을 할 때가 가장 즐겁기 때문에 그렇게 하지 않는다고 말한다. 2019년 주주총회에도 88세의 나이로 나와 7시간 동안이나 주주들의 질문에 답할 정도로 일을 좋아한다.

아산의 소박한 모습은 후손들에게도 그대로 전해져서 지금 저자가 아는 아산의 자손들은 가진 재산이나 위치에 비해 매우 검소한 풍모로 산다. 아버지, 할아버지의 사는 모습을 같이 지낼 때 체득했을 것이다. 사람은 각자 개성과 성격대로 사는 것이지만 일부 재벌 후세들이 지나치게 사치를 부리고 물의를 빚는 것과는 대조적이다.

아산은 '내 재산'이라는 생각은 쌀가게를 할 때까지만 들었다고 한다. 그저 일이 좋아서 끝없이 일을 만들었지 재산을 늘리기 위해서, 부자가 되기 위해서라는 생각은 없었다고 한다(363). 돈이 목적이었으면 어느 정도 재산이 되었을 때부터 편하게 사채업이나 했을 것이라고 했다. 그리고 이렇게 말한다.

> "기업은 규모가 작을 때는 개인의 것이지만 규모가 커지면 종업원 공동의 것이요, 나아가 사회와 국가의 것이라고 생각해야 한다. 나의 경우, 옛날 쌀가게를 했을 무렵까지는 그것이 나 개인의 재산이었다. 그러나 현재의 기업에 관해서 말하자면, 그 경영자는 국가와 사회로부터 기업을 수탁해서 관리하는 청지기일 뿐인 것이다."(371)

여기서 '국가와 사회' 대신에 '주주와 사회'를 넣으면 바로 오늘날 보편적으로 인정되는 기업관이 된다. 아산이 말한 '청지기'는 영어의 '스튜어드'(steward)에 해당되고 저자가 항상 강조하는 '겸손한 관리자'형 3, 4세 경영자 모델과 상통하는 개념이다. 사실 저자는 아산의 회고록을 비교적 최근에야 접했기 때문에 이 '수탁자' 용어가 나오는 것을 보고 상당히 놀랐다.

이 개념은 1776년 발간된 애덤 스미스(Adam Smith)의 『국부론』에도 등장한다. 물론 애덤 스미스는 관리자가 자기 재산이 아니기 때문에 나태해지는 문제, 즉 주의의무 위반을 지적했지만 거꾸로 보면 회사의 재산을 자기 재산처럼 아는 문제, 즉 충실의무 위반이 더 심각한 것이다.

누구나 보람 있고 즐거운 인생을 살 권리가 있다. 회사 경영자 자리에 있으면 하루하루 할 일이 생긴다. 특히 회사 일이 잘될 때는 그보다 더 즐거운 것이 없을 정도다. 창업자 못지않게 일에 몰입하는 신세대 경영자들도 많다. 아무리 돈이 많더라도 할 일이 없다면 피폐한 인생이다. 특히 재벌 3, 4세들은 전문직이 아닌 다음에야 남의 회사에 갈 수도 없는 것이 운명이다.

그리고 오너 경영자는 상사가 없는 회사원이다. 보기에 따라 황제보다 더 좋은 지위다. 자신을 돕는 것이 직업이고 생계유지 수단인 사람들이 생긴다. 이들 중 탁월한 사람들에게 좋은 기회를 만들어 줄 수도 있다. 회사 안팎에서 모두가 자신을 정중히 대하고 회사 일에 속하는 범위에서 지출할 권한이 생기는데 사실 그 효용은 개인적인 경우와 중복되는 것이 많다. 또, 경영자 자리에서는 보수로 인한 안정된 현금흐름도 발생한다.

그러나 이 모든 것은 회사 일에 부수적인 것이고 수단일 뿐이다. 일의 개인적인 보람과 의전과 소득은 경영권의 부차적인 측면이다. 경영권의 가장 핵심은 경영판단에 따라 회사의 현금흐름과 재산을 처분할 수 있는 권리다. 즉, 회사와 주주의 이익, 그리고 사회적 가치를 위해 사업상의 결정을 내리고 그에 필요한 인사권을 행사하는 것이다. 정직하고 열심히, 그리고 공정하게 일할 수 있는 권리고 동시에 의무다.

아산은 자신을 꽤 부유한 노동자라고 평생 생각했다(312). 그리고 성실한 노동자였다고 자평한다(431). 아산의 경영자 청지기론과 기업의 사회적 의미에 대한 생각은 아산이 떠난 지 20년이 지난 오늘날에도 그대로 타당하다. 오히려 새삼스럽게 조명될 필요까지 있어 보인다.

제1부

현대의 탄생과 성장

현대의 '성지' 서산 방문기

현대서산농장

충청남도 서산에 서산 방조제가 있다. 저자에게 아산 하면 가장 먼저 떠오르는 일이 1984년에 있었던 서산A지구 방조제의 최종 물막이 공사다. 대형 유조선으로 빠른 조류를 가로막아 초대형 방조제를 완성해낸 소식을 뉴스로 접하면서 감탄했던 기억이 있다. 아산의 발상은 컬럼버스의 계란 이야기 같기도 하고 그보다 한 수 위인 것 같기도 했다.

당시 사진을 보면 아산이 둑 끝부분에 서서 워키토키로 작업을 지휘하고 있다. 잘못되면 조류에 휩쓸려 내려갈 수도 있는 위험천만한 작업을 70세의 나이에 직접 현장지휘했던 것이다. 이 대목이 바로 현대의 대표적인 레거시인 공격적이고 헌신적인 리더십을 상징한다.

A, B 방조제 사이에 현대서산농장이 있다. 미곡처리장과 한우목장이 있는 곳이다. 1998년 6월 아산의 역사적인 소떼(통일소) 방북의 주인공이 이 농장 출신 소들이었다. 2019년 8월에 준공된 현대에코에

서산A지구 방조제의 최종 물막이 공사 모습(현대중공업 제공)

너지의 국내 최대 태양광 발전시설인 서산태양광발전소도 같이 있는데 그 위용이 대단하다. 오토바이용 밧데리 40만 개에 해당하는 전력 생산 첨단 콘트롤룸을 단 두 사람이 움직이고 있었다.

서산농장 한쪽에는 아산기념관이 있다. 아산이 현지 체류 시에 쓰던 블록조 패널지붕 건물이다. 서울 청운동 고택과 실내 분위기가 비슷하다. 즉, 검소와 소박 그 자체다. 당시에는 어지간한 더위에도 고인이 냉방장치를 켜지 못하게 했다고 하는데 지금은 약 400여 점의 유품 보존 목적으로 에어컨과 항습기가 가동된다. 고인이 작업지휘 시 사용하던 1995년식 갤로퍼도 건물 밖에 깨끗하게 보존되어 있고, 기념관 마당에는 직원들이 돈을 모아 세운 고인의 흉상이 서 있다.

현대오일뱅크

농장을 떠나 북쪽으로 올라가면 북쪽 바다에 면한 대산이 나오고 여기에 현대오일뱅크의 대산공장이 있다. 이웃에 KCC, LG화학, 롯데케미칼도 같이 있다. 정유공장과 화학공장이 함께 있는데 정유공장이라면 왠지 지나면서 옷에 기름이라도 묻을 것 같지만 제약회사보다 더 청결하고 질서정연하다.

특히, 작업장 내 안전을 강조하는 표지판이 곳곳에 설치되어 있다. '최고시설 자랑말고 최고안전 자랑하자' 같은 것들이다. 보행 중 휴대폰 사용은 물론 금지되고 공장에서의 모든 회의는 '오늘도 안전합시다!'라는 구호를 다 같이 외치면서 끝난다고 한다. 회사 소개도 안전지침에서 시작된다.

현대오일뱅크는 원래 현대정유였는데 2002년 현대그룹에서 분리되면서 상호가 변경되었다. 현대정유의 모체는 1964년에 설립된 극동정유다. 1969년에 극동셸석유주식회사가 되었다가 1977년에 극동석유로 바뀐다. 1988년에 다시 극동정유가 되었다가 1993년에 현대정유가 되었다. 아랍에미리트의 하노칼과 IPIC가 70% 주주였는데 현재는 현대중공업지주가 약 75%를 보유한다.*

30년 전인 1989년 석유협회가 발간한 자료에 "현재 5개 정유사

* 이 책에 인용된 각 회사의 현황이나 실적 수치는 대부분 2019년 또는 그 이전 자료에 의한 것임을 밝혀 둔다. 2020년에는 코로나19 상황으로 기업 실적이 통상적인 추세에서 많이 벗어나기도 했고, 이 책의 발간 작업이 2021년 1월 초에 마무리되었기 때문이다.

현대오일뱅크 대산공장(저자 촬영)

중 4개 사가 100% 민족자본에 의한 석유회사로 변모했다"고 자못 자랑스럽게 적혀 있다. 세월이 흘러 이제 한국은 세계 1위의 정유산업국이다. 5개 정유사 모두 글로벌 10위에 든다.

현대오일뱅크는 2019년 현재 하루 69만 배럴 정제능력으로 글로벌 5위다. 일산 8만 6천 배럴 유동층 분해공정 덕분에 업계 최고 고도화율인 40.6%를 달성했다고 한다. 선박연료유의 황 함량을 3.5%에서 0.5%로 낮춘 해양환경규제 'IMO 2020'으로 수요가 증가하는 저유황유 공급능력도 갖추었다.

사우디아라비아의 아람코가 2019년 12월에 지분 17%를 취득하면서 대규모 투자를 했고, SK네트웍스 직영주유소 300여 개를 인수해서 현대오일뱅크는 업계 2위가 되었다. 정유-석유화학 부문 글로벌 플랫폼 회사로 변신을 시도하면서 차세대 에너지 시장 선점 준비에 분주하다. 전기차와 수소차 시대는 복합 에너지 플랫폼 시대가 될 것이다.

현대제철 당진제철소

현대오일뱅크에서 동쪽으로 향해 삼길포를 지나고 석문방조제를 건넌다. 방조제 동쪽 끝에 접어들면 국내 최초의 철강회사 현대제철 당진제철소의 거대한 돔들이 나타난다. 철광석과 펠렛을 저장하는 밀폐형 시설이다. 내부에 들어가 보면 마치 외계 우주선을 탄 것 같다.

현대자동차그룹에 속하는 현대제철은 국내 최초의 민간 일관제철소다. 2006년에 이름을 현대제철로 바꾸었는데 현대차그룹에 들어온 것은 2001년이었고 그해 이름을 INI스틸로 바꾸기 전까지는 인천제철이었다. 1978년에 현대그룹의 일원이 되었다. 2000년, 2004년에 삼미특수강과 한보철강을 각각 인수했다.

돔을 보고 난 후에 현대중공업에 납품하는 선박용 후판제조 공장으로 이동해서 첨단 공정을 둘러보았다. 중후장대 산업 현장에서 항상 그렇듯이 여기서도 엄청난 에너지가 느껴졌다. 수백 미터에 달하는 전자동화 공정에서 한 사람도 보지 못했다. 사람은 콘트롤룸에만 있다고 한다.

이틀 동안 여러 곳을 둘러보면서 한결같았던 것은 일하는 사람들의 성실성과 소박함이다. 어디나 국내 굴지의 대형 사업장들인데도 최고위 임원들부터 일반 직원들까지 겸손하고 헌신적이었다. 저자 일행을 처음부터 끝까지 안내하고 챙겨 준 사람은 이제 서산 생활 40년을 바라본다는 현대오일뱅크 고참 부장이었는데 다음 주에 사위를 본다고 기뻐하고 있었다. 현대제철 홍보팀장은 “어려운 시기에 다들 더 열심히 많이 일하자"고 다짐들 한다는 인상적인 말도 했다.

기업문화라는 것이 존재하지만 이제는 계열까지 달라진 여러 회사에서 일하는 사람들에게서 공통점이 느껴지는 것은 놀랄 일이다. 그리고 창업주의 성품과 일하는 방식이 가족이 아닌 사람들에게도 전승되고 있다는 것이 신기했다. 이렇게 보면 창업자에 대한 기념사업은 단순한 우상화가 아니다. 유발 하라리가 말하듯이 우리 인간이 조직을 이루어 살아가는 데 반드시 필요한 가상의 초점이 되어서 질서와 동력을 제공한다. 어떻게 보면 후손들이 편히 쉬고 있는 고인을 계속 불러 모셔서 도움을 청하는 것이다.

간월도

저자 일행은 간월도의 낙조 감상과 그곳에 있는 한 횟집에서의 저녁으로 긴 하루를 마무리했다. 간월도는 서산 출신인 무학대사가 수행하던 간월암이 있는 옛 섬이다. 지금은 육지와 연결되어 있다. 간월은 달빛을 본다는 뜻인데 무학대사가 여기서 달빛으로 공부하다가 득도해서 붙여진 이름이다.

아산이 단골이었던 횟집에 들어서면 아산이 항상 앉던 자리라는 광고판이 놓인 자리가 바로 보인다. 같은 광고판을 방에도 갖다 놓아서 어디가 진짜인지는 잘 모르겠지만 광고판에 아산의 사진이 들어 있어서 마치 실제로 거기에 앉아 계시는 것 같은 느낌도 준다.

식당 사장님에게 명예회장께서 즐겨 드시던 음식이 뭐냐고 물었

더니 막걸리라고 했다. 그래서 이틀간 보았던, 나아가 그 외 많은 것들이 고인이 일군 사업과 유산 덕분이라고 생각하면서 우리도 기분 좋게 같이들 한잔했다. 현대중공업과 현대자동차의 주력 사업장은 울산에 있지만, 저자에게는 아산의 기념관이 있는 농장과 곳곳에 그 족적이 뚜렷하게 남아 있는 서산 지역이 현대의 성지처럼 느껴졌다.

정주영과 현대 성장의 약사

이 책은 역사책처럼 시간의 흐름에 따라 모든 내용을 전개하는 것이 아니고 아산, 현대, 사람들을 중심으로 이야깃거리를 대략적인 시간 순서대로 소개하는 것이다. 전체적으로 이야기를 조망할 수 있도록 여기서는 아산의 일생과 현대의 역사 전체를 주변의 일들과 함께 개략적으로 먼저 소개한다.

1915~50년대

아산 정주영은 일제강점기였던 1915년 11월 25일 강원도 통천군 송전면 아산리에서 태어났다. 출생 장소는 아산리 210번지다. 부친은 정봉식 선생, 모친은 한성실 여사이며 아산은 6남 1녀 중 장남이다.

1930년 3월, 송전소학교를 2등으로 졸업했다. 이것이 아산의 학력 전부다. 그런데 아산은 소학교에 들어가기 전 서당에서 3년을 수학했는데 천자문에서 논어와 맹자까지를 다 떼었다고 한다. 이것이 가능했을까 싶다가도 아산이 남긴 문서에 사용된 한자들을 보면 그랬을 것 같기도 하다. 소학교 졸업 다음 해 1931년부터 매년 한 번씩 가출했고 19세였던 1933년에는 인천부두와 보성전문학교 교사 신축공사장에서 막노동을 했다.

1934년에는 아산의 일생에서 매우 중요한 일이 일어났다. 서울 쌀가게 복흥상회에서 일자리를 얻었던 것이다. 독일에서 폭스바겐이 탄생한 다음 해인 1938년 아산은 신당동에서 쌀가게 경일상회를 시작했다. 1939년에 변중석 여사와 결혼했다.

1940년 서울 아현동에서 '아도서비스' 자동차 정비공장을 시작했지만 3년 후 일인들에게 뺏긴다. 황해도 수안군 소재 금광의 광석운반 사업을 하다가 해방되기 세 달 전에 그만두고 고향으로 돌아갔다. 1942년은 일본에서 이마바리조선이 주식회사로 출범한 해다.

광복 후 1946년 4월 서울 중구 초동에 현대자동차공업사를 설립했다. 1947년 5월 25일에는 현대토건사를 설립했다. 1950년 1월 10일, 두 회사를 합해 중구 필동에 현대건설주식회사를 설립했다. 1950년 한국전쟁이 나자 부산으로 피난을 갔다. 미 8군 발주 사업을 주로 하면서 일했다. 영화 〈국제시장〉(2014)에 그때의 젊은 아산의 모습이 잠깐 비춰진다. 영화에서는 반질반질한 청년 사업가가 나오는데 아산의 실제 풍모가 그렇지는 않았을 것이다.

1953년 4월에 아산은 본격적인 건설사업인 낙동강 고령교 복구공사를 맡았다. 1955년 5월에 완공하기는 했지만 엄청난 적자를 냈다. 그러나 1957~8년에 전쟁 때 파괴되었던 한강 인도교 복구공사를 성공적으로 완수한다. 한편 1957년 일본은 톤 수 기준 세계 조선 산업 1위를 차지했다.

1960년대

1960년에 현대건설은 국내 최대 건설사가 되었다. 같은 해 베트남전쟁이 발발했고 독일에서는 폭스바겐이 민영화되었다.

아산은 1961년 박정희 정권 출범 이후 정부와 일종의 파트너십 관계를 구축해 현대를 본격적으로 성장시킨다. 1964년 단양 시멘트 공장 준공, 1965년 태국 파타니나라티왓(Pattani-Narathiwat) 고속도로 공사 수주, 1967년 소양강댐 공사 착수와 현대자동차 설립, 1968~70년 경부고속도로 건설 등으로 바쁜 10년을 보내고 1971년 2월 현대그룹 회장에 취임했다.

1960년대에 현대가 급성장하기는 했지만 아직은 그다지 큰 두각을 나타내지 못했다. 1960년대는 삼성물산, 제일제당을 거느린 삼성그룹과 삼호방직, 조선방직을 거느린 삼호그룹(지금의 대림과는 다른 그룹이다.)이 한국의 선두 재벌기업이었다. 당시에는 재벌이 은행을 가질 수가 있어서 삼성은 상업은행과 조흥은행, 삼호는 제일은행을 거느리고 있었다. 현대는 현대건설, 금강스레트, 현대시멘트를 보유한 작은 재벌이었다.

1970년대

1972년에 현대조선소가 기공되었고 1974년에 26만 톤급 대형 유조선 2척의 건조를 마쳤다. 스티브 잡스의 애플이 설립되었던 1976년, 현대자동차가 거의 출범 10년 만에 고유 모델 '포니'를 내놓았고 현대건설은 사우디아라비아 주베일 산업항 공사 수주에 성공했다. 공사비는 4600억 원으로 당시 국가 예산의 약 20%에 해당하는 액수였다. 1977년 현대건설은 매출액 기준 한국 2위 기업이 되었다. 현대중공업은 4위였다. 1위가 석유공사, 3위가 한국전력이었으니 현대건설과 중공업이 사실상 1, 2위 기업이었던 셈이다. 그래서 납세도 1, 2위였다. 아산의 나이 62세였다.

아산은 1977년 2월에 전국경제인연합회 회장에 선출되어 이후 10년간 봉직하게 된다. 같은 해 울산대학교의 전신인 울산공대를 설립하고 현대건설 주식 50%(평가액 500억 원)를 출연해 아산사회복지재단도 설립했다. 당시 국가 사회복지예산의 2배가 훨씬 넘는 액수였다. 현대모비스의 전신 현대정공도 이 해 설립되었다.

1979년 10월 26일 박정희 대통령이 피살되면서 박정희 시대가 마감되었다. 곧이어 12월 12일 신군부가 권력을 장악했고 다음 해 1980년 8월 국가보위비상대책위원회가 설치되었다. 그리고 9월 1일 제5공화국이 출범한다.

1970년대에 현대는 성장을 가속화해서 재계의 선두에 올라섰다. 그러나 박정희 정권의 종식으로 종래와는 성격이 다른 대정부 관계를 설정해야 했다. 아무래도 과거보다는 불편한 관계였다. 동시에 아산은 1977년 전경련 회장에 선출되면서 재계 리더로서의 역할을 시작해야 했다.

1980년대

아산은 1981년 5월 서울올림픽유치위원회 위원장이 되어 9월에 24회 하계올림픽 서울 유치 결정을 이끌어 냈다. 1983년 2월 현대전자가 탄생했고 10월에 현대 계동 사옥이 완성되어 현대그룹 본사 계동 시대가 개막되었다. 1984년 2월 25일에는 서산 간척사업의 A지구 물막이 공사에 유조선을 활용한 정주영 공법이 탄생한다. 1985년에는 말레이시아에서 아시아 최장인 페낭 대교를 건설했다. 1987년 아산은 현대그룹 명예회장이 된다. 1988년에는 노태우 대통령이 취임하고 서울올림픽이 개최되었다.

1989년 1월 아산은 경제협력을 위해 소련을 방문해 고르바초프 대통령과 만났고, 이어서 북한을 방문해 금강산 공동개발 의정서를 탄생시켰다. 1989년은 우리나라에서 해외여행이 전면 자유화되고 중국 천안문 사태가 발생했던 해다(6월). 우주에서는 보이저 2호가 해왕성을 지나갔고 지구에서는 베를린 장벽이 붕괴되었다.

독일 통일 이듬해인 1991년 아산은 문화일보를 창간했다. '문화실'이었던 현대그룹 홍보부의 이름을 따왔다. 1980년 전경련 202개 회원사들이 공동으로 한국경제신문을 인수할 때 현대는 최대주주로 참여했었다. 아산이 초대 회장으로 기록되어 있다. 전경련 회장이었기 때문이다. 지금은 현대차가 1대주주다.

1990년대~2001년

1992년 아산은 큰 방향전환을 한다. 그해 3월, 정계에 입문해서 자신이 만든 통일국민당의 국회의원이 되었다. 그리고 12월 제14대 대통령 선거에 나섰다. 그러나 김영삼 대통령에 패배하고 1993년 정계를 떠난다. 같은 시기 미국에서는 빌 클린턴 대통령이 취임했다.

아산은 1995년 3월 자신이 62년 전 공사장에서 돌을 지고 날랐던 고려대학교에서 명예 철학박사 학위를 받았고 5월에는 미국 존스홉킨스대학교에서 명예 인문학박사 학위를 받았다. 1996년 1월 3일 정몽구 현대그룹 회장이 취임했다.

1997년 말 아시아금융위기의 여파로 한국은 IMF에 구제금융을 신청했다. 1998년 2월 들어선 김대중 정부는 동년 7월 정부·재계 간담회에서 5대 그룹의 빅딜을 결의했다. 6월에는 역사적인 소떼(통일소) 방북이 이루어졌다. 아산의 마지막 회고록은 1998년 3월에 나왔기 때문에 통일소 방북에 대한 이야기는 나오지 않는다.

2000년에는 이른바 '왕자의 난'이라고 하는 경영권 승계 분쟁이 발생해 현대그룹은 현대, 현대자동차, 현대중공업 등 셋으로 계열이 분리되었다.

아산은 2001년 3월 21일, 향년 85세로 소천하였다.

20년 전의 나

아산사회복지재단의 홈페이지에는 1970년대 후반 아산이 한 일간지에 기고했다는 글이 한 편 소개되어 있다. 아산의 성장과 발전기의 소회를 엿볼 수 있는 글이다.

20년 전의 나

(1970년대 후반 일간지 기고문, 아산사회복지재단 홈페이지, 리마스터링)

근래 허물없는 서울 친구들을 만나 '감자바위 촌놈 잘 있었나' 하고 문안을 할 때면 나는 다시없이 즐거워서 파안대소를 합니다. 내 친구들의 인삿말대로 나는 강원도 통천 한촌에서 참으로 근검한 농부의 6남 1녀 중의 장남인 촌놈으로 성장했습니다.

흉년이 들면 초근목피로 끼니를 때웠고 소 팔고 돼지 판 돈은 전답을 더 사기 위하여 장롱 속에 깊이 묻어 두는 아버지를 보기도 하였습니다. 19세에 상경하여 당시 안암골 보성전문학교 신축장에서 대이(大齒)돌을 등에 지고 올라갈 때는 다리가 벌벌 떨렸지만 그 훗날 형편이 나아져 넷째 동생 세영(世永) 군(현대자동차 사장)이 고대에 입학하였을 때는 감회가 깊었습니다.

둘째 동생 인영(仁永) 군(현대양행 사장)이 상경, 인쇄소 문선공으로 일하면서 야학을 다니고, 나는 정미소에 일터를 얻어 사글세방을 얻고 살 때 우리 형제는 저녁 한 끼만 더운밥을 손수 지어 먹고 아침 점심은 찬밥으로 기식(飢食)을 감식(甘食)으로 지냈습니다. 밥 지을 땔나무 값을 아껴 쓰기 위한 생각이었습니다. 우리 형제들은 30년 전에 이미 열관리 훈련을 해 둔 셈입니다.

인영 군은 박봉을 모아 동경 청산학원으로 고학의 길을 떠났고, 나도 안 먹고 안 쓰고 박봉을 푼푼이 모아서 장사밑천을 만들었습니다. 현재 나라에서 저축을 생활화할 것을 국민에게 호소하고 있습니다. '살기도 어려운데 무슨 저축이냐'고 생각하는 사람은 영원히 가난하게 사는 길밖에 없습니다. 가난과 고생길을 면하려면 어려운 중에도 근검저축하는 길밖에 없습니다.

나는 푼푼이 모은 돈으로 자동차 수리공장을 시작하였습니다. 사글세로 얻은 빈터에 망치 몇 자루와 '스파나' 몇 상자였습니다. 그래도 그 당시는 기술일이라서 그런지 재미를 톡톡히 보면서 6·25 전 해에 자동차 수리공장을 중지하고 현대건설을 창립할 밑천을 단단히 만들었습니다. 현대건설은 다시 현대자동차로 하여금 명실공히 국제경쟁력을 가진 종합자동차공장을 발전시킬 수 있는 공신력을 길러 주었습니다.

강원도의 산촌 아산리가 나의 마음의 고향이라면 자동차공장은 사업의 고향입니다. 요사이는 조선에 미쳐서 세계적인 평가를 받기 위하여 밤낮이 없습니다. 건설, 조선 등 8천여 명의 기능공들이 철모를 쓰고 어두운 첫새벽부터 쏟아져 들어오고 밤낮없이 교체되는 것을 바라볼 때 나의 임무는 다시없이 막중함을 느끼게 됩니다.

과거 나의 동무들은 나를 주영(周永)이라 불렀는데 요사이 사업관계로 알게 된 친구들 중에서 시멘트 동업자였던 이정림 씨는 '콩 좋아하는 말'이라 부르고, 건설 동업자인 조정구 씨와 이재준 씨는 '촌 당나귀'라고 부르지만 기특한 고향 친구 박용학 군과 자동차 동업자인 김창원 군은 한결같이 나를 아저씨라고 불러 주어서 서울생활에 보람을 느낍니다.

나라의 은혜로 현재 모두 한결같이 사업을 하고 있는 우리 6형제들이 내 친구들을 친형님 이상으로 존중하여 주어서 형제간에 더욱 깊은 우애와 정으로 부모님께 효도한다고 생각하며 살고 있습니다.

40년 전 고향 부모님이 맏며느릿감으로 일등이라고 고르고 고른 내 아내는 요사이 9남매의 어머니로 걱정이 태산 같습니다. 두메산골 처녀로서, 서울 노인으로 개명하여 가는 아내는 대학에 다니는 아들들이 제 앞가림도 못하는 학생이 될까봐 걱정이 일과랍니다.

30년 전 구멍가게는 세계의 은행가들이 스스로 자금을 지원하겠다고 찾아올 만큼 자랐습니다. 내가 잘되는 길이 나라가 잘되는 길이요, 나라가 잘되는 길이 곧 내가 잘되는 길이라고 가르치는 말은 강인한 내 신구(身軀)에 정성어린 애국심을 심어 주는 듯합니다.

현대의 어머니 변중석 여사

강릉에 있는 국내 최초의 럭스티지 호텔 씨마크호텔은 1971년에 호텔현대가 '강릉비치호텔'로 개관했던 곳이다. 영동고속도로가 개통되면서 박정희 대통령이 아산에게 강릉에 좋은 숙박시설 하나 지어 보라 권해서 만들어진 것이다. 2015년 6월에 씨마크로 재개관했다. 세계적인 건축가 리처드 마이어가 디자인했다. 마이어에게는 '백색의 건축가'라는 별명이 있는데 씨마크는 눈부신 백색 건물이다. 아산은 고향이 가깝다고 해서 경포대의 현대호텔을 매우 좋아했고 중요한 사업구상과 휴식을 위해 자주 머물렀다.

씨마크호텔 부근 송정해변의 한 막국수 집에 들어서면 입구에서 아산과 부인 고 변중석(1921~2007) 여사가 같이 찍은 큼지막한 사진과 마주치게 된다. 사진 옆에는 1998년의 한 날짜로 아산의 사인이 되어 있는데 사진을 다른 데서 갖다 쓴 모양이다. 아산은 1939년에 고향 면장의 장녀 변중석 여사와 혼인했고 8남 1녀를 두었다.

아산은 회고록에서 변중석 여사를 '평범한 아내'라고 하지만 아

고희를 맞은 아산과 변중석 여사(아산사회복지재단 제공)

무도 그 말에 동의하지 않을 것이다. 가장 평범해 보이지만 가장 비범한 여성이었다. 아산의 변중석 여사에 대한 술회다.

"나는 평생 아내의 생일도 결혼기념일도 모르고 산 사람이라서 만일 아내가 감격적이거나 감동적으로 살고 싶어 하는 사람이었으면 나한테 불만이 많았을 것이나 나는 불평을 한마디도 들어 본 적이 없다. 병원에 들어가기 전까지도 자기 재산이라고 생각하는 것은 평생 동안 6·25 직후에 내가 사 준 재봉틀 한 대뿐일 정도로 아내는 욕심이 없는 사람이다... 아내가 재봉틀 한 대를 유일한 재산으로 아는 점, 부자라는 인식을 전혀 하지 않는 점, 평생을 변함없이 사는 모습을 나는 존경한다... 시집온 후 단 한 번도 친정 식구를 본 적이 없는 채 저렇게 병석에 누워 있는 것을 보면 무엇보다도 가슴이 아리게 안쓰럽다... 평범한 사람이지만 평생 불평이라고는 모르고 그저 묵묵히 변함없이 살아 준 아내의 공에 이제 뒤늦게서야 고마움을 알겠다."(418, 420, 421)

아산은 회고록에서 변중석 여사에 대해 많이 이야기하지는 않는데, 잠깐씩 비치는 대목들 중에서 이런 구절이 눈에 띈다.

"현저동 산꼭대기 셋방에서 신당동으로 옮겨 쌀가게를 할 때도, 하나씩 둘씩 서울로 올라온 동생들을 데리고 살 때도, 아내는 쌀도 팔고 두부도 팔면서 나름대로 가용 돈을 벌었다. 당시 '아도서비스' 자동차 수리공장은 종업원이 60여 명이나 되는 꽤 큰 회사였지만 나는 아침 밥상에 김치 한 가지와 국 한 대접 이상의 반찬을 용납하지 않았고 어머니와 아내는 그 많은 종업원들의 식사를 매일 공장으로 머리에 이어 날랐다."(401)

변중석 여사의 조용한 강단이 여기서도 느껴진다. 아산의 가족은 요즘은 상상하기 어려운 대가족이었다. 아산 자신이 우선 6남 1녀 중의 장남이었다. 그리고 슬하에 아홉 자녀를 두었다. 손주들과 조카들을 다 합하면 수십 명이 된다. 1989년 새해 첫날 가족사진을 보면 거의 80명이 찍혀 있다. 변중석 여사는 그 대가족의 어머니로서 상당 세월 넉넉지 않은 가계에 바람 잘 날이 없었을 가족 내 대소사를 다 감당했을 것이다.

아산의 첫 번째 회고록 『시련은 있어도 실패는 없다』에 '힘들었을 자식들을 위한 변명'이라는 장이 있다(정주영b, 339~41). 여기서 변중석 여사의 가족 내 역할이 잠시 비친다. 아산은 "건전한 기업인지 아닌지는 그 기업의 기업주와 가족의 사생활을 보면 알 수 있다"고 한 다음 다소 가혹할 만큼 엄한 자녀 교육을 했다고 말한다. 그는 항상 검소를 당부했고 사람들에게 빈부의 차를 느끼게 하는 행동을 첫째가는 금기로 했다고 한다. 그래서 "집사람의 역할은 자연히 아이들을 감싸는 보자기 노릇"이었다고 적는다.

나아가 아산은 손주들에게까지는 자신의 방식이 제대로 먹히지 않음을 '개탄'한다. "며느리들이 손주 녀석들을 자가용에 태워 학교엘 보내기도 하고, 또 특수한 국민학교에 보내는 예도 있는 것 같다. 못마땅하기 짝이 없는 일이지만 손주 녀석들 키우는 문제에까지 시아버지가 잔소리를 할 거냐는 집사람의 만류에 그저 씁쓸할 뿐이다." 물론, 누구누구 자식이라는 부담에 엄격한 통제까지 감당하면서 자랐을 자식들에게 미안한 마음도 표하고 있다.

변중석 여사는 이 세상의 어머니가 겪을 수 있는 가장 힘든 일을 세 번이나 겪었다. 아들 셋을 앞세워 보낸 것이다. 운명이란 참으로 잔인한 것이다. 왜 하필이면 이런 어머니에게 그런 시련이 올까. 변중석 여사는 두 아들을 잃고 그 여파로 1991년에 희귀병을 얻어 쓰러졌고 결국 일어나지 못했다. 그 때문에 정몽헌 현대그룹 회장의 비운은 알지 못했고 아산의 타계도 알지 못했다고 한다.

정몽준 아산사회복지재단 이사장의 2015년 씨마크호텔 개관식 인사말에 변중석 여사에 대한 회고가 들어 있다.

씨마크 호텔 개관식 인사말

(MJ 블로그)

비가 오는데 먼 길 와 주셔서 감사합니다.

호텔을 짓느라 수고하신 정수현 현대건설 사장님, 권오창 현장소장님과 협력회사 여러분께 감사드립니다.

이곳 경포대는 저희 아버님의 꿈이 배어 있는 곳입니다. 아버님 고향은 강원도 통천군 송전면 아산리인데 지금은 북한 땅이 되어 버렸습니다. 아버님은 늘 이곳에 와서 차로 가면 한 시간 거리에 있는 고향땅을 그리워하셨습니다.

어릴 때 기억이 납니다. 제가 초등학교 1학년 즈음이었습니다. 그때는 통행금지가 있던 시절이었습니다. 통금이 해제되는 새벽 4시에 온 가족이 장충동 집을 출발해서 마장동 시외버스 정거장에서 버스를 타고 이곳 경포대에 오곤 했습니다. 그때는 고속도로는 물론이고 포장도로도 없어서 대관령을 넘어서 도착하면 저녁때가 됐습니다. 어머니가 밥솥과 식기를 사기 위해 다른 가족들을 데리고 시장에 가시면서 제일 어린 저에게 짐을 지키라고 하셔서 혼자 무서워했던 기억도 납니다.

당시 몽구 형, 몽근 형, 몽우 형, 몽헌이 형, 경희 누나, 사촌인 문숙 누나, 사촌동생 형숙이가 같이 갔습니다. 소나무가 많은 해변에 형들이 몽고텐트를 치고 근처 민박집에 방을 2개 정도 잡아서 며칠 지내곤 했습니다. 한번은 형들이 밤새도록 시끄럽게 놀아서 그랬는지 동네 주민들이 와서 다른 곳으로 가라고 하기도 했습니다. 주로 어머니와 같이 왔는데 어머니는 솥단지나 그릇을 사서 음식을 해 드시고 서울로 갈 때는 쓰던 그릇들을 모두 민박집에 주셨습니다.

한번은 고모와 같이 왔는데 고모는 도착한 뒤 가자미를 잔뜩 사서 말리

셨습니다. 돌아갈 때 그릇에 생선 말린 것을 넣어서 갖고 갔는데 꼬마였던 저를 포함해 모두들 무거운 짐을 들었습니다. 어머니가 오셨으면 가볍게 돌아갔을 텐데 하면서 끙끙거리고 그릇들을 갖고 갔던 기억도 납니다.

또 언젠가는 모기가 많아서 밤에 속초로 갔습니다. 컴컴한데 바다로 배를 타고 나갔다가 배가 뒤집혀서 죽을 뻔한 적도 있었습니다.

이렇게 경포대는 저희 가족들에게 고향마을과도 같은 곳입니다.

금년은 아버님의 탄생 100주년입니다. 또 3년 후면 평창동계올림픽이 열립니다. 아버님께서 거의 50년 전인 1971년에 여기에 호텔을 지으셨는데 너무 낡아서 아버님의 뜻을 기리는 새로운 호텔이 세워지면 좋겠다고 생각을 해 왔습니다. 1971년인가에 영동고속도로가 개통되었던 것으로 알고 있습니다. 박정희 대통령께서 아버님에게 고속도로가 개통되는데 강릉에 좋은 숙박시설이 없으니 호텔을 한번 지어 보는 게 어떻겠느냐고 해서 지었던 것으로 알고 있습니다. 그때 6개월만에 지었다고 들었습니다. 이번에는 2013년 착공을 했으니 그때보다는 오래 걸렸습니다. 도와주신 모든 분들에게 감사드립니다.

얼마 전에 이홍구 전 총리께서 씨마크가 무슨 뜻이냐고 물으셨습니다. 사실 저도 무슨 뜻인지 몰랐는데 가만히 생각해 보니 어느 지역을 대표하는 중요한 건물을 랜드마크라고 하니까 씨마크는 바닷가에 있는 랜드마크라고 보면 될 것 같습니다.

앞으로 이곳 강원도는 우리나라 관광 산업의 중심으로 크게 발전할 것이라고 믿습니다. 씨마크 호텔이 우리나라의 좋은 호텔로서 지역발전에 기여할 수 있게 되기를 바랍니다.

감사합니다.

저자가 이 책을 쓰기 시작한 후 이런저런 자리에서 아산에 대한 이야기를 좌중의 화제로 꺼내 보면 많은 사람들이 질문 세례를 하거나 일화를 풀어 놓는 등 아산에 대해 관심을 잃지 않고 있을 뿐 아니라, 아산 시대의 기억이 그다지 선명하지 않을 저자의 세대나 그 아래 세대임에도 불구하고 '사실은 변중석 여사가 더 대단한 분이었다'는 말들을 했다.

사람들이 어떤 기억에서 그런 말을 하는 것일까 신기했다. 특별한 기억이 없더라도 아산과 같이 치열한 인생을 산 인물과 평생을 같이 한 배우자로서, 그리고 파란 많은 대가족의 안주인으로서 변중석 여사에게 요즘 세태와 비교하면 엄청난 인내와 자제와 헌신이 있었을 것이라는 경험적 추측이 가능할 것이다.

'현대의 어머니' 변중석 여사는 2007년 오랜 와병 끝에 작고했다. 아산 타계 때와 마찬가지로 장손 정의선 현대자동차 회장이 장례식에서 영정을 받들었다.

열고 짓고 잇고

인간은 한정된 지역에서만 살 수가 없다. 일단 생존에 불리하고 그다음으로는 재미가 없다. 인류의 문명은 길을 통해 전파되어 왔고 경제활동과 사회적 교류도 길을 통했다. 길을 가다가 물을 만나면 다리를 놓았고 험한 산이 나오면 터널을 뚫었다. 두 바다와 두 강줄기를 잇는 운하를 건설했고 바다를 넘어 다니는 배가 사람과 물건을 내리고 싣는 항만을 만들었다. 이 모든 인프라 건설을 사업으로 하는 회사가 건설회사다.

건설회사는 물길을 막아 전기를 생산하는 댐과 발전소를 짓는다. 농사에 필요한 저수지와 관개시설도 건설회사 담당이다. 주거용 주택과 사무용 빌딩과 공장, 호텔, 그리고 학교와 병원도 짓는다. 건축물은 인류문화의 중요한 일부이기도 하다. 우리가 해외 관광을 가면 대개 그 나라의 건축물을 구경하고 온다.

건설인 아산

아산의 회고록 제3장은 그 제목이 "나는 건설인"이다. 아산은 "...'현대건설' 외에도 많은 업종의 회사를 갖게 돼 그룹회장, 명예회장으로 불리고 '경제인'으로 불리기도 하지만, 혼자 내심으로 나는 어디까지나 건설업을 하는 '건설인'이라는 긍지와 자부심을 잃어 본 적이 없다"고 쓴다(정주영a, 129). 그 바로 다음 제4장의 제목이 "현대자동차와 현대조선"이다. 현대의 뿌리가 현대건설에 있음을 쉽게 알 수 있다.

2000년 현대가 계열 분리될 때 현대, 현대자동차, 현대중공업 셋으로 나뉘었고 현대차와 중공업이 '떨어져 나가는' 모양을 취했던 이유도 현대에 현대건설이 포함되어 있었기 때문이다. 즉, 현대건설은 현대의 종갓집이었다.

2001년 산업은행에 넘어갔던 현대건설을 다시 찾아오기 위해 2010년 말 현대그룹과 현대자동차그룹이 치열하게 경쟁한 이유도 여기에 있다. 우여곡절 끝에 현대건설은 2011년 3월 현대자동차그룹에 편입되었다. 2020년 현재 현대건설 지분율은 현대자동차가 20.9%, 현대모비스 8.7%, 기아자동차 5.2%다. 국민연금이 11.4%를 가지고 있다.

현대건설 70년사의 제목은 "열다 짓다 그리고 잇다"다(2017년 5월에 전 3권으로 펴냈으며 현대건설 홈페이지에 PDF로 모두 게시되어 있다). 여기서 '열다'는 기업문화, '짓다'는 프로젝트, '잇다'는 회사의 통사를 비유한다. 두 번째 책인 『짓다』가 건설회사인 현대건설의 정체성을 가장 크게 규정지을 것이다.

이 책에 따르면 현대건설은 '현대토건사'라는 상호로 1947년 5월 25일 서울시 중구 초동 106번지에서 출범했다. 이 장소는 광복 직후인 1946년에 설립되어서 자동차수리업을 하던 '현대자동차공업사'의 사업장이다. 일종의 더부살이로 출발한 것이다. 얼마 되지 않아 현대토건은 광화문의 평화신문사 사옥으로 옮겨 들어갔다. 착실하고 급속히 성장한 현대토건은 1950년 1월 10일에 현대자동차공업사를 합병해 '현대건설주식회사'로 재탄생했다.

고령교 공사

한국전쟁 동안 부산에서 미 8군 발주공사를 주력 사업으로 착실히 성장한 현대건설은 휴전협정이 체결되기 얼마 전인 1953년 4월에 아산의 표현대로 '악몽의' 고령교 복구공사를 시작했다. 고령교는 대구와 거창을 잇는 다리다. 당시 백운산, 덕유산, 지리산 등지에서 활동한 공비 토벌에 필요한 공사였다. 옆에 성산대교가 새로 지어진 뒤 고령교는 통행 제한 다리로 잔존하다가 2011년에 철거되었다. 인터넷에는 철거회사가 찍은 당시 철거작업 사진들이 올라와 있다.

그런데 이 공사가 얼마나 힘들었던지 아산은 "사업을 시작해서 이날까지 그만큼 혹독한 시련은 없었다"고 회고한다(64). 아산이 사업가로서 보낸 일생을 돌아보면 보통 사람은 엄두도 못 낼 어려운 고비를 많이 넘겼기 때문에 이 회고는 고령교 공사가 그야말로 보통 일이 아니었음을 알게 해 준다.

이 공사는 수심이 깊고 유속이 빠른 데서 오는 기술적 어려움도 컸지만 현대건설이 빈약한 장비로 시작했다는 점과 물가가 예상 밖으로 폭등한 점도 문제였다. 공사비는 이미 정액으로 책정되어 있는데 공사 마감 무렵에는 공사 시작 때보다 물가가 무려 100배 정도 뛰어 있었다. 즉, 자재비용과 노임이 비슷하게 높아졌다고 보면 된다. 어느 사업자도 이런 상황을 감당할 수 없을 것이다. 파업과 빚 독촉에 시달렸다. 아산은 당시 상황을 "지옥이었다"고 한다(66).

그러나 아산은 끝까지 회사를 지키고 공사를 중단하지 않았다. 신용 때문이다. 동생 정순영(후일 성우그룹 명예회장)과 매제 김영주(후일 서한그룹 명예회장)의 집을 처분했다. 혈육도 아닌 창업 동지 한 사람도(최기호) 집을 팔았다. 제사 지낼 집은 있어야 한다고 해서 아산은 집이 아닌 자동차 수리공장 땅을 팔았다. 월 18% 고리로 돈도 있는 대로 끌어왔다.

그렇게 해서 결국 1955년 5월에 공사를 끝냈다. 당연히 엄청난 적자 프로젝트로 남았다. 아산의 동생과 매제는 셋집 얻을 돈도 없어져서 서울 초동 개천의 다리 옆에 판잣집을 짓고 살았다고 한다. 미국 유학 중이었던 동생 정세영(후일 현대차 회장)은 학비가 끊어져 고생했다.

이 고령교 공사 때문에 현대건설은 오랫동안 채무에 시달렸다. 다행히 1950년 3월에 설립했던 현대상운이 큰 도움이 되었다. 현대상운은 부산의 부산진역 부근에 외자창고를 가지고 정부의 보관업무를 대행했던 회사다. 보관료를 받아 현대건설 운용에 보탰다.

고령교 공사는 현대건설에 치명타였지만 신용을 높이 평가받는 계기도 되었다고 한다. 무엇보다도 아산 자신이 뼈아픈 시련에서 많은 교훈을 얻었다. 평생의 자산이 된 공부였다고 생각했고 실제로 많은 것을 고쳐 나가는 계기가 되었다.

현대시멘트

현대건설은 고령교의 악몽으로부터 서서히 벗어나다가 1957년 9월에 착공되었던 한강인도교 복구공사 수주를 계기로 정상을 회복한다. 한강인도교 복구공사는 전후 최대의 단일 공사였다. 40%의 이익을 냈다. 그리고 1965년 태국 파타니나라티왓 고속도로, 1966년 베트남 캄란만 준설공사, 베트남 방오이 주택건설공사를 통해 외화를 벌어들였고 그 자금이 현대자동차의 확장과 단양시멘트 공장 완성에 사용되었다. 태국 고속도로는 세계은행 자금으로 건설되었던 프로젝트인데 당시 입찰 인터뷰에서 "한국에는 고속도로가 없는데?" 하는 질문도 받았다고 한다.

석회석으로 만드는 시멘트(양회)는 이집트의 대피라미드를 짓는 데 사용되었던 것부터 시작해서 역사가 매우 오래된 건설재료다. 로마제국은 시멘트 제조기술을 발전시켜 판테온, 콜로세움, 수도교 등 위대한 건설 업적을 남겼다. 1867년 프랑스에서 시멘트를 주재료로 하는 콘크리트가 발명되면서 건설의 역사는 크게 진전되었다.

아산은 시멘트를 '건설 공사의 쌀'이라고 불렀다. 시멘트가 원활하게 공급되지 않으면 건설의 생명인 공기를 맞추지 못하게 된다. 그래서 아산은 1957년에 연산 20만 톤 규모 시멘트공장 설립 계획을 세웠다. 현대건설 안에 시멘트사업부를 설치해서 추진했다. 그러나 기존 업체들의 끈질긴 방해가 있었고 그에 따라 정부도 기존 공장만으로도 충분하다는 입장만 내놓을 뿐이었다.

정밀한 수요조사를 통해 1960년대 초에는 120만 톤이 필요하다는 결과를 내자 그제서야 정부도 공장 설립을 허가했다. 정권이 바뀌고 1962년에 AID 차관 425만 달러를 정부보증으로 들여와 단양시멘트가 탄생했다. 단양시멘트 공장 건설 작업은 '현대건설의 3·1운동'으로 불렸다고 한다. 이 공장 건설에 전력 질주하던 아산은 '호랑이' 별명을 얻었다. 1964년 6월 30일에 준공을 보았다. 이로써 현대는 최소한 시멘트 걱정은 없이 사업을 벌일 수가 있게 된다. 경부고속도로 건설에서도 단양시멘트는 결정적인 역할을 했다.

단양시멘트는 1970년 1월에 현대시멘트로 독립했다. 고령교 공사 때 집을 팔았던 정순영 명예회장이 초대 사장을 맡았다. 현대시멘트는 1975년 상장회사가 되고 현대종합금속을 세우며 사업을 계속 확장하다가 1980년에 정순영 사장이 현대에서 분리시켜 독립해 나왔다. 정순영은 그 후 자동차 부품업체 성우오토모티브(1987)를 비롯, 성우종합레저산업(1990), 성우종합건설(1992), 성우전자(1996)를 설립해 성우그룹을 일구었다.

정순영 명예회장은 2005년에 작고하고 현대시멘트는 2008년 글로벌 금융위기 이후 건설 경기 악화로 경영난에 빠진다. 2010년부터

2017년까지 채권단 워크아웃을 거쳐 2017년 7월에 한일시멘트-LK 투자파트너스 컨소시엄에 인수되었다. 한일시멘트 계열회사로 편입되어 2018년 7월 사명을 한일현대시멘트로 변경했다.

건설은 종합 프로젝트

현대건설 70년사 제2권에는 현대건설이 국내외에서 완수한 프로젝트 전체가 소개되어 있다. 경부고속도로 건설은 당대 최대 프로젝트였고 청와대와 여의도 국회의사당도 현대건설의 작품이다. 정부 예산의 20%에 달하는 외화를 벌어들인 1976~9년 사우디아라비아 주베일 항만 공사는 중동 붐을 일으켜 한국 경제가 도약하는 데 결정적인 전기를 마련했다. 13.5킬로미터로 말레이시아 2대 다리인 페낭대교도 현대건설이 1985년에 완공한 것이다. 현대건설은 2019년 매출 약 17조 3천억 원, 신규수주 약 24조 3천억 원의 국내 1위 건설회사이고 시가총액으로는 50위권에 든다. 아산은 이렇게 말한다.

> "건설업처럼 중요하고도 또 건설업처럼 힘든 업종은 없다고 나는 생각한다... 우선 공사 수주부터가 말할 수 없이 치열한 경쟁이다... 한 현장의 공사를 성공적으로 마치기 위해서는... 모든 문화적 차이를 습득, 극복해야 한다. 대인 관계, 관공서와의 관계를 원만히 유지해야 하고... 그중에서도 회사에 장래를 건 사람들도 아닌, 그 일이 끝나면 각각 뿔뿔이 흩어지고 말 기능공이나 인부들한테 의욕을 불어넣어 가면서 큰

사고 없이 성공적으로 공사를 마무리짓는 일은 더더욱 힘든 일이다. 항만 공사, 댐 공사, 화학 단지 조성 공사, 공장 건설, 이 모든 일들은 선이 굵으면서도 한편으로 정밀하지 않으면 해낼 수 없다... 나는 건설업이야말로 인간으로서 모든 자질을 갖춘 사람이 아니면 성공할 수 없는 업종이며, 해외 건설 책임을 훌륭하게 완수한 사람한테는 어떤 일을 맡겨도 믿을 수 있다고 생각한다. 그 증거로 우리 그룹에서 중요한 책임을 맡았던 사람, 맡고 있는 사람들은 거의가 다 '현대건설' 현장 출신이다."(129)

요즘 AI(인공지능), 디지털화 때문에 공학과 기술이 온통 그쪽에 집중되어 있다. 대학교에서도 컴퓨터 관련 학과가 인기다. 고부가가치임에는 틀림이 없다. 그런데 정작 우리 생활과 생명, 그리고 산업에 필수적인 것은 건설 같은 '구세대' 분야다. 현대의 역사가 보여 주듯이, 국가의 물리적 주춧돌을 놓는 엔지니어링인 건설에 대한 평가에 인색해서는 안 될 것이다.

사우디아라비아 주베일 항만

주베일 항만 수주와 공사

아람코(Aramco)는 사우디아라비아의 국영 석유-천연가스 회사다. 2019년에 기업공개를 거쳐 애플을 제치고 1조 7천억 달러 규모 세계 최대의 기업으로 등극했다. 아람코는 국내에서 에쓰-오일의 최대주주이고 현대오일뱅크의 2대주주다.

아람코는 걸프만을 통해 원유를 전 세계로 수출하는데, 바레인 바로 위쪽에 사우디아라비아 최대의 항만인 주베일(Jubail) 항만이 자리한다. 주베일은 1975년까지 작은 어촌이었다가 약 1천 평방킬로미터 크기의 세계 최대 산업도시로 변모한 곳이다. 인구는 약 12만 명으로 사우디아라비아 GDP의 7%를 담당한다. 사우디아라비아의 산업수도인 주베일 산업도시는 1976년부터 미국의 벡텔이 건설했다. 세계 최대의 건설회사인 벡텔은 아직도 이 사업을 자사 최대의 프로젝트로 홍보하고 있다.

주베일에는 산업항(King Fahd Industrial Port)과 상업항이 있는데 산업항이 사우디아라비아의 9개 항만들 중 1위, 상업항이 5위다. 연 7천만 톤을 소화하는 산업항은 석유, 석유화학제품, 철광석, 비료 등을 선적, 하역한다. 178헥타르의 원유저장시설도 갖추고 50만 톤급 유조선 4척이 동시에 접안한다. 34개의 계류장과 5개의 터미널을 갖추었다. 바로 이 주베일 산업항을 1976~9년에 현대건설이 건설했다.

현대건설은 일찍이 1960년대 초부터 해외 진출을 모색했다. 1975년 1월에는 이란의 조선소 건설로 처음 중동에 진출했고 동년 12월 사우디아라비아에서 해군기지 해상공사도 맡았다. 주베일 항만 공사는 그에 이어서 수주한 것이다.

1970년대 세계는 두 차례의 오일쇼크를 겪었다. 1차는 1973년에 제4차 중동전쟁인 욤-키푸르 전쟁으로 발생해서 유가가 약 400% 올랐고, 2차는 1979년에 이란혁명으로 발생해서 유가가 약 100% 올랐다.

특히 1차 쇼크의 타격이 극심했다. 원유 전량수입국인 한국은 외환이 고갈되어서 경제 전체가 붕괴될 위기를 맞았다. 당시 중학생이었던 저자는 어떤 만화가가 '기름 한 방울 나지 않는 나라' 한국에서 석유가 난다면 국민 전체가 얼마나 부자가 될 수 있는지를 그린 그림을 아직도 잘 기억한다.

외환은행의 수표가 국제금융시장에서 부도 처리되는 일이 일어나고 관료들이 뉴욕으로 날아가 구제금융에 절치부심하던 당시의 상황에서 한 해 정부 예산의 20%인 9억 3천만 달러짜리 주베일 항만 공사 수주는 현대건설뿐 아니라 국가적인 관심사였다.

모든 경제각료와 사우디아라비아 대사는 현대건설이 공사 입찰에 참여할 수 있도록 사우디아라비아 정부와 교섭하라는 박정희 대통령의 훈령이 나왔고 실제로 관료와 외교관들은 최선을 다했다. 당시의 절박했던 상황은 홍순길 전 사우디아라비아 주재 건설관의 회고에 생생하게 나온다(조선일보, 2019.07.29.).

원래 입찰자격이 없었던 현대건설은 정부의 외교적 노력으로 입찰에 참여할 수 있었다. 그러나 그다음에 실제로 공사를 따내는 것은 현대건설의 몫이었다. 어렵사리 2천만 달러의 입찰보증금을 마련했고 최선을 다해 서류를 작성했다. 그리고 결국 공사를 수주했다. 최종계약 체결 시까지 경쟁회사들의 방해도 집요했다. 그 모든 과정에서의 우여곡절과 무수한 난관을 해결한 기록은 아산의 회고록에 상세히 기술되어 있다(정주영a, 210~31).

공사 선수금 2억 달러가 외환은행에 입금되어 건국 이후 외환보유고 최고기록이 작성되었다. 그러나 아직 부족한 경험과 기술력, 저가 입찰로 인한 비용절감 문제를 해결해야 했다. 장비를 대여하는 외국사들이 제멋대로 기승을 부렸고 발주처의 갑질도 문제였다.

결국 울산의 현대중공업에서 중량 500톤, 10층 건물 크기의 구조물(재킷) 89개 등 모든 건설 기자재를 제작하고 1만 2천 킬로미터 항로로 직접 수송해서 문제를 다 해결했다. 요즘 문제되는 부품소재 국산화에 해당하기도 하고, 오늘날 보편적으로 활용되는 4차 산업혁명기 건설과 중기계제작 방식(원격지 부품제작, 현장 조립완성)을 거의 40년 전에 선보였던 것이기도 하다. 아산도 현대중공업이 공사에 필요한 지원 역량을 갖추고 있었던 것이 성공의 비결이었고 건설과 중공업의 상호 시너지가 공사를 잘 마무리 짓게 했다고 회고한다.

> "중공업을 빼고 '현대'의 해외 건설을 말할 수 없고, 해외 건설을 빼고 '현대중공업'을 말할 수 없다. 만약 1970년대 초에 우리가 중공업 건설을 하지 않았더라면 1970년대 중반 중동 건설 시장에 진출한 '현대건설'의 그 대단한 실적은 불가능했다. 또 반면에 그때 만약 우리가 중동 건설 시장에 뛰어들어 오일 쇼크로 좌초될 위기에 처했던 중공업에 자생력을 불어넣어 주지 않았더라면, 중공업의 오늘의 성장은 기대할 수 없는 일이었을 것이다."(232)

현대건설 홈페이지에 이 공사를 포함한 1978년도 대외 계약이 19억 달러로 미국 워싱턴포스트지가 선정한 세계 4위를 차지했다고 자랑스럽게 소개되어 있다. 이 공사는 현대의 입장에서 큰 의미를 가지는 것은 물론이고 한국 경제사에서도 작지 않은 의미를 가진다. 현대와 사우디아라비아의 인연도 여기서 본격적으로 시작되어 오늘날에 이른다.

역사학계의 평가

그 후 중동 붐이 일어났다. 현대그룹 총매출의 60%가 해외 건설공사에서 일어날 정도였다. 국가 외화 수입의 85%가 중동에서 발생했다. 국내 건설 인력들이 대거 중동에 진출했고 2~3년 열사에서 고생하면

돌아와서 30평짜리 집을 장만할 수 있는 그런 시절이었다. 현대는 재계 1위로 서서히 부상했다.

성균관대 서중석 교수는 『현대사 이야기』 제8권에서 한국의 경제성장 배경을 논하면서 아산에 대해 매우 높은 평가를 내리고 있다. 서 교수는 민중사관에서 출발하는 민족주의 성향으로 한국 근현대사의 가장 권위 있는 학자 중 한 사람이다. 아산에 대한 그의 평가는 단순히 박정희 대통령의 경제성장 공로에 대한 인색한 평가 과정에서 나온 것이 아니다. 아산이 정치적 진영이나 역사관에 무관하게 인정받고 있다는 증거이기도 하다.

서중석 교수에 의하면 오일 쇼크 후 세계경제가 휘청거릴 때 한국 경제는 오히려 부를 축적한 중동에 진출해서 큰 전기를 마련했고 그 대목에서 아산과 현대의 활약이 두드러졌다. 그 후 이어진 중화학공업 투자도 중동에서 축적한 자본과 역량이 기초가 되었다(한겨레, 2020.01.03.). 서 교수는 한국 경제를 살린 것이 중동 건설 특수였다고 보면서 이렇게까지 말한다.

> "이때 천재적인 경영 수완을 보인 사람이 정주영이었다. 대단한 기량을 보였다. 정주영의 이때 업적이라는 건 두고두고 한국인들이 기억하게 될 것이다... 정말 놀랍고 무서운 일이 중동 건설을 통해 이뤄진 것이다... 중동 건설은 박정희 대통령의 지도 능력하고는 아무런 상관이 없다는 것이다... 정주영 같은 사람이 거기서 엄청난 위력을 발휘한 것이다."(서중석·김덕련, 79)

'현다이' 사람들처럼

1977년 사우디아라비아 주베일 항만 공사장에서 이른바 3·13사건이라고 불리는 대형 노사분규가 발생했다. 임금에 불만을 품고 태업을 하던 덤프트럭 운전기사를 현대 직원이 폭행한 것이 발단이 되어 폭동이 일어났다. 사태가 악화되자 사우디아라비아 정부에서 군부대를 출동시키기까지 했다. 아산이 나서서 협상을 타결지었다. 인명 피해는 없었지만 사우디아라비아와 우리 양국 정부는 강경했다. 과격한 행동을 했던 기능공 20명과 현대 직원 5명이 귀국 조치되었다.

이 모든 일은 프로젝트를 공기 내에 완성하려는 회사 측의 의지와 근로자들의 강행군이 원인이 되어 일어났다. 남들이 보기에는 한국인들은 이해할 수 없을 정도로 거의 목숨을 걸어 가며 지독하게 일하는 듯했을 것이다. 모두가 열악한 작업 환경으로 여기는 중동의 열사를 '비가 안 와서 작업 시간이 많이 확보되는' 유리한 여건으로 생각했던 것이 그 시절 한국인의 정신이었다.

주베일항에서 일했던 한 외국회사(브라운 앤드 루트)의 영국인 크레인 기사가 이상한 시를 한 편 지었는데, 아산은 이 시를 회고록에서 소개하고 있다(정주영a, 324).

그들은 우리가 성낼 때 싱글벙글 웃으며,
우리가 지쳤을 때 벌떡 일어서며,
우리가 잠잘 때 소란 법석을 떠네.
어느 '브라운 앤드 루트' 사람의 묘비명에는
이런 글이 새겨져 있네.
여기 잠들어 있는 사람은 천하의 바보.
'현다이' 사람들과 어울려
'현다이' 사람들처럼 일하다가
스스로 죽음을 불렀다.

그러나 아산이 경영자의 입장에서만 근로자의 복지후생 문제를 생각한 것은 아니다. 아산은 기술자, 중간관리자, 기능공을 항상 배려하는 마음을 가지고 있었다. 임금의 인상도 이윤 확대로 이어질 수 있게 해야 한다고 생각했다. 아산의 노사문제에 대한 시각은 아래와 같이 요약된다.

"근로자는 어느 수준까지는 임금을 보장받아야 자신의 능력을 제대로 발휘하는 법이다. 임금을 높이는 것이 채산성을 떨어뜨리는 것과 직결된다고 생각할 수도 있지만, 어느 선까지는 임금 수준을 높이는 것이 오히려 생산성을 향상시키고 채산성도 높일 수 있는 길이기도 하다... 자신이 생각하는 임금 수준이 되기 전까지는 절대로 자기 능력을 100% 발휘하려 하지 않는 법이다. 교육을 받았건 못 받았건 누구나 자신이 속한 사회에서의 자신의 위치, 필요성, 실력을 남과 비교하고 스스로 평가하며 살기 때문이다."(321~2)

포스텍의 송호근 교수는 과거 현대의 노사관계를 "긍정적 담합"이라는 말로 표현한다. 그러나 그 합심의 시대는 1987년 민주화로 종결되고 이후 소모적인 대립의 시기가 계속되어 왔다(송호근, 48~53).

그럼에도 불구하고 현대중공업은 현재 글로벌 1위의 자리를 지키고 있고 현대차는 글로벌 5위의 위치에 올랐다. 노사가 최선을 다해 힘을 모은 결과다. 특히 현대차는 1999년까지 10위권 밖에 있다가 2000년부터 비약적으로 성장해서 2008년 처음 5위권에 진입했고 2009년에는 마침내 포드를 추월했다. '품질경영'으로 불리는 정몽구 명예회장의 기술 리더십이 이른바 대립의 시기에도 그 위력을 발휘했던 것이다.

정작 문제는 이제부터다. 조선 산업은 스마트 조선을 지향하며 자동차 산업은 플랫폼 산업으로 변모해 간다. 현대차의 경쟁사들은 공격적으로 인력을 감축하면서 미래차에 투자할 재원을 마련하고 있다.

현대자동차 고용안정위원회 자문위원회도 오는 2025년에는 국내 자동차 제조업에서 필요로 하는 인력이 지금보다 최대 40%까지 감소할 것이라고 내다보았다. 전기차와 자율주행차로 대변되는 자동차 산업의 패러다임 변화로 조립 부문에서의 부가가치가 크게 감소할 전망 때문이다. 그렇다고 신규채용을 중단할 수는 없다. 신입사원이 없는 회사에는 미래가 없다. 새 시대에 맞는 노사관계의 혁신적 재편이 필요한 이유다.

현대양행 파란의 역사

아산과 함께 현대건설을 일으켰고 현대건설 사장을 지낸 아산의 첫째 동생 정인영(1920~2006) 후일 한라그룹 회장은 1976년 현대의 사우디아라비아 주베일 항만 공사 참여에 신중론을 폈고 아산의 뜻에 강하게 반대했다. 이것이 계기가 되어 1977년 형을 떠나 1962년에 자신이 창립했던 현대양행(Hyundai International)으로 간다. 그는 재계 순위 20위권의 한라그룹을 일구었다.

현대양행은 미국 포드와 제휴한 자동차 부품제조사였는데 국내 최초로 건설중장비를 생산했던 중공업 회사이기도 하다. 신군부에 의해 1980년에 대우로 넘어가서 한국중공업이 되었다가 국유화를 거쳐 2000년 12월에 두산그룹이 인수해 두산중공업이 되었다.

정인영 회장이 현대건설의 주베일 항만 공사에 반대하기는 했지만 현대의 중동 진출 자체에 반대했던 것은 아닌 듯하다. 현대양행은 1970년대에 이미 해수 담수화 사업에 진출했고 현재 두산중공업은 중동지역을 중심으로 담수화 플랜트 사업 글로벌 1위 기업이다. 정인영 회장 시절인 1978년에 사우디아라비아의 파라잔 해수 담수화 프로젝트를 시작했으며 지금까지 중동에서만 28개의 해수 담수화 플랜트를 수주했다.

1979년 12월 12일의 군사반란으로 정권을 잡은 신군부는 산업재정비 차원에서 기업 통폐합 작업을 추진했는데, 현대그룹과 대우그룹에 서로 중복되는 사업 교환을 통한 통폐합을 요구했다. 그 결과로 현대는 대우자동차를 대우는 현대양행(창원공장)을 인수하게 된다.

창원공장은 발전설비 부문을 가지고 있었다. 현대양행은 정부의 14개 발전설비 일원화 조치에 따라 사명도 한국중공업으로 변경했고(이를 상징한 1980년 9월 13일 주총은 10분 만에 끝났다.), 김우중 대우그룹 회장은 창원에 내려가 약 1년을 살다시피 하면서 정성을 쏟았다. 150억 원을 투자하기도 했다.

김우중 회장은 원래 신군부와 가까운 사이였다. 그 때문에 하나회 후원자였던 윤필용 전 수도경비사령관의 1973년 설화 사건 때 육군 보안사령부에서 조사를 받기도 했다. 1980년 5월에 설치된 신군부의 국가보위비상대책위원회(국보위)는 김우중에게 우호적이었다. 김우중은 신군부의 비호하에 대한전선 가전 사업 부문(대우전자), 새한자동차(대우자동차)를 인수해 사업을 키워 나갔다.

김우중 회장은 기술은 다른 데서 사 오면 된다는 생각을 가지고 있어서 R&D 투자에는 상대적으로 소홀했고 공격적인 은행 차입을 통한 M&A에 치중했던 기업인이다. 기술 개발을 최우선 순위에 두었던 아산과 정반대의 기업관을 가지고 있었다. 정권의 압력으로 보물 같은 현대양행을 내주게 된 것이 아산에게는 뼈아팠을 것이다.

그러나 대우자동차의 합작 파트너였던 미국의 GM이 현대로의 파트너 변경에 동의하지 않았고 소유지배구조 문제가 해결되지 않아 현대의 대우자동차 인수는 불발되었다. GM은 한국의 독자적인 자동차 산업 발달을 원치 않았고 대우자동차를 자기들의 하청공장 정도로 여기고 있었다. 그러나 정부는 현대양행의 양도를 계속 압박해서 현대는 현대양행을 사실상 무상으로 대우에 넘기게 되었다.

그러다가 갑작스럽게 국보위에서 대우와도 일체의 소통 없이 사업교환을 백지화해 버렸다. 당시 한국중공업은 일시적인 자금난을 겪고 있었다. 정부는 이를 부실경영으로 몰았다. 그리고는 한국전력과 산업은행이 한국중공업에 출자하면서 한국중공업을 한전의 자회사로 만들어 국유화해 버린 것이다. 대우 측도 매우 황당해 했다. 이런 식으로 신군부의 기업 통폐합 작업은 무위로 끝났다(국가기록원).

그때는 신군부의 위세가 하늘을 찌르던 시절이다. 결과적으로 현대는 현대양행을 국가에 헌납한 꼴이 되었다. 아산은 회고록에서 "전두환 씨의 '국보위' 시대에 강탈당한 '현대양행'은 아직까지 한푼도 못 받고 법원에서 재판을 하고 있는 중이다"라고 쓴다(정주영a, 392).

한편, 그 시기에 옥고를 치르기도 한 정인영 회장은 자신이 세운 현대양행에 대한 애착을 버리지 않고 1980년에 안양공장을 만도기계로 바꾸어 글로벌 자동차 부품회사로 성장시킨다. 재기에 성공한 것이다. 그리고 재계 12위까지 올랐던 한라그룹을 탄생시켰다. 그러나 1997년 IMF 사태 때 과도한 부채로 인해 만도기계는 만도(자동차 부품)와 만도공조로 분리되었고 인천조선은 현대중공업이 위탁경영 후 인수해 지금의 현대삼호중공업이 되었다.

현대자동차가 2005년에 만도를 인수하려다가 중단한 적이 있고 정인영은 2006년에 타계했으나 한라그룹은 한라건설과 한라레미콘의 순항으로 기력을 회복하고 범현대가의 도움으로 2008년에 만도를 되찾아왔다. 만도는 현대모비스, 현대위아와 함께 자동차 부품업계 글로벌 50위 안에 든다.

현대건설과 HDC현대산업개발

압구정 현대아파트

현대건설의 사업 부문들 중 하나는 힐스테이트 브랜드로 대표되는 주택사업이다. 국내 최초의 단지형 아파트 압구정동 현대아파트도 현대건설이 1975년 4월에 착공했던 것인데 그 후 무수한 브랜드가 나왔지만 압구정 현대는 아직도 아파트계 지존의 자리를 지키고 있다. 서울 강남 지역의 부흥을 이끌었고 민영 아파트 대중화로 새로운 한국 주거문화를 탄생시킨 공(?)을 세웠다. 처음에는 서민용 아파트로 계획되었으나 분양에 어려움을 겪은 후 고급 아파트로 전환했다.

압구정 현대가 서 있는 지역은 원래 공유수면이었다. 현대건설이 경부고속도로 건설에 사용할 장비를 보관하기 위해 매립한 땅이다. 현대건설은 공사대금의 일부로 이 땅을 받았는데 이 땅은 1969년에 오늘날의 한남대교인 제3한강교가 놓이고 1970년에 경부고속도로가 개통되면서 각광을 받기 시작했다. 물론 바로 요즘 같은 인기 지역,

인기 아파트가 된 것은 아니다. 당시의 사진을 보면 어느 지방 도시의 변두리에 세워진 아파트 단지같이 보인다. 서울 도심의 인구집중 문제를 해소하기 위해 정부가 부단히 강남 지역을 띄우고 개발을 지원하는 과정에서 주목받게 된 것이다.

압구정 현대가 착공된 다음 해인 1976년 현대건설에서 주택사업부가 분리되어 나왔다. 그 이유는 기록에 잘 나타나 있지 않다. 당시의 인식 때문에 아산이 현대건설이 하기에 적합하지 않은 사업으로 여겼을 가능성이 있다. 분리된 사업부에 한국도시개발이라는 이름을 붙였다. 압구정 현대 총 14차 6,150여 세대 중 제3~14차 사업을 수행한 회사다.

1978년에는 세간을 떠들썩하게 했던 한국도시개발 '현대아파트 특혜 분양 사건'이 터졌다. 압구정 현대아파트를 고위공직자, 장성, 언론인 220여 명이 특혜로 분양받았는데, 분양 후 아파트 가격이 거의 3배로 폭등했다. 이 일로 정몽구 당시 한국도시개발 사장이 옥고를 치렀다. 나중에 관련된 사람들이 모두 무죄가 되거나 부패 혐의를 벗었지만 아산은 이 일로 많이 상심했던 것 같다. 고향 통천의 눈을 생각하면서 마음을 다스렸다고 한다(366~70).

한국도시개발은 1986년에 한라건설(한라그룹의 ㈜한라와는 다른 회사)에 흡수되었고 한라건설은 오늘날의 HDC현대산업개발인 현대산업개발이 된다. 즉, 압구정 현대는 족보상 현대건설과 현대산업개발이 같이 지은 것으로 볼 수 있다. HDC현대산업개발 홈페이지도 회사연혁을 1976년 3월 한국도시개발 설립에서 시작하고 있다.

현대산업개발

당시 현대자동차써비스와 현대정공을 맡고 있던 정몽구 현대자동차그룹 명예회장이 현대산업개발의 대표이사 사장과 회장을 지냈다. 아산은 1999년에 현대자동차를 사실상의 장남인 정몽구에게 맡기면서 셋째 동생 정세영(1928~2005) 당시 현대자동차 회장에게 현대산업개발을 맡겨 현대그룹에서 계열 분리시켰다. 아산은 시대적 상황도 있었겠지만 독일의 크루프가와 같이 형제지간에는 경영권 승계를 하지 않는다든지 프랑스의 푸조가와 같이 딸에게는 경영권 승계를 하지 않는다든지 하는 나름의 규칙을 가지고 있었던 듯하다.

고 정세영 회장은 별명이 '포니정'이다. 강남 영동대로에 있는 현대아이파크타워에는 복합문화공간 포니정홀도 있다. 국내 최초의 독자 모델 승용차인 현대 포니를 개발한 인물이다. 아산과 처음부터 자동차 사업의 모든 고난을 같이한 동지이기도 했다. 1987년부터 1996년까지 거의 10년간 현대그룹 회장 겸 현대자동차 회장을 지냈다. 정세영 회장의 아들 정몽규 현 HDC그룹 회장도 3년간 현대자동차 회장을 지냈었다. 정세영 회장은 회사에 애착이 크지 않을 수 없었겠지만 형 아산의 뜻에 그대로 따랐던 것으로 유명하다.

아이파크 브랜드로 대변되는 현대산업개발은 아이파크를 론칭한 2001년에 아직까지도 국내 최대의 빌딩인 역삼동 강남파이낸스센터(구 I-타워)를 지은 회사다. 2018년에 HDC로 사명을 바꾸었다. 현대산업개발은 HDC그룹의 지주회사로 재편되었는데 원래의 현대산업개발 건설 부문과 파크하얏트 호텔 사업 부문이 떨어져 나와 HDC현대산업개발이 되었다. 2015년 호텔신라와 함께 면세점 사업에 진출한 HDC는 최근에 한솔그룹으로부터 원주에 있는 골프·스키 리조트 오크밸리를 인수했다.

현대중공업의 탄생과 리바노스

현대중공업의 탄생

아산은 회고록에서 "울산조선소 건설을 두고 혹자는 중화학 공업 선언에 따라 정부가 '현대'를 지정해서 조선소를 만들도록 했다고 하는데, 그 얘기는 반은 맞고 반은 틀리다"고 한다(160). 1960년대 전반에 이미 마음에 두고 있었던 사업을 마침 정부가 강력하게 권고해서 결행하기로 했다는 것이다. 회고록에는 당시 정부의 권유는 강도가 심해서 "성화가 불같았다"고 적혀 있다.

박정희 정부는 1967~71년의 제2차 경제개발 5개년 계획 기간동안 본격적으로 경제의 중화학공업화를 추진했다. 1967년에 기계공업진흥법과 조선공업진흥법, 1969년에 전자공업진흥법, 1970년에 석유화학공업육성법과 철강공업육성법, 1971년에 비철금속제철공업사업법이 제정되었다. 정부는 이 법률들을 기초로 특정 산업을 선정해서 재정과 금융 지원을 시행했다.

이렇게 출발한 현대중공업의 성장 역사는 세계사에서 보기 드물다. 아마도 훗날의 구글이나 아마존 정도만이 그 발전의 역동성에 비견될 수 있을 것이다. 1971년 4월 조선소 부지 조성이 시작되었고 이듬해 1972년 3월 23일에 조선소 건설 기공식이 있었다. 현대조선중공업주식회사는 1973년 12월에 아산을 대표이사로 하여 설립되었다. 그리고 1974년 2월 드디어 1호선 애틀란틱 배런(Atlantic Baron)이 진수된다. 이 배는 1991년까지 운항했다.

1978년 2월에 상호를 현대중공업주식회사로 변경했다. 부지 조성을 시작한 지 10년도 안 된 1980년 1월에 조선 분야 글로벌 10위에 진입했다. 그리고 1986년 12월에 1천만 GT(누계 총 335척)을 달성한다. 1999년 8월 상장회사가 되었고 2007년에 수출 100억 불 탑을 수상했다. 2008년 포춘지의 글로벌 500에 처음 진입했는데 아산 탄생 100주년이었던 2015년에 세계 최초로 선박 2천 척 인도 기록을 세웠다. 이제 현대중공업은 압도적인 글로벌 1위의 조선회사로, 삼성전자와 함께 한 분야 글로벌 1위인 두 한국 기업 중 하나다.

아산이 조선업을 처음 시작한 당시의 이야기들은 아마도 한국 경제사에서 가장 드라마틱하고 기이한 것들이다. 그리고 '거북선이 그려진 500원권 지폐', '백사장 사진' 같은 키워드와 함께 글과 영상을 통해 가장 많이 소개된 이야기들이다. 아산의 말대로 '정신이 이상한 사람'의 특출난 행적을 보여 준다.

그때까지 대한조선공사가 1만 7천 톤급을 건조한 실적이 최고기록이었는데 현대중공업은 갑자기 50만 톤급을 목표로 했다. 기술과 금융 양쪽 다 거의 불가능한 상황이었다. 그래서 결국 포기했다. 실망

한 박정희 대통령으로부터 호된 질책을 받고 미국, 일본이 아닌 유럽으로 도움의 손길을 구하게 되었다. 박 대통령과의 만남 기록은 아산의 회고록에 있다. 두 사람이 담배를 피면서 말 없이 앉아 있었다고 한다(165~7).

백사장 사진 한 장

이 대목에서 영국의 선박컨설팅업체 A&P애플도어사의 찰스 롱보텀 회장이 등장하고, 아산은 롱보텀의 도움으로 바클레이스 은행의 차관 약속을 얻어 낸다. 그러나 배를 사 줄 선주가 없으면 영국수출신용보증국(ECDG)의 보증이 나오지 않아서 차관을 얻을 수 없었는데, 여기서 아산은 자신의 말로 '나보다 더 미친 사람'인 리바노스(George Livanos)를 런던에서 만나게 되었다.

리바노스가 울산 미포만 백사장 사진을 보고 2척의 주문을 냈고 ECDG의 보증과 바클레이스 은행의 차관이 집행되었다. 아산은 1970년 12월 5일 우리 돈으로 14억 원의 선수금을 한국은행에 입금시키고 귀국해서 바로 박 대통령을 만났는데 뛸 듯이 기뻐한 박 대통령은 조선소 기공식을 재촉했다. 그리고 박 대통령은 포항제철 이후 처음으로 기공식에 참석했다.

1972년 3월에 기공식을 한 조선소가 어떻게 1974년 2월에 첫 선박을 진수했는지는 언뜻 계산이 나오지 않는 어려운 문제다. 기록의 착오가 아니다. 아산은 조선소와 선박을 동시에 짓는 '엉뚱한' 작업을 해서 성공했다. 강행군의 연속 중에 아산은 승용차에 탄 채로 바다에 빠져 익사할 뻔하기도 했고, 그의 리더십에 따라 헌신적으로 일했던 조선소의 직원들과 노동자들이 치른 희생도 적지 않았다. 그 모든 과정은 말 그대로 천신만고였지만 아산은 조선소 건설과 첫 배를 짓던 시간을 자신의 생애에서 가장 활기찼던 시간으로 회고한다.

이제 80대 중반인 그리스인 리바노스는 1878년으로 역사가 거슬러 올라가는 그리스 선사 선엔터프라이즈(Sun Enterprises) 회장이다. 아리스토틀 오나시스의 처남이다. 이들은 모두 세계 해운업계의 큰 손들이었다. 리바노스가는 1차대전 때 거부를 축적했는데 대대로 런던에서 살았고 아산과의 인연도 런던을 통해서 생긴 것이다.

리바노스는 현대중공업 탄생에 최소한 이등공신은 된다. 어떻게 보면 일등공신이다. 1호선 이후에도 계속 현대중공업에 배를 발주했고 아직도 고객이다. 그러나 오일쇼크 때는 주문한 배를 찾아가지 않아 아산의 속을 썩였던 것 같다. 그럼에도 아산은 이렇게 말한다. "다 만들어진 배를 안 찾아가려고 별의별 짓을 다 하면서 내 부아를 긁게 했던 리바노스를 그래도 나는 결정적인 때 나에게 큰 도움을 주었던 고마운 사람으로 생각한다. 어쨌든 황량한 모래 벌판 사진 몇 장과 설계도만 보고 배 2척을 주문해 난감했던 차관 도입의 물꼬를 틔워 줬던 장본인이 아닌가."(196)

리바노스가는 아직도 현대중공업과의 인연을 이어 가고 있다. 2016년에도 선박 명명식에 가족들이 모두 와서 15만 9천 톤급 원유 운반선 2척에 자기 고향 이름(Chios)과 딸의 이름(Christina)을 각각 붙이고 갔다.

정주영과 거북선

아산이 현대중공업을 탄생시키는 과정(1970~2)에서 만들어진 유명한 일화(전설)는 세간에 대체로 이렇게 알려져 있다. 아산이 조선소를 만드는 데 필요한 돈을 빌리러 영국의 바클레이스 은행을 찾았는데, 은행 측에서 거절하자 아산은 은행의 담당 임원에게 거북선이 그려진 500원짜리 지폐를 보이면서 한국이 영국보다 철선을 훨씬 먼저 건조한 나라임을 설명하여 그를 설득했고 차관을 얻을 수 있었다. 또, 조선소가 만들어지면 지어질 배를 사 줄 사람을 찾다가 그리스의 한 선주를 만나 울산 미포만의 백사장 사진을 보여 주고 배 주문을 받아 냈다.

이 이야기는 일단 재미있기 때문에 반복되면서 전설로 굳어졌다. 아마도 아산의 경이로운 사업가적 역량을 소개하는 데 가장 많이 언급되는 일화일 것이다. 그런데 이 이야기를 듣는 사람들은 감탄을 금치 못하면서도 실제로 그런 일이 가능했을까 하는 의문을 품게 된다. 좀 '옛날'이기는 했지만 국제금융시장에서 큰돈이 그런 감성적인 접근으로 움직일 수 있었을까. 은행에서 소액의 개인대출을 받는 데도 철저한 신용조사를 거치고 산더미 같은 서류를 작성해야 하는데 당시는 어떤 여건이어서 그런 일이 가능했을까. 거북선 그림만 보고 차관을 승인해 준 그 임원은 과연 무사했을까. 도대체 아직 있지도 않은 조선소에 배를 주문하는 사람은 무슨 생각이었을까.

그러나 현대중공업이 탄생하는 과정에는 요즘과 다름없는 무수한 협상과 프리젠테이션이 진행되었고 사업계획서를 포함한 방대한 서류와 자료들이 동원되었다. 이야기를 재미있고 간결히 전달하는 과정에서 거북선과 백사장에 초점이 맞추어졌을 수 있지만 아산은 그 모든 과정을 상세히 회고한다(정주영a, 160-81).

첫째, 거북선 그림은 은행 임원이 아니라 영국의 A&P애플도어 회장 롱보텀에게 보여 준 것이다. A&P애플도어(현 A&P그룹)는 해양엔지니어링 회사인데 현대가 계획한 조선소의 레이아웃을 작성하는 일을 맡고 있었다. 이들은 글래스고에 있는 조선소에서 현대맨들이 선박건조기술을 습득하는 훈련을 받도록 주선도 했다. 물론 모든 것은 유상이었다. 정확한 비용을 밝히지는 않지만 서독의 한 회사가 1년 반~2년의 시간에 580만 달러를 요구했고 그렇게 긴 시간이 없었던 아산이 6개월을 제시한 롱보텀에게 용역을 주었다는 것으로 보아 상당한 금액이었을 것이다.

둘째, 롱보텀을 아산에게 소개한 사람은 데이비스라는 이름의 차관 브로커다. 미공군 전투기 조종사로 한국전에 참전한 경력을 가진 변호사였다. 유럽의 몇몇 금융기관을 추천했고 거래 조건과 관련 인물들의 성격까지 다 파악해 주었다고 한다. 바클레이스 은행은 이 사람이 권한 것이다.

셋째, 아산은 임원들에게 바클레이스 은행과 협상을 시작하게 했는데 은행이 현대 측의 신용을 미덥지 않게 보아 진전이 없는 상태였다. 여기서 아산이 롱보텀에게 지원을 요청했다. 그러나 롱보텀은 희소식을 전해 주지 못했다. 바로 이 대목에서 그 유명한 거북선 그림이 그려진 500원 지폐가 등장한다. 아산은 롱보텀에게 거북선을 설명하면서 한국의 잠재력을 역설했다. 그러자 롱보텀의 마음이 움직였던 것 같다. 현대건설의 고리원자력발전소 시공 경험, 정유공장 건설 경험 등을 들면서 대형 선박을 건조할 능력이 충분하다는 내용의 추천서를 써 주었고 현대는 글래스고의 조선소에서 선박 도면을 작성한 후 함께 바클레이스 은행에 보냈다. 즉, 롱보텀은 이전에는 전력투구를 하지 않았던 것으로 느껴진다. 사실 자기가 해야 할 일도 아니었다.

넷째, 바클레이스 은행은 그 추천서와는 별도로 현대의 차관신청서를 심사하고 정보를 분석하고 필요한 장소를 답사했다. 이사회가 거듭되었다. 아산은 "그들은 일체의 동양식 막후 접촉이나 정치적 압력을 완벽하게 금기시하고 배제했다"고 말한다(175). 그러고는 마침내 차관을 승인하는 결정을 내렸다. 바클레이스 은행은 현대의 사업계획서를 영국수출보증국(ECGD)으로 보내 주었다. ECGD의 보증이 있어야 은행이 대출을 집행할 수 있다.

다섯째, ECGD는 바클레이스 은행의 판단을 신뢰하고 현대의 대출금 상환능력을 긍정적으로 본다고 하면서도 4~5천만 달러나 하는 배를 사 줄 사람이 없으면 문제이니 배를 살 사람이 있다는 것을 보이라고 요구했다. 아산은 조선소 부지로 선정한 미포만의 백사장 사진을 들고 다니면서 선주를 찾았다. 여기서 빠트리기 쉬운 것이 글래스고 조선소에서 작성한 유조선 도면도 같이 들고 다녔다는 사실이다. 사업계획서도 물론 같이 첨부했을 것이다.

여섯째, 선주 리바노스를 찾아 준 사람은 A&P의 한 임원이었다. 이튼스쿨 동창이었다고 한다. 그런데 의문이 또 있다. 리바노스는 정말로 '미친' 사람이어서 백사장 사진만 보고 발주를 했을까. 답은 가격을 포함한 거래 조건이다. 시장 가격보다 낮은 가격이 제시되었고 선수금도 크지 않았다. 배를 약속대로 인도하지 못하면 선수금에 이자를 붙여 반환하고 은행의 지불보증도 주겠다, 배에 하자가 있으면 인수하지 않아도 좋고 그동안 지불한 돈은 전액 환불한다는 조건도 붙였다. 그러자 리바노스는 선수금을 냈고 ECGD는 그 영수증을 보고 차관을 승인했으며 바클레이스 은행은 돈을 내주었다.

거북선과 백사장 사진 스토리의 전말은 이랬던 것이다. 요즘과 전혀 다름없는 신중한 금융거래 과정과 은행의 경영판단 과정이 따랐다. 은행 임원이 거북선 그림에 설득되어서 배임에 해당할 수도 있는 행동으로 덜컥 돈을 빌려 준 것도 아니고, 리바노스가 백사장 사진만 보고 대형 유조선 두 척을 주문한 것도 아니다. 거북선 스토리는 다분히 동양적인 느낌도 주는데, 실제로는 철저히 서양적인 엄중한 프로세스가 진행되었고 현대는 필요한 요건들을 다 충족했기 때문에 성공했던 것이다. 우리가 흔히 들어 아는 이 이야기는 과장인 동시에 겸손인 셈이다.

현대상선 부침의 역사

2019년에 유가가 하락하면서 국내 조선사들이 건조한 원유 시추선(드릴십)을 해외 발주사가 계약을 해지하고 찾아가지 않는 일이 일어났다. 용선료가 폭락했기 때문이다. 드릴십은 한 척에 5~8천억 원이다. 선수금이야 몰취하지만 건조 비용은 고스란히 떠안았다.

주문이 있어야 생산하는 선박은 가격이 워낙 비싸고 건조에 시간이 오래 걸리기 때문에 경제상황 변화에 큰 영향을 받는다. 그래서 선주들은 이기적으로 행동하게 마련인데 그것은 예나 지금이나 마찬가지다. 선수금을 포기하고 선주 감독관을 철수시키는 경우는 양반이고 온갖 트집을 잡아 조선사에 귀책이 있는 것으로 하려는 행태도 많다.

현대상선호의 출항

1973~4년 1차 오일쇼크 때 현대중공업은 선주들이 배를 인수해 가지 않아서 골머리를 앓았다. 소송전도 벌어졌다. 그러다가 아산은 발주

처가 찾아가지 않는 26만 톤급 VLCC(초대형 원유운반선) 3척을 가지고 해운회사를 설립해 버렸다. 1976년 3월 25일 아세아상선이 탄생한 것이다. 우리나라에 들어오는 석유는 국적선사가 운송을 담당하면 되겠다는 것이 아산의 생각이었다.

그러자 외국 선사들은 그러면 자기들이 입게 되는 '손해' 1400만 달러를 보전해 달라는 괴이한 요구를 해 왔다고 한다. 그런데 아산이 누구인가. 일축하고 기싸움을 벌여 결국 국제 석유메이저들이 뒷배로 있는 그네들을 제압했다. 한 푼도 주지 않았다(191~6).

그렇게 VLCC를 기반으로 출범한 아세아상선은 컨테이너, 벌크, 광탄, 중량화물, 특수제품 등 신사업에도 진출하고, 원유, 석탄, 철광석, 특수화물 등 전략물자를 주로 운송했다. 1977년에 원양예인선단을 갖추고 사우디아라비아 주베일 항만을 포함한 현대의 중동 건설 현장에 자재를 수송하는 일을 전담했다. 그리고 설립된 지 3년 만인 1979년에 1억 달러 운임을 달성하면서 대형 선사로 자리잡는다.

당시 3척의 VLCC를 찾아가지 않던 선주들 중 한 사람이 현대중공업 탄생의 공신이라 할 수 있는 조지 리바노스다. 7308호, 7310호 두 척은 홍콩의 CY퉁이 계약금을 포기하고 철수했는데 7302호를 주문했던 리바노스는 온갖 구실로 배를 인수하지 않아 소송까지 갔다. 따라서 따지고 보면 리바노스 회장은 본의 아니게 현대상선의 탄생에도 기여한 셈이 된다.

아세아상선은 1983년 8월에 현대상선으로 이름을 바꾸었다. 그 후 일련의 M&A가 있었다. 1985년 8월에 동해상선을 흡수했고 같은 해 12월에는 신한해운을 흡수했다. 당시 해운업계는 부채가 무려 4조 원대일 정도로 경영난이었는데 5공 정부가 1984년 5월에 팬오션의 전신인 범양상선과 한진해운의 전신인 대한선주를 포함 63개 해운사를 17개로 통폐합하고 채무상환을 유예하는 것을 골자로 해운산업합리화 계획을 내놓았었다.

1988년에는 고려해운을 합병한 후에 화물집하영업을 별도 회사로 분사했는데 이 회사는 현대물류, 현대택배, 현대로지엠, 현대로지스틱스 등으로 이름을 수차 바꾸었다. 지금은 롯데글로벌로지스다. 현대상선은 1995년 10월 5일에 상장회사가 되었고 1999년 8월에는 한소해운을 흡수합병했다.

현대상선이 1985년에 인수한 신한해운은 현대그룹 현정은 회장의 부친인 현영원(1927~2006) 대표가 설립했던 회사다. 아세아상선이 탄생했던 바로 그해 1976년에 아산과 사돈이 되었던 현영원 대표는 아산이 아세아상선을 설립할 때 조언자였다고 한다. 그는 신한해운이 현대상선에 합병된 후 현대상선의 대표이사 회장을 지냈다. 고 정몽헌(1948~2003) 현대그룹 회장이 합병 당시부터 1998년까지 대표이사 회장을 지냈다. 1998년은 현대상선이 금강산 관광선 운행을 시작했던 해다. 금강산 관광사업은 2001년 현대아산에 인계되었다.

아산 이후의 현대상선

2000년 현대가 현대, 현대자동차, 현대중공업 세 그룹으로 재편될 때 현대상선은 현대에 포함되었다. 2003년 정몽헌 회장 타계 후 현정은 회장이 경영을 이어받았다. 현대상선은 현대그룹 매출의 거의 70%를 차지했을 정도로 비중이 큰 회사였으나 글로벌 금융위기의 파장과 해운업황 부진을 이기지 못했다. 현대상선과 함께 양대 국적해운사였던 한진해운은 2017년에 파산했다.

2010년에 현대상선 유동성 위기가 발생하자 주채권은행인 당시 외환은행이 현대그룹에 재무구조개선약정 체결을 요구했다. 논란 끝에 현대그룹은 위기를 잠깐 벗어났지만 바로 현대건설 인수전에 무리하게 뛰어들었다가 우여곡절을 거쳐 실패했다. 2013년에 내놓은 자구안은 역부족이었다. 부채가 약 6조 3천억 원에 달했다.

설상가상으로 현대상선 경영권 방어용으로 투자했던 파생금융상품 손실이 늘어나 30%대 지분으로 현대엘리베이터의 2대 주주인 스위스 쉰들러로부터 배임과 손해배상 소송까지 당했다. 경제개혁연대도 가세했다. 쉰들러는 현대엘리베이터의 현대상선 지원에도 계열사 부당지원이라며 수차례 제동을 걸었다. 스위스 정부까지 동원했다.

결국 현대상선은 2016년 8월에 감자와 채권단 출자전환을 통해 산업은행으로 넘어가면서 현대그룹으로부터 계열 분리되었다. 약 6조 원 규모의 정부보증 대출과 영구채 지원도 더해졌다. 가까스로 법정관리를 피한 것이다. 현대상선은 2020년에 사명을 HMM으로 바꾸었다. 2020년 현재 산업은행의 HMM 지분은 17.42%다. 이 과정에서 현대는 1977년에 인수했던(국일증권) 현대증권의 지분 29.62%도 그룹 재무구조 개선책의 일환으로 KB금융지주에 1조 2500억 원을 받고 매각했다. 현대상선과 현대증권을 잃은 현대그룹은 자산가치 5조 원 아래인 중견기업이 되었다.

2019년 기준 전 세계적으로 약 6,200척의 컨테이너 선박이 운용되고 있다. 총운송능력은 약 2300만 TEU다. 글로벌 1위 해운회사는 덴마크의 APM메르스크(APM-Maersk Group)로 시장점유율 17.7%를 자랑한다. 보유 선박 700척에 400만 TEU를 넘는다. 2위인 스위스의 MSC가 14.4%이고 HMM은 9위인데 1.9%다. HMM은 2016년 해운업 구조조정으로 국내 1위였던 한진해운이 퇴출된 후 순위가 상승했지만 선두주자들과의 격차가 워낙 커서 글로벌 10위권 안에 들어도 '중하위권'으로 분류된다.

세간에서는 현대상선의 계열 분리를 두고 '현대그룹의 몰락'이라고 표현하기도 했지만 그 말은 문법에는 맞아도 그다지 탐탁하지는 않다. 아산이 만든 '현대'는 현대건설을 포함한 현대자동차그룹과 현대중공업을 포함한 현대중공업그룹, 그리고 범현대 기업들을 통해 한국 경제에서의 위치와 그 역사적 정체성을 잘 보전하고 있기 때문이다.

현대자동차의 탄생과 성장

포드를 넘어서

현대중공업이 조선 산업에서 글로벌 1위라는 사실은 이제 좀 무감각해졌다. 으레 그러려니 한다. 세계를 제패했던 대영제국 넬슨 제독의 후예 영국해군도 현대중공업이 지은 유조선을 쓴다. 반면, 현대자동차의 자동차 산업 글로벌 랭킹 테이블을 보면 놀랍고 자못 통쾌하기까지 하다. 현대차가 미국의 GM, 포드와 앞서거니 뒷서거니 하기 때문이다.

미국과 전쟁까지 벌였던 막강한 산업생산력을 가진 나라 독일과 일본은 모르겠다. 그런데 '코리아'의 자동차 회사가 자동차 산업의 원조 미국의 GM이나 포드와 나란히 간다는 것은 아무리 생각해도 기적이다. 특히 초기에 현대차를 업신여기고 제멋대로 기승을 부리던 포드는 이제 현대차의 상대가 못 된다. 격차가 크다.

아산은 회고록에서 그 인생에서 있었던 여러 가지 이야기를 간결하게 기술하고 있는데 유독 현대차 탄생 과정과 포드와의 관계에 대해서는 이례적으로 길고 상세하게 쓰고 있다. 그만큼 맺힌 것이 많았던 것 같다. 아산은 자신이 시작한 사업 중에서 자동차만큼 파란만장한 역정을 거친 것이 없다고도 한다(156).

현대차는 그 연원이 1940년부터 아산이 운영했던 자동차 정비공장 아도서비스(Art Service다. Auto Service가 아니다.)로까지 거슬러 올라가지만 독립회사 현대자동차주식회사가 탄생한 것은 1967년 12월 29일이다. 그해 5월 포드가 한국 진출을 결정하고 9월에 현대 측과 제휴를 확정했었다. 현대차의 홈페이지에도 회사 연혁이 1967년에서 시작되고 있다.

그 후 공장 부지 매입, 기술진 해외 연수, '코티나'의 실패, 박정희 정부의 자동차 산업 정책 혼선(단일화 안과 국산화 안), 울산 지역 대홍수로 인한 공장 침수, 포드의 현대차 접수 책략과 합작 결렬 등 천신만고를 겪었고 회사 출범 후 거의 10년만인 1976년 1월에 최초의 고유 모델 '포니'가 탄생했다.

포니의 탄생

영화 〈택시운전사〉(2017)에서 황기사(유해진 분)를 포함한 광주 택시기사들이 현대 포니를 몬다. 포니는 아마도 쏘나타 다음으로 한국 자동차 산업 역사에서 가장 큰 존재감을 가지는 모델일 것이다. 아산은 포니를 꼭 '꽁지 빠진 닭' 같다고 하면서 마음에 들지 않아 했지만 포니는 대성공작이었다. 출시되었던 그해 6월 에콰도르에 6대를 수출하기까지 했다.

포니는 한국을 세계에서 16번째로 고유 모델을 보유한 나라로 격상시켰다. 가격은 2,289,200원이었는데 출시된 첫해에 10,726대가 판매되었다. 1982년까지 약 30만 대가 생산되었다. 후속 포니2는 1991년까지 총 36만여 대가 생산되었다.

포니의 제작에 필요한 기술은 미쓰비시의 힘을 빌렸는데 문자 그대로 '빌린' 것이었다. 중요한 기술이 유출될 것을 염려한 미쓰비시 측은 보상을 받는 만큼만 알려 주고 그 이상은 엄중히 감독·견제했다. 당연한 일이다. 차체 디자인은 이탈리아 업체들에 사람을 파견해 진행했다. 팩스도 없고 국제전화는 걸기가 겁나던 시절, 통하지도 않는 말로 어렵게 얻어 낸 정보를 한국으로 보내느라 무진 고생들을 했다.

울산공장에서는 다국적 팀이 작업을 진행했다. 포드로부터 조립 기술을 배워 온 우리 기술자들이 영국 기술자들의 도움을 받았고 디자인 설계는 이탈리아 것, 프레스는 프랑스 것, 부품 제조기술과 생산 설비는 미쓰비시 것, 이런 식이었다. 첫 차가 출시되기까지 부품은 부품대로 조립은 조립대로 애를 먹였다. 도장 작업의 문제와 원인을 알 수 없는 잡소리까지 온갖 문제를 해결해야 했다. 그러나 성공했다(산업통상자원 R&D 전략기획단, 146~60).

1985년에는 최초의 전륜구동인 엑셀이 출현했다. 마이카 붐이 시작되던 때여서 큰 인기를 누렸다. 엑셀은 처음으로 자동차 '신의 영역'인 미국 시장에 진출했던 모델인데 성공작이었다. 유럽에서는 인지도가 높았던 포니 모델 때문에 포니라는 이름으로 출시되었다. 이탈리아 로마 시내에는 현대 경찰차가 등장했다.

그리고 1986년에 그랜저, 아산이 유치한 서울올림픽이 열렸던 1988년에 거의 국민차인 쏘나타가 탄생했다. 저자도 '쏘2' 차주였다. 1991년에 이미 전기차를 개발했고 1994년에 연 생산 100만 대를 돌파한다. 1998년에 기아자동차를 인수하고 EF쏘나타를 출시했으며 1999년에는 고급차 에쿠스를 내놓았고 현대-기아는 글로벌 11위에 올랐다.

정몽구의 현대차

1998년에 정몽구 명예회장이 현대차를 맡는다. IMF 사태로 잠시 적자경영이었던 현대차는 바로 4천억 원의 흑자를 냈고 2000년 현대그룹에서 계열 분리되면서 혼란했던 때에도 6700억 원의 순이익을 기록했다. 2001년 매출 20조를 달성하고 순익 1조 원 시대를 열었다. 정몽구 회장 체제가 시작된지 10년 만인 2006년 현대자동차그룹은 세계 총생산량 글로벌 6위에 진입했다. 2008년에 제네시스가 태어났고 2018년에는 세계 최초로 차세대 수소전기차를 공개했다.

흔히 정몽구 리더십의 요체를 '뚝심'이라는 말로 표현하는데 반만 맞고 반은 틀린 말이다. 자동차는 매우 섬세한 물건이고 사람의 생명과 직결된다. 2만 개가 넘는 부품이 한 치의 오차 없이 함께 작동해야 하고 사소한 잡소리에도 소비자는 발길을 돌린다. 정몽구 명예회장은 청년 시절부터 현대자동차써비스 공장에서 잔뼈가 굵어 소비자들이 원하는 것을 가장 잘 알았고 현대가 만든 자동차의 장단점도 훤히 꿰었다. 오너가 기술에 약하면 리더십에 문제가 생긴다는 것을 역사가 보여 주는데 정몽구 명예회장은 헨리 포드, 그리고 포르쉐와 폭스바겐의 피에히 회장에 필적하는 최고의 엔지니어다.

1998년 9월 미국에 도입한 '10년간 10만 마일 무상보증'은 단순한 파격 마케팅 기법이 아니라 품질에 대한 각오였다. 당시 포드와 GM은 3년간 3만 6천 마일, 토요타는 5년간 6만 마일 보증이었다. 당연히 미국 소비자들의 현대차에 대한 인식이 변했다. 2006년 미국 소비자조사업체 'J.D.파워' 신차 품질조사 일반브랜드 부문에서 첫 1위를 기록했다. 1998년에는 최하위였다.

2015년 제네시스 독립 브랜드가 탄생했다. 현대-기아는 2016년 토요타와 폭스바겐에 이은 글로벌 3위에 올랐다. 2019년에는 약 720만 대를 판매해서 GM에 이은 글로벌 5위다. 포드가 그 뒤를 따른다.

현대차의 성장 역사는 현대중공업의 성장 역사만큼이나 한 편의 드라마다. 자동차라는 물건의 특성상 사회적 파급효과가 더 대단해서 현대차는 훨씬 더 큰 기업이 되었고 아산이 일군 현대의 DNA가 대표적으로 이어져 내려오는 기업이다. 한국 경제의 기존 구조를 규정짓는 기업이기도 하다. 포스텍의 송호근 교수는 현대차그룹의 성장 과정이 한국 제조업의 역사이며 아산의 일대기 자체가 한국 산업화의 스토리이고 현대라는 재벌의 강점과 허점이 그대로 한국 경제의 내부 구조로 이전되었다고 본다(송호근, 44).

아산사회복지재단(아산재단) 정몽준 이사장의 책 제목은 "나의 도전 나의 열정"이다. 아산의 일생과 현대차의 역사를 관류하는 두 개념이 바로 '열정'과 '도전'이다. 토요타가 가장 경계했다는 이른바 '한다이~정신'이다. 송호근 교수는 이 두 개념이 고성장 시대 한국의 사회심리적 기(氣)였다고 해석한다. 과감한 결단과 강한 리더십, 뛰어난 경영능력과 실행능력, 그리고 우수한 노동력을 합친 진취적 추진력이 성장동력으로 이어졌다(47).

현대, 현대차의 열정과 도전은 한국 산업화의 심정적 자산과 같았고 오너, 경영자, 중간관리자, 노동자를 하나로 연결해 주는 단결과 연결의 고리, 일종의 긍정적 담합으로서 1987년까지 이어졌던 이른바 '합심의 시대'를 이끈 정신적 유전자였다(48~9).

글로벌 현대차

현대차가 수출을 시작한 것은 1976년이고 해외에 직접 진출한 것은 1983년 캐나다 현지법인 설립부터다. 1985년에 드디어 미국 현지법인을 설립했다. 1997년 터키, 기아차를 인수했던 1998년 인도, 2009년 체코, 2010년 러시아, 2012년 브라질 등에 공장을 지었다. 이제 현대차는 세계 거의 전 지역에 진출해 있다. 자동차를 '달리는 국기'라고 불렀던 진정한 글로벌 한국인 아산의 글로벌 유전자를 가진 대표기업이다.

현대차는 세계 최대의 자동차 시장 중국의 베이징에도 베이징기

2009년 11월 현대자동차 중국 공장을 방문한 정몽구 명예회장(현대자동차그룹 제공)

차와 합작으로 2002년에 공장을 지었다. 새로 지은 것은 아니고 베이징기차의 공장을 현대화한 것이다. 중국은 상하이자동차와 폭스바겐이 합작을 한 선례가 있었는데 현대차와의 합작은 중국의 WTO 가입 이후 첫 사례다. 그러나 2016년 중국의 사드보복으로 현대차 중국 공장은 큰 타격을 받았다.

대망의 미국 현지 공장은 2005년 앨라배마주 몽고메리에 완공되었다. 17억 달러가 투입되었고 약 3천 명을 고용하여 지역경제가 활성화되었다. 산업시설이 변변치 않던 곳에 살던 현지 주민들은 현대차 공장에서 일하는 가족을 매우 자랑스럽게 생각하고(미국인들은 전통적으로 자동차 공장 일을 자랑스럽게 여긴다.), 현대차에 호감을 가지고 있다.

2010년에는 기아차가 미국 현지 생산을 개시했다. 조지아주 웨스트포인트다. 현대차 공장이 있는 몽고메리에서 그리 멀지 않다. 인구 4천 명 남짓의 이 작은 마을은 지역 경제의 축이었던 섬유공업의 쇠락으로 유령도시처럼 되어 가고 있었는데 연 34만 대 생산 능력의 기아차 공장이 세워져 다시 활기를 되찾았다. 주민들이 기아에 감사함은 물론이다.

정몽구 명예회장은 2020년 7월 헨리 포드, 앨프리드 슬론, 고틀리프 다임러, 엔초 페라리 등이 올라 있는 미국 자동차 명예의 전당(Automotive Hall of Fame)에 헌액되었다.

현대정공에서 현대모비스로

컨테이너에서 갤로퍼로

1977년은 할리우드에서 조지 루카스의 〈스타워즈〉 1편(에피소드 4)이 개봉되었던 해다. 한국에서는 국민소득 1천 달러, 수출 1백억 달러가 달성되었던 해이기도 하다. 그해 6월 25일에 고려정공이 탄생했다. 현대정공의 모태가 되었던 회사다. 현대자동차써비스의 휠, 범퍼 생산 시설과 컨테이너 제작라인을 인수해서 출발했다. 7월에 증자하면서 '현대' 브랜드로 인지도를 높이기 위해 현대정공으로 사명을 변경했다.

초대 대표는 정몽구 명예회장이었다. 컨테이너 제조사로 성장을 시작했는데 1970년대 중반부터 시작된 수출 붐을 타고 급성장했다. 1980년에 컨테이너 10만 대 생산을 달성했고 1983년 세계 1위에 올랐다. 1985년에는 국내 최초로 디젤전기기관차를 생산했던 현대차량을 흡수했다. 현대차량은 현재의 현대로템 창원공장이다.

1984년 서산방조제 공사 최종 물막이에 동원되었던 VLCC도 현대정공이 가지고 있던 고선박이다. 현대정공은 1983년 11월에 인천제철로부터 고선박 해체사업장을 인수해서 철강 부족을 보충하고 고철 수출도 시도했었다. 그때 해외에서 수명이 다한 VLCC를 들여다 놓았던 것을 아산이 활용한 것이다. 그러나 이 해선사업은 저임금 후진국형 사업이어서 1988년에 종료했다.

1986년에 당시 대통령 전용 기차와 철도청장용 기차 다음으로 고급이었다는 전설의 새마을호 열차를 선보였고 1989년에 현대헬기 1호기가 출고되었다. 현대정공의 항공 사업은 1994년 현대기술개발로 분리된 후 현대우주항공이 되었다가 오늘날의 한국항공우주산업(KAI)의 일부가 된다. KAI는 1999년에 현대, 삼성, 대우의 각 사업부문이 합쳐져서 탄생한 것이다.

5공 신군부가 취했던 자동차공업통합조치(1981.02.28.조치)가 1987~9년에 해제되어 자동차 산업 규제가 완화되자 1991년 9월에 국내 오프로드의 대명사인 4륜구동 갤로퍼를 제작했다. 일본 미쓰비시자동차의 기술을 라이선스로 가지고 온 것으로 미쓰비시의 파제로가 원형 모델이다. 차 모양이 성실해 보이는 것이 현대의 캐릭터와 잘 맞았다. 아산이 서산 간척사업을 할 때 타던 차이기도 한데, 현재는 서산농장 기념관에 보관되어 있다.

당시 88올림픽의 여파인 저달러, 저금리, 저유가의 이른바 '3저' 경제의 호황으로 레저붐이 일면서 갤로퍼도 같이 호시절을 맞았다. 1992년에 국내 시장의 50% 이상을 점유해 버렸다. 경쟁업체 쌍용자동차가 큰 타격을 받았는데 쌍용은 독일 메르세데스-벤츠와의 합작으로 1993년에 무쏘를 출시할 때까지 많이 고전했다. 1992년에는 유라시아를 가로지르는 '갤로퍼 대장정' 광고가 인기를 끌기도 했다.

현대정공의 갤로퍼는 컨테이너 사업을 벗어나려는 사업다각화 전략의 일환이었는데 아산은 당시 정세영 회장이 경영하던 현대차가 있었음에도 불구하고 경쟁관계를 만들기 위해 현대정공에 자동차 사업을 허락했다. 현대차는 4륜구동 프로젝트가 없었기도 해서 계열사 간 충돌도 걱정할 필요가 없었다. 판매와 A/S는 역시 정몽구 명예회장의 현대자동차써비스가 대행했다. 1995년에는 미니밴 싼타모도 나왔다.

스마트 모빌리티

아산이 현대정공을 특별히 육성한 이유가 결국 정몽구 명예회장으로의 자동차업 승계를 염두에 두었기 때문이라는 해석이 많다. 자동차 부문에서 정세영 회장의 공로와 비중, 그리고 나이 등을 종합적으로 고려하면 정몽구 명예회장에게 바로 자동차를 맡기기는 여의치 않았기 때문이라는 것이다. 현대정공으로 정몽구 명예회장에게 기계와 자동차 부문 실적과 내공을 더 쌓을 기회를 만들어 준 셈이다.

1997년 외환위기와 2000년 현대그룹의 계열 분리 시 자동차 부품 사업에 집중하기 위해 사업을 전반적으로 조정하는 과정에서 현대정공은 현대차와 기아차의 부품 생산 부문을 양도받고 갤로퍼(2003년까지 생산되었다.) 등 자동차 생산 부문은 현대차에 넘겼다. 오늘날의 현대차 울산 제5공장이다. 중공업 사업 부문은 현대위아로 보냈다. 사명도 현대모비스로 변경하고 유서 깊은 컨테이너 사업도 접었다. 현대자동차써비스는 1999년 현대차에 흡수되었다.

그 후 현대모비스는 동력계통을 제외한 거의 모든 고부가가치 모듈 생산업체로 성장했다. 글로벌 7위다. 2016년 현대차가 글로벌 3위에 올랐을 때는 4위였다. 아산은 회고록에서 "자동차 부품 공업은 세계의 황금 시장이다... 나는 자동차 부품 공업으로도 세계 시장 경쟁을 꿈꾸고 있다"고 했다(정주영a, 159). 또, "자동차의 전자화는 장차 자동차 사업의 성패를 가늠할 궁극적 핵심 요소가 될 것이 분명"하다고도 했다(293).

아산의 이 회고록은 약 20년 전인 1998년에 나온 것이다. 애플의 아이폰이 2007년에 나왔고 지금은 전 세계적인 디지털화 시대다. 현대차도 선순환하며 성장할 수 있는 지능형 모빌리티 제품과 지능형 모빌리티 서비스 등 2대 사업을 중심으로 하는 '스마트 모빌리티 솔루션' 기업(Smart Mobility Solution Provider)을 지향하기로 했다. 부품과 모듈의 중요성이 한층 높아졌다.

미래를 예측한 것까지는 아닐 수 있어도 아산의 안목과 결과적인 혜안이 놀랍다. 현대모비스는 미래 전략적인 측면, 기술적인 측면, 지배구조 측면에서 향후 미래 현대자동차그룹의 핵심적인 위치를 차지하게 될 것이다.

현대제철 M&A

인천제철 인수

아산은 그 시대의 많은 기업인들과 마찬가지로 M&A에 대해서는 '올드'한 생각을 가지고 있었던 것 같다. 아산의 세대에는 M&A가 경영 전략의 일부라는 지금과 같은 인식이 존재하지 않았다. 기업인수는 매우 드물게 일어나는 현상이기도 했다. 아산은 1978년에 인천제철과 대한알루미늄(현 노벨리스코리아)을 인수했던 일에 대해 다음과 같이 회고한다.

> "기업이라면 덮어놓고 도매금으로 '정경 유착', '문어발'로 매도하는 풍토 속에서도 내가 항상 당당할 수 있었던 것은 그때까지 우리 '현대'는 남의 기업을 인수받은 적이 단 한 번도 없었다는 사실 때문이었다. 그때까지 내 산하의 모든 기업은 우리 아버님께서 돌밭을 일궈 한 뼘 한 뼘 옥토를 만드셨듯이 말뚝 박기에서부터 굴뚝 올리기까지 전부 다

그렇게 만든 것이었다. 우선, 누군가가 죽을 힘을 다해서 만들어 키우다가 여의치 못해 넘어가게 생긴 기업을 인수받는 것은 내 성격상 별로 하고 싶은 일이 아니다. 자신의 회사를 설립하고 운영하는 과정에서 겪었을 그 기업주의 노심초사와 남모르게 흘렸을 그 사람의 눈물과 고생을 나는 안다. 그런 업체를 헐값으로 인수받아 내 업체로 만드는 것이 나는 어쩐지 남의 불행을 발판 삼아 내 이득을 취하는 것 같아서 싫었고, 지금도 싫다. 잘라 말하자면, 어떤 업종을 해 보고 싶으면 내가 창업을 하면 된다. 또, 우리 '현대'의 비약적인 성장을 정치 권력과의 결탁에 의한 '공짜 성장'으로 생각하는 일부의 사시안도 남의 기업 인수를 망설이게 하는 이유 중 하나였다."(250~1)

아산은 인천제철과 대한알루미늄을 인수한 까닭이 사업적인 이유뿐 아니라 두 회사가 다 개인 기업이 아닌 국영기업이었기 때문이라고 한다.

일제강점기 때인 1938년에 조선이연금속 인천공장이 세워졌는데, 이 회사는 1942년에 일본 가네보재벌의 종연실업이 인수했다가 광복 이후 귀속재산이 되었다. 1953년에 국영기업 대한중공업공사로 자리 잡았다. 1962년에 인천중공업으로 상호를 변경했고 1966년에 정부지분 중 52.5%가 민간에 매각되면서 민영화되었다.

한편, 1964년에 이동준 창업주가 서독에서 차관을 들여 세웠던 인천제철은 경영난 때문에 산업은행 관리로 넘어갔다가 1970년 인천중공업에 합병되었다. 그러나 이 합병에도 불구하고 회사의 경영이 호전되지 않아서 결국 매각하게 되었고 1978년에 현대그룹이 인수한 것이다. 1987년에 상장회사가 되면서 정몽구 회장 체제가 되었다.

포스코의 견제

건설, 자동차, 조선 등의 계열사에서 막대한 철강을 소비하는 회사인 현대는 당연히 자체 제철소를 구상했다. 선박용 후판과 자동차용 강판을 공급하는 제철회사에 사사건건 을이 되는 문제가 있었기 때문이다. 그러나 현대중공업 출범 때는 지척의 울산과 포항에 각각 있으면서 거의 파트너 관계였던 박태준 당시 사장의 포스코가 견제했고 따라서 정부도 별로 호의적이지 않았다.

1977년에 현대중공업이 제2종합제철소 설립계획을 정부에 제출했다. 포스코와 치열하게 경합했다. 현대는 정부의 자금 지원 없이 건설비를 조달하고 그룹 내 연관기업들의 기술과 능력을 최대한 활용할 수 있다는 이점을 강조했다. 1978년에 인천제철을 인수해서 제철사업에 대한 의지도 보였다. 공기업과 민간기업이 경쟁해야 경쟁력이 강화될 수 있다는 논리도 폈다. 포스코는 국가기간산업의 공익성을 내세워 민간 제철소는 부적절하다고 맞섰다.

정부 내에서도 의견이 나뉘었는데 결국 박정희 대통령이 결정을 내려 포스코가 그 사업권을 따 광양제철소를 지었다. 포스코는 1985년에 공사를 시작해서 1992년 여의도 면적 7배의 부지에 세계 최대 규모의 제철소를 완공했다. 포스코의 조강능력은 연 2천만 톤을 넘어서게 된다. 포스코는 2000년에 민영화되었고 2002년에 지금의 이름을 갖게 되었다.

현대는 1994년에도 제3종합제철소 설립을 위해 애썼지만 그 역시 철강 과잉공급을 이유로 성사되지 못했다. 1992년 대통령 선거의 후유증도 있었던 것 같다. 정몽구 명예회장은 현대그룹 회장에 오른 직후 정부의 반대에도 불구하고 경남 하동에 제철소 건립을 추진했다. 1997년 10월 경상남도와 '제철소 유치 및 건설을 위한 기본합의서'에 조인까지 했다. 환경과 교통 영향평가를 거쳐 1999년에 착공할 계획이었다. 그러나 바로 IMF 사태를 맞으면서 무산되었다. 이번에는 다행이었던 셈이다.

정몽구의 현대제철

M&A를 기업의 성장전략으로 보는 시대가 되어 인천제철은 아산의 생각과 달리 IMF 이후부터 부실화되거나 경영난을 겪는 회사들을 공격적으로 인수하기 시작, 2000년 3월에는 압연형강업체 강원산업, 12월에는 삼미특수강을 인수했다.

인천제철은 2001년 4월 현대차그룹에 편입된 후 INI스틸로 이름을 바꾸었다. INI스틸은 2004년에 한보철강의 당진제철소를 현대강관의 후신 현대하이스코와 공동으로 인수해서 포스코에 이은 2인자 자리를 확고히 했다. 자동차의 경쟁력은 강판에 달려 있다는 지론의 정몽구 명예회장이 집념과 결단으로 포스코와 동국제강 컨소시엄을 물리쳤다. 특히 포스코와는 같은 입찰가격을 써내는 특이한 일도 발생했다. 가격은 같았지만 다른 면에서 현대가 더 높은 점수를 받았다.

한보철강은 은마아파트로 거부를 쌓았던 정태수 회장이 무리한 차입으로 설립해 5조 원대의 부채로 무너지고 IMF사태를 촉발했던 기업이다. 그러나 국내 제2의 철강회사 구상만은 긍정적으로 평가받는다. 한보철강은 부도 후에 포스코의 위탁경영과 법정관리를 거쳐 2000년에는 네이버스 컨소시엄이, 2003년에는 AK캐피탈컨소시엄이 인수를 시도했으나 무산되었고 2004년 현대에 인수되었다.

당진제철소를 인수하는 데 성공한 정몽구 명예회장은 공장 업그레이드 작업에 심혈을 기울였다. INI스틸은 2006년 3월에 현대제철로 상호가 변경되었고 2008년 금융위기도 무난히 넘겨 2010년 4월에 일관제철소의 면모를 갖추었다. 당진제철소는 철광석을 밀폐된 컨테이너로 이송하고 돔형 저장고에 보관하는 세계 최초의 친환경 제철소이기도 하다. 공장 어디에도 먼지가 나지 않는다. 냉연제품을 생산하던 현대하이스코는 2015년에 냉연 2공장을 완성하면서 현대제철에 흡수합병되었다.

현대와 LG

현대전자와 하이닉스

아산은 1983년 2월 본격적으로 전자 사업에 착수했다. 금성사, 삼성전자, 대우전자 3강 구도였던 전자 산업에 진출한 것이다. 주로 반도체를 염두에 두었다. 경기도 이천 약 30만 평의 부지에서 현대전자산업주식회사가 탄생했다. 현대전자는 1985년에 256Kb D램을 개발, 생산하면서 반도체 기업이 되었다. 1996년에 상장회사가 되었다.

아산이 전자 산업에 진출한 것은 현대의 사업구조를 중후장대에서 다른 방향으로 전환해야 할 필요성 때문이었다. 중공업을 대체할 새로운 수출주도 산업이 필요했고 중화학 부문의 지속적인 성장을 위해서라도 전자 산업이 필요하다는 것을 절감했다고 한다. 아산은 특히 자동차 산업의 전자화를 내다보았다. 자동차가 PC와 함께 최대의 반도체 수요처가 되어 가고 있기도 했다(292~3).

그러나 1995년 국내 10대 제조업체 반열에 오르고 1996년 상장회사가 되었던 현대전자는 1997년 외환위기에서 좌초하고 만다. 현대전자는 IMF체제에서 진행된 '빅딜'의 일환으로 1999년에 LG반도체를 인수했는데, LG반도체는 현대반도체로 사명을 바꾼 다음 바로 현대전자에 흡수합병되었다. 그러나 반도체 사업이 유발하는 과도한 투자부담을 이기지 못하고 막대한 부채 때문에 곧 휘청거리게 된다.

그해 최대주주가 현대중공업에서 현대상선으로 변경되었다. 2000년 3월, 현대그룹이 경영권포기각서를 내고 정몽헌 회장이 퇴진한 후 전문경영인 체제로 전환되었다. 2001년에 메모리를 제외한 모든 사업이 35개 회사로 분리된 후 하이닉스반도체로 이름이 바뀌고 현대그룹에서도 분리되었다. 2002년 6월 최대주주가 현대상선에서 한국외환은행으로 변경되어 채권금융기관들이 대주주가 되었다. 2003년 3월에 무려 21대 1의 감자가 단행되었다. 그런데 바로 다음 해인 2004년에 창사 이래 최대의 영업이익을 내면서 경영이 정상화되었다.

2011년 6월경 원래 주인이었던 현대중공업 인수설이 흘러나오기도 했으나 결국 2012년 2월, 3조 3747억 원에 SK텔레콤이 인수하면서 같은 해 3월에 SK하이닉스가 되었다. SK하이닉스는 삼성전자에 이어 국내 시가총액 2위 회사가 되었다.

아산과 구자경

LG그룹의 고 구자경(1925~2019) 명예회장은 월간조선(2003년 2월호)과의 인터뷰에서 "하이닉스가 LG반도체를 인수하고 나서 일 년 반

동안에 하이닉스 자체에서 반도체를 개발해 수출한 적이 한 건도 없다. 하이닉스는 순전히 우리 것을 수출했고, 그걸로 재미를 봤다... (LG반도체) 한 주에 적어도 2만 5천 원은 받아야 되는 건데 2만 1천 원에 팔았으니까 뺏긴 셈"이라고 다소 섭섭한 마음을 표현한 적이 있다.

당시 구자경 명예회장은 끝까지 저항했지만 청와대가 직접 나서서 압박하고 은행 신규대출을 모두 끊어 버리자 결국 포기했다. 현대에서 받은 매각대금으로 데이콤을 인수하고 LG화재그룹을 분리시켰다. 빅딜을 주도했던 전경련에서는 그때 사실상 탈퇴해 버렸다.

그러나 아산과 구자경 명예회장은 가까운 사이였다. 열 살이라는 나이 차이도 문제가 안 되었다. 구자경 명예회장이 서산 간척지 공사현장을 찾은 적도 있는데 당시 찍은 사진이 LG의 구광모 회장에게 전달되기도 했다고 한다.

구 명예회장은 자신이 아산과 가까웠던 것은 아산의 사무실(현대 계동 사옥)이 자신이 살던 원서동 집 바로 건너편이었던 지리적 이유도 있었지만 처음 전경련 모임에 참석했을 때부터 가장 젊은 축에 속했던 아산과 자연스럽게 친해졌던 것이라고 한 적이 있다.

아산이 10년간 봉직했던 전경련 회장직을 이어받은 사람도 구자경 당시 럭키금성그룹 회장이었다. 아산이 4연임을 시작하면서 미리 점찍었다고 한다. 5공 정부가 만들었던 일해재단 이사장직도 아산은 구자경 명예회장에게 인계하려고 했었다(327). 현대패밀리와 LG패밀리는 사돈지간이기도 하다. 아산의 손자와 고 구태회 LS전선 명예회장의 손녀가 결혼했다.

현대자동차와 현대모비스는 차세대 전기차 배터리 분야에서 LG화학과 동행한다. 2010년에 현대모비스는 LG화학과 합작으로 친환경 자동차용 리튬 배터리를 공동연구, 생산, 판매하는 회사를 설립했다. 회사 이름이 'HL그린파워'다.

현대와 일본

아산이 창업한 현대중공업은 일찌감치 일본의 이마바리조선을 꺾었다. 현대자동차도 혼다, 닛산을 넘었고 토요타에 도전한다. 요즘은 한일관계가 좋지 않고 한국 기업들이 일본 기업들의 경쟁자지만 1960~70년대 개발시대에는 많은 한국 기업들이 일본에서 기술을 배우거나 협력을 통해 성장했다. 아산도 일본 기업들을 열심히 공부는 했겠지만 특이하게도 현대는 일본과 이렇다 할 협력이 없었고 오히려 긴장 관계의 흔적만 남아 있다.

아산은 1940년에 '아도서비스'라는 자동차 수리공장을 시작했다. 고생 끝에 자리가 잡혀 꽤 많은 돈을 벌기 시작했다. 그러나 태평양전쟁이 발발했고 일제가 기업정리령을 공포해 아도서비스는 1943년 초 일본인 소유 공장에 강제로 합병되었다. 그후 아산은 동생들이 징용당하는 것을 막기 위해 황해도의 군수용 광산에서 광석 운송사업을 했다. 일본인들의 못된 횡포도 참아 내야 했다. 그러다가 1945년 5월에 참다 못해 광산을 떠났다. 천우신조였다. 일본 패망 후 그곳에 있던 사람들은 모두 시베리아로 끌려갔다.

아산은 현대중공업 설립 훨씬 전인 1966년에 당시 세계 1위 조선국 일본의 조선소들을 이춘림 후일 현대중공업 회장과 함께 둘러 본 적이 있다. 그때 산업연관 효과가 크고 많은 외화를 벌 수 있는 조선업을 마음에 두기 시작했다고 한다. 그러나 정작 조선업에 진출하려고 하자 일본은 도움이 안 되었다. 당시 제휴 관계였던 미쓰비시중공업은 새로 중국 진출 계획을 세우면서 협상을 멋대로 틀었고 통산성도 방해를 했다. 아산은 후일 오히려 다행이었다고 회고한다. 그때 성사되었으면 독자 기술도 없이 미쓰비시의 그늘에서 벗어나지 못했을 것이다(164).

그러나 미쓰비시는 일본이 현대에 도움이 된 유일한 사례다. 현대차는 초기에 포드와 합작했는데 현대차를 하청업체로 취급하던 포드와 제휴를 끝내고 홀로서기를 시도했다. 엔진개발에 미쓰비시자동차와 기술제휴를 했다. 그리고 1976년 1월에 최초의 고유 모델 포니가 탄생했다. 그런데 이 관계도 미쓰비시가 현대의 경쟁사 신진자동차와 합작을 추진하다가 토요타에 밀려나서 이루어진 것이었다.

사실 이미 1967년 소양강댐 건설부터 아산과 현대는 일본과 본격적으로 부딪혔다. 압록강 수풍댐을 지었던 세계적 댐 건설 기업 일본공영이 콘크리트 중력댐 설계를 가져왔는데 공사를 맡은 '일개 하청업체' 현대건설이 사력댐으로 설계변경을 제안해 큰 소란이 일어났다. 아산은 철근과 시멘트를 수입해 써야 하는 콘크리트댐보다 주변의 자갈과 모래를 사용하는 사력댐이 20~30% 공사비를 절약할 수 있다고 주장해 일본 측은 물론이고 건설부로부터 호된 공격을 받았다. 도쿄대 출신인 일본 측 책임자가 아산의 학력을 들먹여 소학교 출신으로서 수모도 당했다.

여기서 유명한 일화가 포병장교 출신 박정희 대통령이 사력댐이 전시에 더 안전하다고 보고 현대 안을 지지한 것이다. 순식간에 분위기가 변해 일본공영 회장이 아산에게 "이마가 땅에 붙게" 절을 하면서 무례를 사죄했다(112). 공사비는 실제로 20% 절약되었다. 사실 현대는 조용히 하청을 수행하고 돈을 벌면 되는 일이었다. 물의를 일으켜 좋을 것이 없었다. 그러나 이 공사는 대일청구권 자금이 일부 투입되는 프로젝트였다(106). 아산이 나섰던 이유는 일본공영이 그 돈을 최대한 일본으로 환수하려 했다고 보아서다.

아산과 일본의 마지막 조우는 88서울올림픽 유치전 때다. 유치단장 아산과 현대맨들의 전력투구로 서울이 유력한 후보 나고야를 물리치고 기적같이 올림픽을 유치한 이야기는 이제 전설이다.

제2부

정주영의 유산, 스마트 현대로 진화하다

현대그룹 계열 분리

형제간 경쟁

1996년 정몽구 명예회장이 현대그룹 회장에 취임했다. 당시 자동차 사업 분리설이 나돌고 있었지만 정몽구 당시 회장은 이를 일축하고 자동차 없는 현대그룹은 상상할 수 없기에 자동차는 현대그룹에 머무르며 독립적으로 경영될 것임을 천명했다.

그러나 그로부터 4년 후인 2000년에 다른 이유로 현대자동차를 포함한 계열 분리가 발생한다. 당시 현대그룹은 '경영자협의회'라는 협의기구가 최고의사결정기구였다. 1998년 1월 13일에 정몽구, 정몽헌 두 사람이 협의회 공동의장의 발령을 받은 것이 사태의 발단이 되었다. 현대그룹의 회장이 두 사람이 된 것이다. 그 후 내부에서 치열한 경쟁이 발생했다.

1999년 12월 30일에 현대그룹 구조조정본부장 박세용 회장이 현대차로 발령이 난다. 현대의 역사에서 매우 중요한 이 인사는 그 배경과 과정이 매우 복잡해서 여러 관점으로 분석이 나뉜다. 첫째는 정몽헌 회장 측 사람이었던 박세용 회장이 핵심에서 밀려난 의미가 있다는 시각이다. 둘째는 정몽헌 회장의 현대차 접수 계획의 일환이었다는 시각이다. 정몽구 회장 쪽에서는 이 발령을 그렇게 보고 반발했다. 박세용 회장을 바로 현대제철 회장으로 전보했다.

셋째는 정몽헌 회장과 가깝기는 했어도 어디까지나 아산의 사람인 박세용 회장의 현대차행은 아산의 정몽구 회장에 대한 일종의 '지도'라는 시각이다. 당시 현대차 내부의 인사가 특정 그룹에 치우쳐 있었는데, 현대그룹의 역사에서 가장 높이 평가받는 전문경영인 중 한 사람인 박세용 회장이 그 문제를 해결할 것으로 기대되었다는 것이다. 실제로 당시 인사를 전한 연합뉴스 보도는 박세용 회장을 "정주영 명예회장의 '오른팔'로 현대가 자랑하는 대표적인 전문경영인, 비오너 출신으로는 최고의 지위에 오른 현대맨"이라고 소개하고 있다(연합뉴스, 1999.12.30.).

재판을 하는 법관들과 범죄를 수사하는 검사들이 종종 이야기하듯이 진실은 두 가지가 동시에 존재할 수도 있다. 사건 당사자들이 하나의 사실을 자신의 시각에서 해석해서 기억하기 때문이다. 또, 당사자들이라고 해서 사건의 전모를 다 안다고 보기 어려운 상황이 많다.

이 분란은 2000년 3월에 결국 정몽헌 회장을 협의회 단독의장으로 한다는 아산의 뜻에 따라 석 달 만에 마무리되었다. 아산은 "앞으로 경영자협의회 의장을 정몽헌 회장 단독으로 한다는 것을 여러분께서 의아하게 생각하는 모양인데, 정몽구 회장은 현대자동차 및 기아자동차 등 여러 가지 일이 바쁘기 때문에 정몽헌 회장이 단독으로 경영자협의회 의장을 한다고 하더라도 아무 잘못이 없다고 생각합니다" 라고 선언했고 정몽구 회장은 깨끗하게 손을 들었다(이채윤, 448~9에는 당시 언론에 공개되었던 아산의 육성 녹음 내용이 소개되어 있다.).

이 사건은 현대가 당시 재계 1위였기 때문에 큰 사회적 관심의 대상이었다. 그러나 세상에 흔한 가족 간 상속 분쟁으로까지는 발전되지 않았던 점이 현대답다.

경영권 승계 과정에서는 승계를 받는 신세대와 선대의 전문경영자들 간 어젠다가 서로 다르기 때문에 이런저런 문제가 생긴다. 그렇다고 선대의 경영자들을 바로 퇴진시킬 수도 없다. 경영자들이 회사 일을 챙겨야 하기 때문이다. 이른바 '과도기 관리'가 잘되어야 한다. 성공적이고 회사의 성장에 기여도가 높은 전문경영인일수록 기존의 방식을 고수하려는 경향이 강하다. 당연한 일이다. '기존의 방식'이란 이전의 첨단 방식이었고 그 덕분에 회사가 발전했기 때문이다. 이 때문에 새로운 변화와 혁신의 시기에 신세대와의 이견이 노정되기 쉽다.

계열 분리

1987년에 대규모 기업집단 지정 제도가 도입되었는데 공정거래위원회는 2000년부터 현대를 세 개의 독립된 대규모 기업집단으로 나누어 지정했다. 현대그룹, 현대자동차그룹, 현대중공업그룹이다(최정표, 309~10).

현대그룹(동일인 정몽헌)에는 현대경제연구원, 현대오토넷, 현대상선, 현대아산, 현대엘리베이터, 현대정보기술, 현대종합상사, 현대택배, 현대모바일, 현대증권, 현대투자신탁운용, 현투증권 등 12개의 계열사가 포함되었다. 그룹 자산 총액은 약 15조 6천억 원이었다. 현대상선이 가장 비중이 컸고 현대증권과 현투증권이 그다음이었다.

그룹 자산 총액이 약 38조 7천억 원으로 가장 컸던 현대자동차그룹(동일인 정몽구)에는 기아자동차, 삼미특수강, 엔지비, 오토에버닷컴, 이에이치닷컴, 인천제철, 제주다이너스티, 케피코, 한국디에스, 한국로지텍, 현대모비스, 현대우주항공, 현대자동차, 현대파워텍, 현대하이스코, 현대캐피탈 등 16개의 계열사가 포함되었다.

현대중공업그룹(동일인 정몽준)은 계열사의 수가 가장 적다. 현대미포조선, 현대중공업, 현대기술투자, 현대기업금융, 현대선물 등 5개였다. 자산 총액은 약 11조 원이었다.

당시 일찍부터 현대그룹에서 분리되어 나갔던 범현대의 기업집단들은 동일인 정인영의 한라그룹, 정세영의 현대산업개발그룹, 정몽근의 현대백화점그룹, 정상영의 KCC그룹 등 모두 4개가 있었다.

자산 5조 원대의 한라그룹에는 만도기계, 한라시멘트, 한라건설, 한라콘크리트 등의 계열사가 있었고 자산 약 4조 원의 현대산업개발그룹에는 현대산업개발 외 6개 계열사가 있었다. 현대백화점그룹은 자산 규모가 약 3조 1천억 원 정도였다. 현대백화점, 한무쇼핑, 현대쇼핑 등 15개 회사가 계열사였다. 자산 약 2조 6천억 원의 KCC그룹에는 금강고려화학, 금강종합건설, 코리아오토글라스 등 6개의 계열사가 소속되어 있었다.

아산의 둘째 동생 정순영 회장은 현대종합금속을 운영하다가 1980년에 현대시멘트를 가지고 독립했다. 이후 현대종합상운, 서한정기, 성우종합레저 등을 설립해서 성우그룹을 형성했다. 또, 아산의 7남 정몽윤 회장은 1999년에 현대해상화재보험을 가지고 현대그룹에서 독립했다. 현대해상은 9개 금융회사를 거느리는 금융그룹이 되었다.

계열 분리의 결과로 1990년대 항상 1위였던 현대의 재계서열에 변동이 생긴다. 현대차가 5위로 올라오고 현대중공업이 15위에 오르면서 현대그룹은 13위가 된다. 그 후에도 계속적인 사업 구조조정이 발생했고 현대는 결국 중견기업으로까지 축소되었다. 현재 현대차는 2위, 현대중공업은 9위를 유지하고 있다.

1964년 당시 삼성이 재계 1위였을 때 현대는 10위 밖이었다. 1974년 3위, 1985년 삼성에 이어 2위가 되었다가 1987년 1위가 된다. 그 후 2000년 계열 분리로 삼성에 1위를 다시 내줄 때까지 현대는 1위를 지켰다(341, 343).

현대와 현대의 현대 인수전

현대건설 워크아웃

현대의 뿌리 현대건설이 워크아웃으로 채권단 손에 들어가면서 현대그룹을 떠난 것은 현대그룹의 역사에서 어쩌면 가장 큰 사건이었다. '현대맨'들에게는 믿기 어려운 뼈아픈 일이었을 것이다. 동생과 매제가 집을 팔아 판잣집 살이까지 해야 했던 고령교 공사도 이겨 내며 현대건설을 키운 아산이다. 어떤 심정이었을지 쉽게 짐작할 수 있다.

현대건설은 1990년 걸프전 발발과 이라크에 대한 서방의 경제제재로 1조 원 이상인 거액의 공사대금을 미수금으로 남기게 된다. 이 미수금이 대손 처리되지 않은 채 숨겨지다가 2000년 현대건설은 2조 9800억 원의 당기순손실을 기록하고 부도를 냈다.

결국 2001년 아산 타계 후 정몽헌 회장이 경영권을 포기하고 채권자들의 출자전환이 이루어지면서 산업은행을 포함한 채권단이 관리하게 되었다. 현대엔지니어링과 현대서산농장을 분사하는 것을 포함한 워크아웃 절차를 통해 구조조정이 단행되었고 리파이낸싱이 완료되어 2006년 6월, 5년 2개월 만에 워크아웃을 졸업했다.

워크아웃이 종결되고 현대건설 매각이 개시되자 당연히 '현대'가 참여했다. 그런데 문제는 계열 분리로 하나의 옛 현대가 아닌 상황에서 어떤 현대가 현대건설을 되찾느냐였다. 여기서 이른바 '적통 경쟁'이 발생했다. 현대그룹과 현대차그룹의 경쟁이었다. 당시 두 그룹 간 껄끄러운 관계가 노출되기도 했는데 그런 모습이 사회적으로 우려를 낳기도 했다.

현대건설 인수전

먼저 정몽헌 회장 사후 경영권을 이어받았던 현정은 회장의 현대그룹이 5조 5천억 원을 제시하고 우선협상대상자로 선정되었다. 현대그룹은 대북 사업 측면에서도 건설업이 꼭 필요하다고 생각했다. 그러나 현대그룹 주가는 폭락하고 현대차그룹 주가는 올랐다. 자금조달에도 문제가 생겼다. 현대그룹은 프랑스의 나타시스 은행에서 1조 2천억 원을 지원받기로 했다면서도 지원에 관한 증명을 하지 못한다. 채권단이 대출계약서 제시를 요구했지만 현대그룹 측은 정체가 모호한 서류를 내놓았을 뿐이다.

그 때문에 채권단은 현대그룹과의 MOU를 해지하고 2011년 1월 우선협상대상자를 정몽구 회장의 현대차그룹으로 변경했다. 현대그룹은 소송전을 벌였지만 이기지 못했다. 현대차는 4조 9601원을 깔끔하게 납부하고 현대건설을 되찾아 왔다. 이로써 아산이 구축한 '자원 순환형 사업구조'가 복구되었다. 이는 철강-자동차(조선)-건설로 이어지는 유기적 순환 시스템을 말한다. 지금은 자동차 부품과 자동차 할부금융, 신용카드가 추가되는데 전체 사이클의 물류를 현대글로비스가 맡는다.

2011년 4월 1일 정몽구 회장은 현대 계동 사옥에서 10여 년 만에 감개무량한 현대건설 월례조회를 주재했다. 현대건설 인수를 계기로 이름을 현대기아자동차그룹에서 현대자동차그룹으로 바꾸었고, 2011년 상반기 순이익에서 삼성그룹을 추월하는 이변도 연출했다. 정몽구 회장은 이듬해 2012년 3월 현대건설 정기주주총회에서 등기이사에 선임되었는데 아산의 적통을 승계한 것으로 평가된다.

기아자동차 인수

현대의 기아 인수전

현대차 본사가 있는 양재동에 같은 모양 두 개의 빌딩이 나란히 서 있다. 각각 현대자동차와 기아자동차다. 멀리서는 두 개가 따로 있는 것처럼 보이지만 쌍둥이 빌딩이 으레 그렇듯이 아래층은 넓은 홀로 연결되어 있다. 홀은 대학 캠퍼스를 연상시키는 자유로운 분위기다. 현대차의 문화가 변하고 있다는 것을 가장 먼저 확인할 수 있는 장소다.

경영상황 악화를 장기간 분식회계로 숨겨 오던 기아차는 1997년의 외환위기를 견디지 못하고 그해 10월 22일 법정관리에 들어갔다. 28개의 계열사를 거느린 재계 순위 8위의 거함이 침몰한 것이다. 무려 4조 5천억 원의 누적적자기업이 정상기업으로 행세했다. 이미 그해 4월부터 1995년 자동차 사업에 진출했던 삼성그룹 인수설이 나돌았다.

금융권에서 자금을 급히 회수하기 시작했고 주거래은행 제일은행이 부도유예협약 대상 기업으로 지정함으로써 기아는 좌초했다. 당진제철소를 무리하게 추진했던 14위 한보와 기아차의 몰락은 '국가부도' IMF 체제를 부른 도화선이 되었다.

1998년 7월 기아차의 채권단은 국제입찰 방식으로 기아차 매각을 추진하기로 했는데 현대차, 대우자동차, 삼성자동차, 포드가 입찰에 참여했다. 특히 삼성은 5% 내외의 국내시장 점유율을 끌어올리는 데 기아차 인수가 절실했기 때문에 가장 적극적이었다. 실제로 삼성은 기아차가 법정관리에 들어가기 전 부도유예협약하에 있을 때 이미 기아차 인수를 추진했었다. 매물로 나오기도 전이었다.

기아차 입찰은 부채탕감 문제로 진통을 겪었고 3차까지 가는 곡절 끝에 결국 현대차로 낙점되었다. 가격은 1조 2천억 원이었다. 현대차는 1998년 12월 1일 기아차를 인수했다. 현대차의 기아차 인수는 국내뿐 아니라 글로벌 자동차업계의 판도를 변화시키는 큰 사건이었다.

기아차의 역사

현대차는 기아차의 34% 대주주다. 현대차에게 구 기아차의 역사는 별로 달갑지 않을 것이다. 그러나 인수한 이상 현대차 역사의 일부가 되었다. 물론 기아차 홈페이지에는 회사의 사업과 제품 관련 연혁만 소개되어 있다.

기아차는 1944년 12월 고 김철호 회장의 경성정공으로 설립되었다. 그 유명한 삼천리자전거의 원조 '3000리호' 자전거를 생산했는데 기아라는 브랜드는 1952년에 사명을 기아산업으로 바꾸면서 등장한

1999년 기아자동차 인수 후 화성공장을 방문한 아산(현대자동차그룹 제공)

것이다. 영화 〈택시운전사〉(2017)에서 만섭(송강호 분)이 모는 브리사가 1974년에 출시되었다. 1976년에 현대 포니가 나오기 전까지 브리사는 국산 승용차 1위의 최강자였다. 기아차는 1976년에 아시아자동차도 인수했다.

1979년에 삼천리자전거가 분리독립되었는데 훗날의 기아차 지배구조 성립에 중요한 계기가 된다. 기아차는 5공화국 정부의 1981년 자동차공업통합조치(산업합리화)에 따라 중소형 화물차와 버스를 전문적으로 생산하는 업체로 지정되면서 위기를 맞았다. 승용차 생산을 금지당한 것이다.

같은 해 10월 한국 최초의 실질적인 전문경영인 체제를 도입했다. 김석환 삼천리자전거 회장이 기아의 규모에 부담을 느껴 스스로 경영권을 포기했다고 알려진다. 대주주인 김상문 당시 회장은 민경중 아시아자동차 사장을 회장으로, 김선홍 기아기공 사장을 기아차 사장으로 보하고 명예회장으로 물러난다.

김선홍 사장은 기아차에 사원으로 입사해 후일 회장까지 오른 인물이다. '봉고' 신화의 주인공이고 재벌 오너 체제 한국 기업사에서 전문경영인의 원조로 여겨진다. 그러나 기아차의 몰락으로 비운의 인물이 되었다. 김선홍 회장의 기아차는 1987년에 자동차공업통합조치가 해제되면서 프라이드와 콩코드로 다시 살아났다가 1997년 외환위기에 침몰했다.

기아차 살리기

그런데 시민단체들이 기아를 살리겠다는 운동을 벌이는 기이한 일이 일어났다. '기아차 팔아주기' 운동도 있었다. 범국민 운동으로 확대할 참이었다. 기아가 소유와 경영이 분리된 이른바 '국민기업'이라는 이유였다. 사실 그 때문에 기아의 기업 이미지는 좋았다. 그러나 이 정치적 시도는 불발로 끝났다(이한구, 503). 전문경영인 기업 기아에 호의적이었던 여론이 전문경영인이 오너 못지않은 황제경영을 했다는 것이 드러나자 싸늘해졌다.

강경식 전 경제부총리의 회고에 의하면 "기아는 구조조정을 하는 등 경제 원칙에 따라 문제를 해결할 생각은 처음부터 없었다. 정치적인 영향력을 동원해서 어려운 상황을 모면하려고 온갖 수단을 다 동원했다. 기아는 기업이라기보다는 정치 집단이었다."(국제신문, 2007.04.15.)

기아에서는 노조에 온정적인 김선홍 회장을 보호하기 위한 노조 파업도 있던 지경이라 '노사유착'이라는 말도 있었다. 경영진 내부의 알력도 심했고 민주노총의 핵심 강성노조의 파워가 지나치게 강했다. 우리사주조합 지분도 13.8%였다.

독일에서 비슷한 일이 있었다. BMW는 1950년대 말에 경영위기로 도산 일보 직전까지 갔다. 1959년 주주총회에는 다임러-벤츠와의 합병안이 올라왔는데 노조의 반대에 영향을 받은 주주들에 의해 부결되었다. 이때 창업자의 둘째 아들 헤르베르트 크반트가 주위의 만류에도 불구하고 지분을 50%로 올리는 과감한 투자를 했다. BMW는 구조조정을 거쳐 회생했다. 기아와 비슷하지만 대조되는 역사다.

독일 경제사에 남은 1959년 BMW 주총

독일의 경제사가들은 1959년 12월 9일 뮌헨에서 개최되었던 BMW 주주총회가 독일 경제사에서 매우 중요한 의미를 갖는다고 본다. 이 주총에서 BMW의 소수주주, 사원, 대리점들이 BMW가 소멸되는 것을 성공적으로 저지했기 때문이다.

당시 BMW는 소비자 취향 변화를 제대로 읽지 못한 경영실패의 결과로 도산을 몇 주 앞두고 있었고, 유일한 출구로 다임러-벤츠에 흡수합병되는 안이 제시되어 주총이 소집되었다. 회사의 최대주주는 도이치은행이었는데 도이치은행은 동시에 경쟁사 다임러-벤츠의 최대주주였고 BMW 이사회 의장이 다임러-벤츠 이사도 겸하고 있었다. 즉, 최대주주의 입장에서 두 회사는 계열사였다. BMW의 위기 타개책으로 자연스럽게 두 회사의 합병안이 나온 것이다.

여기서 BMW 창업자의 둘째 아들인 대주주 헤르베르트 크반트의 입장이 곤란해졌다. 물려받은 회사를 살리기 위해 회사를 포기해야 하는 처지가 된 것이다. 그러나 할 수 있는 일이 없었다. 주총 당일 조용히 주총장 뒷자리에 앉아 합병안이 가결되는 것을 지켜볼 참이었다. 주총 의장은 BMW가 7천만 마르크 가치의 신주를 다임러-벤츠에 발행하는 것을 골자로 하는 합병안을 제안했다. 당시 다임러-벤츠는 호황을 누리고 있었다. 고객들이 신차 인수 대기기간이 너무 길다고 불평하는 상황이었다. BMW의 우수한 설비와 6천 명의 인력이 다임러-벤츠에 큰 도움이 될 것으로 계산되었다.

그런데 이변이 일어났다. 주총장을 가득 메웠던 소액주주들과 우리사주조합원들이 회사의 합병안에 격렬하게 반대하면서 경영진을 성토하기 시작한 것이다. 주총은 혼란스러워졌고 경영진과 크반트는 예기치 못한 상황에 당황했다. 그때 마테른이라는 이름의 한 대리점 대표가 소수주주들의 입장을 정리했다. BMW는 이례적으로 주주와 사원들의 충성도가 높은 회사이니만큼 전반적인 자동차 경기의 활황을 등에 업고 새 출발을 모색해 보자는 것이었다.

마테른은 BMW의 항공기엔진 제조 계열사를 MAN에 매각한다는 대안을 내놓았다. 돈을 마련하고 동시에 주주배정 유상증자를 실시하자고 제안했다. 그러나 의장은 마테른의 대안이 현실성이 없을 뿐 아니라 최대 주주의 이해관계에도 맞지 않아 채택되지 못할 것으로 보았다. 주총은 이미 10시간을 경과하고 있었다.

이때 마테른이 주총 연기를 제안했다. 이 제안은 거의 70%의 의결권을 행사할 수 있는 도이치은행이 반대하면 부결되는 의안이지만, 마테른은 독일 회사법에서 회사의 사업보고서에 하자가 있는 경우 10% 주주의 찬성만으로 주총을 연기할 수 있다는 규정을 찾아냈다. 그리고 1958년 손익계산서에서 신차 개발비 관련 회계오류가 있다는 것도 발견해 냈다. 표결이 진행되었고 소수주주 측이 승리했다. 주총장은 박수 소리로 떠나갈 듯했다. 극적인 이변이 연출된 것이다. 주총이 무산되어 합병안도 자동 폐기되었다.

이 모든 과정을 직접 지켜본 크반트는 큰 충격을 받았다. 대주주인 자신은 포기한 회사를 소수주주들과 사원들은 포기하지 않았던 것이다. 그러나 또 다른 문제는 과연 회사가 위기를 벗어날 수 있을 것이며 자신은 모든 위험을 무릅쓰고 합병 외의 대안을 찾아 동참해야 하는가였다. 결국 크반트는 행운을 기대하면서 자신이 직접 나서 회사의 구조조정과 정상화를 진행하기로 결심했다.

크반트는 먼저 경영개선과 품질관리에 집중해 BMW의 자동차들을 환골탈태시키는 작업에 착수했다. MAN에 자산을 매각해 3700만 마르크를 확보했다. 다음은 유상증자였다. 도이치은행은 동참할 의사가 없었다. 크반트는 다른 은행들을 찾아내 총액인수가 아니라 시장에서 인수되지 않는 신주 물량은 모두 자신이 떠안는다는 당시까지 전례가 없던 조건으로 자금조달을 진행했다. 4천만 마르크대의 위험을 부담했다. 그러자 주주들이 화답했다. 1960년 12월 1일의 주총에서 96%의 주주가 구조조정계획에 찬성했고 유상증자에서 5250만 마르크가 조달되었다. 크반트가 떠안은 물량은 10만 마르크에 그쳤다. 독일 경제사의 위대한 페이지가 쓰이는 순간이었다.

크반트의 올인으로 1962년 BMW는 손익을 맞췄고 1963년부터는 배당을 시작했으며 1965년부터는 주문이 밀리기 시작했다. 전문가들은 크반트의 결심이 자동차에 대한 애정에서 비롯된 것으로 본다. 그때까지는 부친이 물려준 재산의 투자자로서의 삶을 살았지만 주총을 계기로 기업가로 변신해 공장과 제품에 창의적으로 직접 기여해 보겠다는 의지가 발현되었다는 것이다. 소수주주들과 사원들의 회사에 대한 애정이 50세의 크반트를 그렇게 만들었다.

당시 BMW의 주식은 보수색이 짙은 바이에른 지역의 주민들이 널리 소유하고 있던 일종의 국민주였다. 바이에른 주민들은 BMW에 애착을 가진 나머지 주식을 상속의 대상으로 여기고 절대 팔지 않을 정도였다. 그러나 선장이 없는 배였던 BMW에서 경영진과 이사진은 무기력하고 지지부진했다. 주주, 사원들의 신뢰를 받는 헌신적인 오너의 등장이 모든 것을 바꾸었고 오늘의 BMW가 탄생하는 계기가 되었다.

기아차의 부활

1998년 현대차에 인수되면서 화려하게 부활한 기아차는 기업지배구조를 연구하는 저자에게는 매우 중요한 소재다. 하버드대 마크 로(Mark Roe) 교수에 의하면 대기업의 지배구조는 국가공동체의 재산적 역량이 구성원에 분배되는 데 영향을 미치고 정치권력의 향배에 변수가 되는데, 유럽에서 소유가 집중된 기업들이 주류인 것은 사회민주주의 발달에 따라 노동계 파워가 커졌고 자본의 소유자들이 그에 방어적으로 행동한 결과다.

민주주의가 성숙하지 못한 나라에서는 소유가 분산된 대기업들이 외부의 힘에 취약하고 결국은 내외의 자원배분 기능 조절에 실패해서 쇠락하기 쉽다. 국내에서는 구 기아차와 대우조선해양이 대표적인 사례다.

국내시장 점유율 50%와 25%였던 현대와 기아의 결합은 M&A 교과서에 나오는 모든 긍정적 효과를 발생시켰다. R&D 효율성이 높아졌고 기술융합의 시너지가 창출되었다. 중복투자가 없어져 기술투자에 비용이 절감되고 효율성은 높아졌다. 글로벌 생산과 판매 네트워크도 빠르게 확장되었다.

그러나 우리가 보기에 사실상 한 회사 같은 현대차와 기아차는 은근히 치열하게 경쟁한다. 한 회사에서 다른 부서들끼리 경쟁하는 것과 같다. 또 두 회사는 상장회사들이기 때문에 각각 다른 소수주주군이 있고 이사회와 경영진은 그 주주들의 이익도 배려해야 하는 의무를 진다.

이제 현대차는 시가총액 5위권, 기아차는 시가총액 20위권에 든다. 2019년 매출은 각각 105조 8천억 원, 58조 1천억 원이다. 현대모비스의 매출이 38조 원을 넘어서면서 그룹 내 3사 전체 매출 200조 원 시대를 열었다.

현대오일뱅크의 귀환

현대정유

현대오일뱅크는 현대건설처럼 현대가 잃었다가 결국 '다시 찾아온' 회사다. 우리 상법상 회사는 주주의 재산이 아니기 때문에 경영권을 되찾아 왔다는 의미다.

아산이 창업했다가 어떤 이유로 현대의 품을 떠났던 회사를 다시 찾아오는 일들이 있는 것을 보면 현대는 매우 낭만적인 회사인 것 같기도 하다. 회사는 우리가 경제활동을 하기 위한 편의로 만들고 없애고 하는 것이다. 지나치게 상징화할 대상이 아니다. 그런데도 뭔가 '우리'의 공통된 기억과 애환, 기쁨이 그 안에 스며 있다고 생각한다.

이른바 오너경영의 강점들 중 하나가 여기서 발현된다. 책임감이다. 선대에서 일군 회사는 어려울 때 이별했다가도 여건이 조성되면 다시 찾아와서 원상회복시키겠다는 뜻이다. 보낸 회사도 악착같이 찾아오려고 하는데 지금 경영하고 있는 회사가 잘 운영되도록 노력하겠다는 마음은 더 말할 나위가 없을 것이다.

현대오일뱅크의 전신은 1964년에 장홍식 창업주가 부산에 설립한 극동정유다. 국내 최초의 민간 정유회사였다. 극동정유에는 1968년부터 로얄더치/셸이 합작투자로 참여했다. 1969년에 로얄더치/셸이 투자를 늘리면서 상호가 극동셸석유주식회사로 변경되었는데 1977년에 로얄더치/셸이 철수하면서 상호가 극동석유로 변경되었다. 이때 현대그룹이 지분 일부를 취득했다. 1984년에는 미국의 게티오일이 합작투자로 진입했고 1988년에 상호를 극동정유로 바꾸었다. 1989년에 대산공장을 지었다.

극동정유는 재정난과 걸프전으로 인한 유가급등으로 타격을 받았고 1993년 7월에 현대그룹이 현대중공업을 통해 인수해 현대정유가 되었다. 아산은 현대정유를 조카 정몽혁 당시 현대종합상사 회장에게 맡긴다. 정몽혁 회장은 아산의 다섯째 동생 정신영 전 동아일보 기자의 아들이다.

인수 이듬해에 오일뱅크 브랜드를 론칭했고 3년 만에 435개였던 주유소 수를 1,020개로 늘렸다. 1999년에는 구 경인에너지인 한화에너지를 인수해서 인천정유를 만들었다.

매각과 회수

현대오일뱅크는 외환위기의 여파로 경영난을 겪게 되어 1999년 12월 5억 달러에 지분의 50%를 아부다비 국영석유투자회사 IPIC

(International Petroleum Investment Company)에 넘기면서 계열 분리했다.

2002년에 현대오일뱅크가 되었고 IPIC가 경영권을 인수하면서 정몽혁 회장도 물러났다. 2006년에는 인천정유를 SK에너지에 매각했다. 현재의 SK인천석유화학이다. 7년 후 현대중공업이 현대종합상사를 되찾아 왔고 정몽혁 회장은 다시 경영 일선에 복귀했다. 아산이 글로벌 네트워크 구축 목적으로 1976년에 설립했던 현대종합상사도 2003년에 채권단 손에 들어갔다. 현대종합상사는 2016년에 현대중공업에서 분할되어 현대코퍼레이션이 되었고 현대(종합)상사는 그 자회사다.

한편 IPIC는 2006년에 현대오일뱅크로부터 20% 지분을 추가 매입한 후 미국의 코노코필립스에 지분 35% 매각을 시도했다. 이 시도가 실패하자 IPIC는 공개입찰 방식으로 전환해 재차 매각을 추진한다. 매각 지분도 50% 이상으로 높였다. 국내 석유회사들과 코노코가 입찰에 뛰어들었다.

이때 현대중공업이 1999년 매각한 지분 50%에 대한 콜옵션이 있음을 주장하면서 2008년 콜옵션을 행사한 후 사안을 ICC 국제중재에 부쳤고 ICC는 2009년 11월 IPIC의 계약위반을 인정했다. 더해서 IPIC가 지분 70%를 현대중공업에 전량 넘겨야 한다고 판정했다. IPIC는 결과에 불복했지만 2010년 8월에 법적 절차를 포기하고 현대중공업에 지분을 매각했다. 현대중공업은 지분 91.13%를 확보하면서 아산의 유산을 되찾아 왔다.

사업고도화

현대오일뱅크 인수 후 현대중공업은 권오갑 현 현대중공업그룹 회장을 사장으로 투입, IPIC하에서 다소 어수선하게 경영되던 회사를 4년에 걸쳐 말끔하게 환골탈태시키고 성공적으로 사업고도화 작업을 진행했다. 권오갑 회장은 현대오일뱅크 재임 기간 영업이익을 1300억 원대에서 1조 원대로 성장시켰다.

이제 현대오일뱅크 대산공장은 하루 69만 배럴 규모의 원유를 정제한다. 중질유를 재분해할 수 있게 설비를 고도화했다. 석유화학 아로마틱사업 수직계열화가 완성되었고 윤활기유, 석유화학, 제철화학, 유류저장사업 등 비정유사업 확대로 사업다각화를 계속하고 있다. 상업용 유류저장사업은 국내 유일이다.

현대오일뱅크에서는 아산의 나눔 정신을 실천하기 위해 임직원들이 월급의 1%를 1%나눔재단에 기부한다고 한다. 현대오일뱅크에서 시작된 1% 나눔 정신은 2020년 현대중공업그룹 전 계열사가 참여하는 재단 설립으로 이어졌다. 현대오일뱅크는 햅쌀 수매와 우럭 방류 같은 사업으로 지역 농어민을 지원하고 있는데 기업의 사회적 책임 이행의 일환이다. 얼마 전 사우디아라비아 정유시설에 대한 드론 공격에서 볼 수 있었던 것처럼 정유공장은 직원과 시설에 대한 안전이 최우선인 곳이다. 저자가 현대오일뱅크를 방문해 본 소감도 안전과 친환경에 가장 높은 우선순위를 두고 있었다는 것이다.

현대오일뱅크의 대주주 현대중공업지주는 2019년 12월 17일 사우디아라비아 아람코로부터 지분 17% 매각대금 1조 3749억 원을 받았다. 현대중공업지주는 이 돈을 재무구조 개선을 위한 차입금 상환과 스마트 조선, 스마트 물류 등 신사업 투자에 사용하게 된다. 또 아람코를 현대오일뱅크의 2대 주주로 맞이해 시가총액 글로벌 1위인 아람코와 조선, 엔진, 화학 등에서 사업 협력도 강화하기로 했다.

스마트 조선 산업

조선의 역사

배(선박)는 인간이 만드는 가장 큰 동산이다. 가장 큰 유조선은 길이가 458미터다. 가장 큰 컨테이너선은 컨테이너 2만 개 이상을 싣고 가장 큰 크루즈선은 톤수가 타이타닉호의 다섯 배다. 흔히 작은 물건을 만드는 데만 첨단기술이 필요한 것같이 생각되지만 이런 크고 무거운 선박의 건조에도 첨단기술이 필요하다. 컴퓨터는 인간이 만들기 시작한 지 얼마 되지 않았다. 배를 만드는 기술은 수만 년 동안 발전되어 왔다. 무수한 난파와 표류와 인명손실을 거쳐 오늘날의 안전하고 빠른 배가 된 것이다.

인간이 대양항해에 필요한 배를 건조한 역사는 12만 년 전으로 거슬러 올라간다. 그러나 현대적 조선기술에 기초를 둔 조선 산업은 19세기 산업혁명 이후에 개화했다. 물론 대영제국이 선두주자로, 1890년대에 세계 시장의 80% 이상을 차지했다. 그러나 영국의 점유율은

1980년대 말에 거의 0%로 떨어졌고 현재는 호화 요트 정도만 경쟁력을 유지하고 있다. 1588년에 스페인의 무적함대를 격파한 이후 세계의 바다를 제패했던 영국해군이 쓰는 유조선도 우리나라가 만든다.

미국도 조선 강국이었지만 조선 산업이 국제경쟁력을 상실해서 군함과 잠수함 건조기술만 보전해 오늘에 이른다. 현재 시장점유율이 1% 정도다. 자유주의 레이건 행정부의 정부지원 중단이 가장 큰 요인으로 꼽힌다. 해운업도 1950년대 50%를 차지하던 시장점유율이 레이건 말기에 5%로 내려앉았다.

미국처럼 산업생산에 필요한 원자재를 해외에서 많이 들여오는 나라가 외국이 만든 배와 외국선사에 의존하고 있는 것은 안보에도 위험이 되고 전쟁 발발 시 병참에 큰 장애가 될 것이기 때문에 미국 행정부는 대책을 강구하고 있다.

영국의 뒤를 이어 세계 1위가 되었던 일본은 한국에 그 자리를 내주었다. 일본 1위인 이마바리조선의 수주잔량은 현대중공업의 절반에 못 미친다. 일본은 지금 친환경 선박제조기술의 우위를 지키기 위해 애쓰고 있다. 미쓰비시중공업은 2017년 친환경선박 건조에 중점을 둔 조선사로 회사를 분할했다. 2차대전 당시 최첨단이었던 제로전투기를 생산했던 미쓰비시는 출발이 조선업이었다. 일본은 한국과 중국 정부가 조선업에 부당한 지원을 계속한다고 불평하고 있다.

한국의 조선

국내에서는 1972년 3월에 현대중공업이 창립되었다. 삼성중공업은 1977년에 조선 사업을 시작했고 대우조선해양은 1981년에 출범(조선소 준공)했다. 현대중공업은 창업 10년만인 1983년에 글로벌 1위가 되었다. 세계사에서 그런 기업을 또 찾을 수 없다.

조선 3사가 출범하기 전에는 일제강점기였던 1938년에 조선중공업이 390톤 규모의 철선을 제조하면서 조선업이 태동했었다. 부산 영도의 한국중공업은 한진중공업의 전신인 회사다. 1967년에 조선공업 진흥법이 제정되면서 한국 조선은 본격적인 기반을 갖추기 시작했다. 정부가 조선과 해운 산업을 국가기간산업으로 본 것이다. 1974년 지금의 현대중공업인 현대조선소는 최대 건조능력 70만 톤 급으로 450톤 골리앗 크레인 2개를 갖춘 현대식 조선소로 출발했다.

선발국가들의 조선 산업 쇠락 이유들 중 가장 큰 것이 조선 산업의 정치적 성격이다. 조선업은 고용창출 효과가 매우 크기 때문에 정치권에서 신경쓰지 않을 수 없고 노조의 요구가 다른 산업에 비해 상대적으로 잘 관철된다. 이는 자연스럽게 고비용으로 연결되고 국제경쟁력을 저하시키는데, 조선 산업 패권의 역사가 영국, 일본, 한국, 중국이라는 순서로 진행되어 온 것이 그를 잘 보여 준다.

그러나 영국의 전문가들은 그런 요인들 외에도 기술력의 저하가 영국 조선 산업 쇠락의 중요한 요인이었다고 본다. 2차대전 이후에 건조되는 선박의 규모가 크게 달라졌다. 조선소에 대한 대규모 시설투자가 따라야 했다. 정부의 정책금융도 필수다. 영국의 조선업계나 금융계는 이를 따라잡지 못했다. 일본은 전쟁으로 모든 것이 파괴되었기 때문에 오히려 새로운 시대에 맞는 새로운 조선업을 용이하게 건설해서 영국을 앞질렀다.

한국의 조선 산업은 영국, 미국, 일본을 반면교사로 삼아야 한다. 정부는 조선 산업이 철저한 시장원리에 따라 영위되어 고비용 구조로 전환되는 일이 없게 하고 업계는 지배구조 문제 정리와 함께 본격적으로 첨단기술과 차세대 친환경 선박 개발 등에 투자를 진행해야 한다.

조선 산업은 부가가치의 30%가 선박건조사업장에서 발생하고 나머지 70%는 협력업체들에서 발생한다고 한다. 경제 전체에 활력을 불어넣을 수 있는 산업이다. 반도체와 자동차도 중요하지만 조선에 대한 관심을 소홀히 하면 안 되는 이유다.

스마트 조선

자동차에서 전기차나 수소차가 관심을 받는 것과 같이 선박도 친환경으로 이동하고 있다. 노르웨이는 액화천연가스를 동력원으로 하는 페리선 건조에서 글로벌 강자다. 수소선박 분야에서도 앞서가고 있다.

스마트 선박은 자율운항 제어시스템, 선박 자동 식별장치, 선박 원격 제어 기술 같은 최첨단 기술을 사용해서 건조되는 선박이다. 이런 기술들은 안전성을 높이고 선박이 스스로 최적 항로를 찾아갈 수 있게 해 주기도 한다. 자율운항 선박은 기존 선박에 정보통신기술

(ICT)과 센서, 스마트 기술 등을 융합해 선원의 역할을 시스템이 대체함으로써 최소 인원만으로 운항이 가능한 배를 말한다.

한국과 중국에 뒤처져 버린 일본의 조선 산업은 스마트 조선에 올인하다시피 하고 있는데 일본 정부도 전폭적으로 지원하고 있다. 일본에게는 스마트 조선 기술만이 유일하게 대한, 대중 열세를 만회할 수 있는 길이다.

현대중공업은 2013년에 이미 해상도가 뛰어난 선박용 디지털 레이더를 국산화했고 2014년에는 충돌회피 지원 시스템(HiCASS)을 개발했다. 50킬로미터 거리에서 작동한다. 2017년에는 통합 스마트 솔루션 선박을 선보였다. 정보통신기술을 적용해서 안정적인 선박 운항과 관리를 지원하는 시스템을 장착한 것이다. 2019년 말 현재 약 200척의 스마트 선박을 수주해서 80여 척을 이미 인도했다.

2019년에 현대중공업그룹은 KT와 5G 스마트 조선소 구축을 위한 협력에 합의했다. 울산 현대중공업 야드에서는 산업안전, 비용절감, 생산성 증대를 목적으로 다양한 디지털 트랜스포메이션 솔루션이 구축되고 있기도 하다. 두 회사는 '디지털로 최적화 운영되는 초일류 조선소'라는 슬로건 아래 육상에서는 5G IoT 확대적용을 통한 제조업의 혁신, 해상에서는 5G 기반 조선해양 스마트 통신 플랫폼 개발과 자율운행이 가능한 스마트 선박을 위해 협력한다.

조선 첨단기술은 우리 DNA에 있다. 따지고 보면 거북선만큼 당시 기준으로 첨단선박이 없다. 일단 철을 사용한 선박 자체가 19세기 중반에야 나온 것이다. 아산이 영국 바클레이스 은행 차관을 얻기 위

현대중공업 울산 야드(현대중공업 제공)

해 A&P애플도어 회장에게 거북선이 그려져 있는 당시 500원권 지폐를 보이면서 우리가 영국보다 300년이나 먼저 철선을 건조했다고 설득해서 현대중공업이 탄생했다. 오늘날 우리 조선 산업은 이순신 장군의 '협조'로 본격 출범한 셈인데 12척으로 330척의 왜군을 막던 이순신 장군은 후세가 일본을 넘어 세계 1위의 조선국가가 된 것을 알면 감격하실 것이 분명하다.

한국 조선이 여는 LNG 시대

LNG선의 시대

2022년에 월드컵을 개최하는 카타르는 인구가 3백만이 채 안 되고 면적은 한반도의 20분의 1 정도지만 러시아와 이란에 이은 세계 3대 천연가스 생산국이다. 덕분에 1인당 국민소득이 6만 6천 달러에 이른다. 오토만제국 지배하에 있다가 1차대전 후 영국령에 편입되었다. 1971년에 독립했다.

러시아와는 달리 카타르는 3면이 바다여서 비싼 파이프라인이 아닌 선박으로 천연가스를 수출한다. 가스는 배로 운송하기 위해 영하 162도로 냉각시켜 1/600 부피의 액화천연가스(LNG)로 만든다. 국영 카타르석유가 최대주주인 카타르가스는 세계 최대 LNG 회사다.

환경규제 강화로 클린에너지인 천연가스 수요가 상승세에 있다. 중국이 석탄 사용을 줄여 가고 있고 국내에서도 탈원전과 석탄화력 축소 정책 때문에 가스 비중은 높아질 전망이다. 신재생에너지의 발전에는 시간이 필요해서 LNG열병합발전소가 다시 주목받는다. 석탄발전이 LNG발전보다 미세먼지를 6.6배 더 생성한다는 환경부 자료(2019.03.05.)도 있다.

카타르가스를 포함한 에너지회사들은 LNG선 확보를 큰 숙제로 안고 있다. 2018년에만 약 50척의 LNG선이 건조되어서 현재 전 세계 약 550척 이상의 LNG선이 운항 중이지만 턱없이 부족하다고 한다. 가스 수요가 증가하는 겨울철에는 LNG선 1척의 용선료가 하루 20만 달러까지 올라간다. 용선을 해서 대선하는 사업도 활발하다. 5단, 6단의 체인이 형성되고 해운회사가 투자회사의 속성을 겸하게 되기도 한다.

1959년 1월 미국의 걸프만에서 영국으로 세계 최초의 LNG선이 운항했다. 이제 우리나라 조선사들은 2위 일본을 멀찌감치 따돌리고 LNG선 건조에서 글로벌 1위를 지키고 있다.

LNG선은 아직 원유운반선에 비해 차지하는 비중이 작다. 그러나 셰일가스 덕분에 세계 4위 가스수출국이 된 미국이 중동석유 의존도를 낮추고 있어서 국제정치와 안보환경까지 변화한다는 분석도 있는 만큼 천연가스는 미래 세계 경제와 국제정치에 큰 변수가 될 것이고 LNG와 LNG선의 중요성도 같이 높아질 것이다. LNG선은 사고 발생 시 해양오염의 위험이 원유운반선에 비해 훨씬 낮다는 장점도 있다.

환경규제 강화와 LNG선

친환경 선박의 수요증가로 원유운반선도 LNG추진선 형태가 늘어나고 있다. 2019년 4월 현대삼호중공업은 세계 최초의 LNG추진 유조선 6척의 인도를 완료했다. 현대중공업도 2019년 8월에 첫 LNG추진 유조선을 인도했는데 현대중공업그룹은 세계에서 가장 많은 50여 척의 LNG추진선 수주량을 보유하고 있다.

국제해사기구(IMO)의 규제 강화로 벙커C유나 디젤유를 사용하는 선박들은 2020년부터 황산화물(SOx) 배출을 현행 3.5%에서 0.5% 이하로 줄이는 탈황장치인 스크러버를 달거나 아니면 아예 LNG를 동력으로 사용해야 한다. 영국 클락슨리서치는 2025년까지 약 2천 척의 LNG추진선이 건조될 것으로 전망한다.

국내에서도 울산항 등 5대 주요 항만이 2020년 9월부터 황산화물 배출규제해역으로 지정되었다. 해양수산부는 '항만지역 등 대기질 개선에 관한 특별법'에 따라 2019년 말에 황산화물 배출규제해역 지정 고시를 발령했다. 배출규제해역에서는 선박 연료유의 황 함유량 기준 0.1%가 적용된다. 이는 선박에서 배출되는 미세먼지 등을 줄이기 위해 2020년 초에 도입된 선박 연료유 황 함유량 기준(0.5%)보다 더 강화된 수치다. 지정 대상은 울산항과 인천항(경인항 포함), 평택·당진항, 여수·광양항(하동항 포함), 부산항이다.

LNG선 기술 우위

중국 기술의 난조도 미안하지만 희소식이다. 2018년 6월에 중국의 글래드스톤(CESI Gladstone)호가 호주에서 중국으로 항해하던 중 파푸아뉴기니 연안에서 정선하는 사고가 발생했는데 원인은 이중연료 추진엔진의 추진력 부족이었다. 환경규제를 준수하기 위해 연료를 바꾸자 발생한 문제였다.

이 배는 2년 정도밖에 되지 않은 신형이었다. 중국선박공업(CSSC) 계열사인 상하이의 후둥중화(扈東中華)가 건조한 이 배는 몇 달에 걸친 정밀 검사 결과 수리 불가로 드러나 폐선하기로 결정되었다. 기술력 부족이 불러온 대형사고다. 후둥중화가 제작한 배의 선주들은 전전긍긍할 것이다. 후둥중화는 중국 유일의 LNG선 건조 조선사다.

또, 후둥중화가 프랑스의 글로벌 4위 선사 CMA-CGM을 위해 건조 중인 LNG추진 2만 3천 TEU급 초대형 컨테이너선 9척의 인도가 2~3년 늦어진다는 소식도 있다. 한국 조선사에 SOS를 쳤지만 가장 큰 경쟁자를 도와줄 수는 없는 노릇이다. 발주사는 막대한 피해를 입게 되고 실제로 건조 후 인도되어도 품질에 의구심을 가지게 될 것이다.

국내 조선사들이 LNG선과 LNG추진선 시장에서 지속적으로 선두를 달리고 있는 이유는 세계 최고 기술력의 초격차 때문이다. 그런데 한국의 기술력은 어디에서 비롯된 것일까. 업계에서는 1986년 한국가스공사가 인도네시아로부터 LNG 수입을 시작했을 때 인도네

LNG선 건조 모습(현대중공업 제공)

시아 정부에 강력히 요청해서 우리 조선사가 건조한 배를 사용하도록 하는 데 성공한 것을 그 이유로 든다.

그때 1호 LNG선 '유토피아호'가 현대중공업에서 탄생했고 현대상선 선박으로 1994년에 취역했었다. 현재 유토피아호는 현대LNG해운 소속이다. 현대LNG해운은 2014년에 경영위기의 현대상선이 자구계획 이행으로 LNG운송 사업 부문을 IMM인베스트먼트에 매각해서 탄생한 회사다.

그 기회 이후로 한국의 조선사들은 LNG선과 LNG추진선 건조 기술을 꾸준히 쌓아 온 것이다. 지금 잠시 주춤한 중국의 추격은 언제든지 계속될 수 있다고 보고 향후에도 지속적인 기술개발에 소홀함이 없어야 하겠다. 그에 필요한 기술인력 양성과 사업구조의 개편도 상시적인 과제다.

대우조선해양 인수

대우조선해양의 역사

2005년 한진그룹에서 분리되었던 한진중공업의 모체 대한조선공사가 1973년 10월 경남 거제시에 옥포조선소 건설을 시작했다. 옥포조선소 건설은 1차 오일쇼크로 중단되고 1978년 대우그룹에 넘겨져 대우조선공업이 생겼다.

옥포조선소는 1981년에 준공된다. 1994년 대우중공업에 합병되었는데 2000년 대우그룹이 해체될 때 워크아웃 상태에서 대우조선으로 분리되어 독립했다. 2002년 대우조선해양으로 상호를 변경했다.

2016년에 외부감사인인 딜로이트안진이 대규모 회계분식을 자백했다. 감사원이 감사에 나섰는데 2년간 1조 5천억 원의 분식회계를 한 것으로 드러났다. 그 와중에 2천억 원의 성과급이 지급되었다. 검찰 조사에서 2006년부터 총 5조 원 가량이 분식되었음이 드러났다. 2016년 말 10:1 감자처분되었다.

워크아웃 상태에서 임원들이 언론인을 '모시고' 호화 전세기로 유럽 유람을 했는가 하면 사외이사들은 주로 정관계의 인연으로 선임되었고 약 60명의 외부인사들이 역할이 불분명한 자문역 같은 직함으로 보수를 수령했다는 것도 밝혀졌다.

한국산업은행은 여러 차례 대우조선해양의 민간 매각을 시도했는데 잘 되지 않다가 2008년에 포스코, GS, 한화가 인수전에 뛰어들어 흥행에 성공했다. 포스코와 GS는 컨소시엄을 구성했다가 결렬되는 바람에 한화가 우선협상대상자가 되었다. 그러나 공교롭게도 그때 글로벌 금융위기가 발생했고 한화는 자금 조달에 애를 먹다가 2009년에 결국 거래는 무산되었다.

대우조선해양의 지배구조

2016년 7월 대법원은 2008년 한화그룹이 대우조선해양을 인수하는 거래가 무산되어 산업은행이 몰취했던 M&A 이행보증금 3150억 원이 과도한 액수라고 보고 사건을 고등법원으로 돌려보냈다. 하급심은 이 금액이 위약벌이라고 본 반면 대법원은 손배액의 예정이라고 본 것이다. 차이는 후자의 경우 금액이 과도하면 감액될 수 있다는 것이다.

2009년 당시 한화는 기업실사를 하지 못하고 거래가 무산된 후 이행보증금 전액을 몰취당했다. 당시 한화가 실사를 하지 못한 이유는 주로 노조의 반대 때문인 것으로 알려졌다.

큰 의문은 민간 기업이 아닌 국책은행인 산업은행이 대우조선해양을 매각하면서 왜 실사 없이도 최종 계약을 체결해야 한다는 이례적인 입장에 근거해서 이행보증금 전액 몰취라는 조급한 수순을 밟았던가이다. 국민 경제의 발전에 기여할 의무를 진 산업은행이 단순히 매각수입을 목적으로 거래를 진행했고 3150억 원이 탐나서 그렇게 했으리라고 생각하기는 어렵다.

만일 그랬다면 이는 당시 경영진의 사적인 실적주의나 도식적인 면피 추구다. 산업은행의 목표는 부실해진 대우조선해양을 가장 신뢰할 수 있는 매수인에게 넘겨 경영을 정상화하고 납세자의 부담을 덜면서 경제 활성화에 도움을 주는 것이었어야 한다.

이 의문에 대한 답이 수년이 흐른 뒤에서야 나오기 시작했다. 회계분식과 만신창이인 지배구조 등 대우조선해양 자체에 심각한 문제가 있었다는 것이 서서히 알려지고 관련 책임자들이 처벌을 받았다. 한화가 당시 실사를 했다면 부실이 발견돼서 거래가 자연스럽게 무산되었을지도 모른다.

여기서 주목해야 할 것은 한화가 대우조선해양을 인수하였더라면 회사가 지금과 같은 참담한 모양이 안 되었을 수도 있다는 시각이 존재한다는 사실이다. 대우조선해양은 낙하산과 정실인사가 횡행하는 우리 정치·사회적 여건에서는 주인 없는 전문경영인 지배구조가 왜 취약한지를 분명히 보여 준 사례다. 저자로 하여금 구 기아자동차와 함께 한국 대기업에는 주인이 있어야 하겠다는 결론을 내리게 한 사건이다.

회사와 경제적 이해관계가 없는 무연고 주체들이 회사를 사적 이익 추구에 이용하면서 거의 해체해 버렸다. 급기야는 재정정책과 통화정책상의 큰 논란을 야기하면서 유례없는 구조의 국책은행 자본확충펀드까지 조성되었다. 즉, 총 6조 7천억 원이라는 거액의 국민 세금이 투입되었다.

한국조선해양의 탄생

한화그룹의 대우조선해양 인수 시도가 불발된 지 약 10년이 지난 2019년 1월 말, 산업은행과 현대중공업은 현대중공업그룹이 대우조선해양을 인수하기로 했다고 발표했다. 위기에 처한 한국 조선 산업의 재도약을 위한 결단이었다. 그런데 현대중공업이 대우조선해양을 직접 인수하는 것이 아니라 한국조선해양이라는 회사를 새로 만들어서 대우조선을 그 자회사로 편입하는 방식이 공개되었다.

이를 위해 현대중공업은 물적 분할을 실시해 기존의 현대중공업은 비상장 자회사로 남고 새로운 회사인 한국조선해양이 탄생했다. 한국조선해양은 현대중공업의 모회사인 동시에 현대중공업과 대우조선해양, 그리고 현대미포조선과 현대삼호중공업 모두를 아우르는 조선업 전체의 모회사가 된다. 그룹 전체의 구조에서는 중간지주회사다.

한국조선해양은 현대중공업지주가 약 34% 지분으로 최대주주이고 국민연금이 11.2%, KCC가 6.61% 지분을 보유한다. R&D와 엔지니어링을 전문으로 하는 회사다. 현대중공업그룹은 경기도 판교에 GRC(Global R&D Center) 건립을 진행하고 있다. 5천 명의 연구개발

인력 상주가 목표다. 스마트 조선과 친환경 조선은 원가경쟁력이 아닌 기술경쟁력이 관건이기 때문이다.

현대중공업그룹의 대우조선해양 인수는 EU와 세계 각국 관련 당국의 기업결합 승인을 기다리고 있는 단계다.

현대삼호중공업과 현대미포조선

현대삼호중공업

목포역에 도착해서 차를 타고 호텔현대 목포가 있는 영암으로 향하는 중에 오른쪽으로 목포신항에 올라와 있는 녹슨 세월호가 보인다. 2014년에 침몰했던 세월호는 누운 상태로 인양되었는데 목포로 옮겨와 4년 만인 2018년에 직립시켰다. 거대 1만 톤급 해상크레인 '현대만호'(HD-10000)가 울산 현대중공업에서 나흘을 달려왔고 직립 작업을 현대삼호중공업이 했다. 현대삼호중공업은 비용을 제외한 보수 1억 원 전액을 목포복지재단에 기부했다.

현대중공업의 현대 만호는 2015년에 건조된 해상크레인이다. 세계 4위의 작업능력을 보유하고 있다. 1만 톤을 들어 올릴 수 있다고 해서 그런 이름을 붙였는데, 세계에서 가장 큰 크레인은 파나마 선적 크레인(Sleipnir)으로 2만 톤까지 커버하며 네덜란드 HMC가 운용한다. 2019년에 건조된 것인데 건조되자마자 지중해에서 1만 5300톤

작업 기록을 세웠다. 크레인은 주로 해양구조물의 플랫폼 리프팅에 사용된다.

현대호텔 목포는 작은 산 위에 있다. 특급 관광호텔이지만 현대삼호중공업을 방문하는 외빈 등의 숙소, 교육과 행사 장소로 건축되어서 사실상 회사 내에 있는 것과 마찬가지다. 객실 발코니에 나가면 오른쪽으로 현대삼호중공업의 야드가 다 내려다보인다. 회사가 크면서 그때그때 확장했던 현대중공업이나 현대미포조선과 달리 1990년대에 계획적으로 건설한 야드다. 마치 신시가지같이 깔끔하고 정리가 잘 되었다. 공정별로 효율성 높게 레이아웃이 짜여 있고 울산에서는 두세 개 블럭으로 나눠 조립하는 선박도 여기서는 한 번에 조립할 수 있다. 큰 이점이다.

현대삼호중공업은 지금은 현대중공업그룹의 계열회사지만 원래 한라그룹의 인천조선이었다. 인천조선은 1976년에 아산의 첫째 동생 정인영 한라그룹 회장의 현대양행 인천조선소를 기반으로 출발했는데 1977년에 독립법인이 되었다. 1990년에 한라중공업으로 이름을 바꾼다. 1992년 전남 영암에 새 조선소를 짓고 1996년 1호 선박을 건조했다.

1997년 외환위기 때 한라그룹이 부도처리되자 5년간 위탁경영하고 회생 후 매각 시 우선협상자로 지정해 준다는 조건으로 현대중공업이 떠맡았다. 가교회사 RH중공업을 거쳐 1999년 사명을 소재지 이름을 딴 삼호중공업으로 변경했고 2002년 위탁경영 종료 후 현대중공업이 정식으로 인수해서 현대중공업그룹에 편입되었다. 2003년

현대삼호중공업 목포 야드(저자 촬영)

에 현대삼호중공업으로 이름을 다시 정했다.

세간에서는 현대삼호중공업을 현대중공업과 헛갈려 한다. 특히 같은 서해안에 위치한 군산에 현대중공업 도크가 운영되고 있을 때는 더 그랬다. 현대삼호중공업은 사업 내용도 현대중공업과 동일하다. 즉, LNG선, VLCC, 컨테이너선 등 같은 선종들을 같은 규모로 건조한다.

현대삼호중공업은 2013년 10월 세계 최초로 LNG선을 육상건조하는 데 성공한 회사이기도 하다. 육상건조공법은 땅 위에서 선박을 건조한 다음, 배를 해상 플로팅도크로 이동시킨 후 진수하는 방식이다. 2020년 1월에는 세계 최대 중량물 이동 기록을 경신하면서 100번째 선박 육상건조에 성공했다. 일본 미쓰비시그룹의 해운사인 NYK(니폰유센)가 발주한 길이 297미터, 3만 9천 톤에 이르는 LNG

운반선을 분당 평균 1.8미터씩 3시간 반 동안 350미터 가량 이동시켰다. 기네스북에는 1만 5천 톤이 기록으로 적혀 있는데 그 두 배 이상을 초과한 신기록이다.

지금까지 현대삼호중공업의 육상건조장에서 건조된 선박은 유조선이 47척으로 가장 많고, 가스선 19척, 살물선 18척, 컨테이너선 16척 등이다. 유조선 중에는 최근 각광받고 있는 LNG DF(Dual Fuel) 시스템을 장착한 선박 6척도 포함된다. 현대삼호중공업은 LNG선 건조 능력을 두 배로 확대해서 연간 8척을 연속 건조할 수 있는 전문작업장으로 육상건조장을 육성하고 있고 덕분에 2020년 육상건조장에서만 1조 8천억 원의 매출을 달성할 것으로 기대하고 있다. 연 매출의 40%다.

경제위기 때 부도와 위탁경영을 거친 경험이 있어서 그런지 노조가 강성인 현대중공업의 자매회사인데도 현대삼호중공업에서 노사관계는 평탄하다. 회사 위치 관계로 주거시설 제공 등 후생복리도 상당히 탁월한데 그것도 노사관계에 도움이 될 것이다.

목포 지역을 여행해 보면 국토의 불균형 발전이라는 말이 피부에 와닿는다. 이렇다 할 큰 산업시설이 보이지 않는다. 현대삼호중공업은 호남 지역에 본사를 둔 몇 안 되는 대기업들 중 대표 기업이다. 약 1만 3천 명을 고용해 특히 목포 경제를 떠받치다시피 하고 있다. 대불공단이라고 불리는 대불국가산업단지는 인근의 대아산과 나불도 두 이름을 합한 단지다. 1996년에 조성 완료되었다. 현대삼호중공업의 협력사들로 가득 차 있다. 조선 산업 혁신 클러스터를 지향한다.

저자가 현대삼호중공업을 방문한 2019년 가을에 마침 건조가 완료된 선박을 바다로 내보내기 위해 도크에 물을 채우는 작업이 있어 귀한 구경을 했다. 러시아에서 발주한 LNG추진선이 몇 개로 나뉘어 인도되기 위해 대기하고 있는 모습도 신기했다. 회사 사람들의 표정도 밝고 도크의 작업 분위기도 좋았다. 실적이 좋아서 그런지 경영진도 자신 있어 보였다. 서울에서 거리가 좀 멀기는 하지만 학생들에게 한번 보여주고 싶은 그런 곳이었다.

현대미포조선

울산 현대중공업의 서쪽에서 현대자동차 공장과 나란히 울산항을 마주 보고 있는 현대미포조선은 중형선박제조사다. 중형선박 글로벌시장 점유율 1위다. 현대삼호중공업과 마찬가지로 현대중공업그룹의 계열회사다. 원래 미포만에 있었기 때문에 미포조선이라는 이름을 지었는데 지금은 방어동으로 이전을 했지만 이름을 그대로 쓴다.

현대미포는 1975년에 일본 가와사키중공업과 합작으로 설립되었다. 1983년에 상장회사가 되었다. 선박수리 사업 위주로 출발해서 신조선 회사가 되었다. 1995년에 총수리 6천 척, 2018년에 총건조 1천 척 기록을 세운다. 1988년에 구소련제 선박을 미수교국 중 최초로 수리했고 1991년에는 국내 최초로 중국 선박을 받아들였다.

현재 총 3,800여 명의 인원이 일하면서 연간 80여 척을 건조한다. 주력 선종은 석유화학제품운반선, 컨테이너운반선, 로로(Roll-on/roll-off)선의 일종인 컨로선(Con-Ro), 아스팔트운반선 등이다. 세계 최고의 에코십 기술력을 가지고 친환경 선박시장을 석권하고 있다. LPG 운반선과 해양작업지원선(PSV), 콤보선박(COMBO), 오픈해치 일반화물선, 주스운반선, 냉동컨테이너운반선, 에틸렌가스운반선 등 고부가 특수선 시장에 진출해서 경쟁력을 높여 가고 있는 회사다.

1999년에는 사업다각화와 기술수출의 일환으로 베트남에 진출했는데 현대-비나신조선(HVS)을 설립했다. 이 회사도 선박수리개조업으로 시작했다가 2009년에 신조 사업으로 전환한 후 착실히 성장 중이며 2019년 2월, 10년 만에 100척 건조 기록을 세웠다.

플랫폼 기업 현대글로벌서비스

넷플릭스는 콘텐츠 생산 기업들과 소비자들을 연결하는 디지털 플랫폼이다. 콘텐츠 추천 알고리즘 도구를 핵심으로 하는 넷플릭스의 플랫폼은 미디어 산업 생태계 전체에 새로운 부가가치를 창출한다. 생산자와 소비자 공히 새로 창출된 효익을 공유한다. 국내에서 이 플랫폼 사업 모델을 해양 산업에 도입한 회사가 현대글로벌서비스(HGS)다. 부산 해운대에 본사가 있다.

HGS는 현대중공업그룹의 지주회사인 현대중공업지주가 100% 주주다. 계열회사들의 선박용 부품과 기자재, 그리고 수리협력사들과 사업협력관계를 구축하고 고객사들에게 부품과 엔지니어링 패키지 토탈 솔루션을 제공한다. 수입원은 물론 서비스료다. 넷플릭스의 경우와 마찬가지로 이 과정에서 락-인(lock-in)효과가 발생한다. 고객사는 개별 니즈에 맞는 서비스를 '구독'할 수 있게 되면서 높은 로열티가 형성된다.

현대중공업 자체가 HGS가 수행하는 역할을 직접 할 수도 있다. 그런데 한 단계 높은 구상을 통해 2016년 11월에 HGS가 출범했다. 현대중공업그룹 내 복수의 조선사들이 수행하는 서비스 기능을 통합하면 당연히 시너지가 발생한다. 또, 조선사들은 통상 제품 인도 후 1~3년의 무상보증 기간을 거쳐 유상 A/S로 전환하는데, 현대중공업그룹에서 건조된 선박에 대해서는 독립된 전문회사가 단독으로 유무상 A/S를 제공한다면 고객관계가 더 공고해질 수 있는 것이다.

조선 산업은 고전적인 중후장대 산업이다. 디지털 시대를 맞아 스마트 조선이 성장하고 있기는 하지만 최종 제품인 선박 자체의 대규모성 때문에 디지털화의 비중에는 한계가 있다. HGS는 선박제조가 아닌 해양 산업 생태계 전체에 착안한 혁신적인 비즈니스 모델이다. 사업의 핵심가치를 오프라인이 아닌 온라인 중심으로 확대해 나갈 수 있는 무한한 잠재력도 가진다.

HGS 모델의 매력은 조선과 연관 산업의 상황이 어떻게 변화하더라도 고유 역량만 유지되면 얼마든지 성장과 지속이 가능하다는 점이다. 조선 산업 글로벌 경쟁의 심화와 코로나19가 발생시키는 어려움도 이겨 낼 수 있다. 2017년 2403억 원이던 매출이 2019년 8090억 원으로 늘어난 것이 시장과 HGS 모델의 잠재력을 보여 준다.

HGS는 계열사들이 개별적으로 중복수행하던 업무를 통합했기 때문에 초기에는 그룹 시너지가 크다. 여기서 그룹 시너지란 내부거래를 말하는 것이 아니라 글로벌 시장에서 현대중공업그룹이 건조한 선박의 비중이 워낙 크기 때문에 발생하는 효과를 말한다. 그러나 2026년에는 선박 유지보수 시장의 규모가 거의 46조 원대로 커질 전망인 만큼 경쟁력을 높여 가면서 사업의 포트폴리오와 고객기반을 다변화할 수 있을 것이다. 실제로 HGS는 로테르담, 아테네, 싱가포르, 휴스턴, 콜롬비아 등지에 모두 9개의 해외사업 거점을 이미 잘 구축해 놓고 있다.

현재 HGS는 국제해사기구(IMO)의 환경규제에 대응하는 친환경 선박 개조 부문에서 앞서가고 있다. 사업 비중도 39%에 이른다. 향후 해양 산업에서 항공이나 자동차에서 진행되고 있는 디지털 전환이 본격화될 때를 대비하고 그를 선도할 준비를 갖추어야 할 것이다. 선박 운항과 유지보수를 더 효율적으로 하는 선박 플랫폼(ISS)의 개발과 구축이 중요한데, ISS는 선박의 운항을 보다 더 경제적이며 안전하고 친환경적이게 하는 솔루션이다.

HGS는 기업지배구조 차원에서도 참신한 시도다. HGS는 현대중공업그룹의 3대 주주인 정기선 부사장의 주도로 출범했고 정 부사장은 회사의 공동대표를 맡고 있는데 HGS는 정 부사장의 개인 지분 없이 지주회사의 100% 자회사로 설정되어 있다. 일부 대기업에서 나타난 일감 몰아주기 논란으로부터 원천적으로 자유로운 상태에서 경영역량을 발휘하고 평가받을 수 있는 구조다. HGS는 2022년 매출 2조 원, 영업이익 4천억 원을 목표로 한다. 이 목표를 달성하면 5년 만에 10배 외형성장이 된다. 경영역량의 정량적 입증은 물론이고 아산이 아날로그 시대 국가발전전략에 부응하면서 창업한 유서 깊은 현대중공업이라는 기업이 이른바 '3세 경영시대' 디지털 스마트 기업으로 변신할 기초를 마련했다는 정성적 입증도 가능할 것이다.

로봇 산업과 현대로보틱스

산업용 로봇의 기원

자동차 공장에서는 인간의 팔을 닮은 산업용 로봇들이 부지런히 움직이면서 조립작업을 하는 것을 볼 수 있다. 이 6축 다관절로봇이 1969년에 처음 나왔을 때 '스탠퍼드 팔'(Stanford Arm)이라고 불렸다. MIT를 졸업하고 스탠퍼드대 기계공학과 대학원생으로 있던 샤인먼(Victor Scheinman)이 학교 랩에서 개발한 것이다.

그 후 1970년대부터 산업용 로봇은 미국의 GM, GE, 유럽의 ABB 등 대기업들과 여러 창업기업들의 참여로 급속히 발전하기 시작했다. 국제로봇연맹(IFR)에 따르면 2017년 말 현재 지구상에 약 200만 대가 넘는 로봇이 있는데 2021년에는 380만 대까지 증가할 것이라고 한다. 가장 로봇을 많이 사용하는 산업은 자동차 산업으로 33%의 비중이다.

로봇을 활용한 생산작업은 1913년에 포드자동차가 도입한 컨베

이어 시스템으로 그 기원이 거슬러 올라간다. 약 100년이 흐른 지금 포드자동차의 조립라인에서는 약 2만 대의 로봇이 움직이고 있다.

현대로보틱스

현대의 로봇 사업은 현대중공업의 일부로 있다가 현대중공업지주의 사업 부문으로 분리된 후 2020년 초에 현대중공업지주의 자회사로 물적분할된 현대로보틱스가 맡는다. 이 회사의 시초는 1988년 7월에 설립되었던 현대로보트산업이었다. 1985년에 발족했던 현대중공업 내의 로봇사업부가 1984년에 스포트로봇 1대를 만들어 현대차에 판매한 것을 계기로 법인화했다.

현대로보틱스는 독립 이후 산업용 로봇의 해외 진출을 가속화하고 스마트 팩토리, 스마트 물류, 모바일 서비스로봇 등 신사업을 확대해서 2024년에는 매출 1조 원을 달성한다는 계획을 세워 놓았다. 현대로보틱스의 신사업 확대는 현대중공업 조선소의 스마트화에도 영향을 미친다.

현대로보틱스는 향후 5년간 국내 스마트 물류 자동화 시장이 급격히 성장해 1조 원 규모에 달할 것으로 전망하고 있는데, 시장 선점을 위해 '현대L&S'라는 합작법인을 설립했다. 스마트 물류 자동화 사업은 현대중공업의 선박자재 운영 효율성 향상에도 도움이 될 것이다.

산업용 로봇 해외진출도 활발하다. 2018년 말 중국에 진출해서 2019년에 전년의 네 배가 넘는 3천만 달러를 수주했다. 2020년 초에는 유럽지사 설립을 완료했고 이를 기반으로 해외 진출을 확대해 나갈 예정이다.

글로벌 로봇 산업

로봇작업은 인체에 유해한 물질을 다루는 데 요긴하다. 위험한 작업환경에서 효용을 발휘한다. 유사시 기계고장이 인간의 부상을 대신한다. 로봇은 피로를 느끼지 않기 때문에 24시간 일할 수 있고 과로로 인한 실수가 없다. 일단 설치되면 전기료 정도의 비용만 소모한다. 로봇은 일정 부분 일자리를 없애지만 관리직을 비롯하여 꼭 사람의 손이 가야 하는 일자리는 창출한다. 로봇은 작업장 환경을 청결하고 안전하게 하기 때문에 위생적이고 노동생산성을 높이는 데도 기여한다.

2012년 아마존은 약 8억 달러에 키바(Kiva Systems)를 매입해서 아마존로보틱스로 이름을 바꿨다. 자동화된 보관과 배송 시스템을 제공하는 회사다. 당시 아마존으로서는 두 번째로 큰 M&A였다. 4차 산업혁명시대의 디지털 공장은 로봇이 구축하고 운용할 것임을 아마존은 잘 알고 있다. 보스턴 컨설팅그룹 보고서는 아마존의 키바 인수가 비용절감과 배송속도의 상승효과를 가져왔다고 분석한다.

축구장 22개 넓이의 아마존 물류창고에서는 수천 개의 로봇들이 마치 군대의 병사들처럼 움직인다. 유튜브에서 볼 수 있는데 장관이다. 물건을 찾고 포장하고 운반하는 로봇들의 움직임이 너무나 복잡하기 때문에 항공관제시스템을 사용한다. 로봇이 아니었다면 물류창고는 컨베이어 시스템으로 꽉 차 있었을 것이고 오늘날과 같이 효율적인 아마존은 탄생하지 못했을 것이다. 아마존은 현재 약 20만 대의 로봇을 보유하고 있다.

로봇 산업은 현재 일본과 유럽이 주도하고 있다. 2019년 기준으로 스위스의 ABB가 약 280억 달러 매출로 글로벌 1위다. 2위, 3위는 일본의 화낙과 독일의 쿠카다. 국내 기업으로는 현대로보틱스가 해외 메이저들과 경쟁하는데, 글로벌 6위이고 사업을 확대할 계획이다.

세계 최대의 로봇 수요처는 중국이다. 글로벌 수요의 36%를 차지한다. 중국 업체는 아직 시장의 25%를 커버할 뿐이기 때문에 한국 업체들에 큰 기회가 열려 있다. 일본과의 경쟁이 가장 큰 변수다. 해외에 진출할 기반인 내수도 좋다. 한 조사에 따르면 한국 제조업은 세계에서 가장 로봇밀도가 높다고 나온다. 글로벌 평균의 무려 8배다.

국내에서도 AI에 대한 관심은 높아지고 있지만 체계적으로 집적해서 구체적인 동력으로 변환하는 작업이 필요하다. 그 과정에서 자연스럽게 국내 로봇기업도 활기를 얻어 글로벌 선두그룹으로 진입할 수 있을 것이다. 현재 국내업체들이 8~9부 능선에서 고지를 바라보고 있는데 마지막 동력이 부족한 느낌이다.

글로벌 금융위기 이후에 국가 제조업의 중요성이 재조명받게 되었다. 선진 각국은 저임금을 찾아 해외로 진출했던 자국기업들의 리쇼어링에 집중하기 시작했고 그 해결책으로 제시된 것이 산업용 로봇을 활용한 자동화다. 로봇 산업의 경쟁력이 국가 제조업의 경쟁력과 직결되는 것을 확인할 수 있는 대목이다.

전문가들에 의하면 국내 산업용 로봇 산업 성장에는 크게 두 가지 걸림돌이 있다. 첫째, 다관절 로봇의 핵심부품인 감속기와 서보모터는 주재료비의 40~50%를 차지하는데, 국산화가 안 되어 있고 전량 일본에서 수입한다. 글로벌 시장에서 원가 경쟁력에 한계가 생긴다. 이 문제는 개별 기업의 노력만으로는 해결하기 어렵다. 정책적인 자금·기술지원이 필요하다.

둘째, 지금 정부는 로봇과 인공지능, IoT, 5G를 기반으로 스마트 팩토리, 4차 산업 육성을 표방하고 있지만 이는 현실적으로 일자리 대체 효과를 발생시킨다. 인건비 절감을 추구하는 기업들도 로봇작업을 확대하고 싶지만 바로 강성 노조의 반대에 부딪힌다. 정부의 일자리 확대 정책과도 단기적으로는 충돌한다. 이 때문에 기존의 자동차 생산라인과 LCD운반 분야 외 다른 업종에서 로봇작업 확대는 쉽지 않다. 이는 사회적 분위기의 전환으로만 해결될 일이라 한 차원 높은 정책적 노력이 수반돼야 한다.

우리 경제는 나날이 규모가 커지고 내용이 복잡해진다. 고도의 지식에 기반한 시스템이 갖춰져야 한다. 사회와 경제 전반에서 동력이 필요하다. 정부의 배려가 절실하며 학계와 언론은 로봇 산업 지식과 정보를 공급하고 여론을 집중시켜 주는 동반자 역할을 해 주면 좋겠다.

모바일 태극기 현대자동차

아산은 자동차를 '달리는 국기'라고 불렀다. 자동차는 산업혁명 이후의 대표적인 공업생산품이기 때문에 자동차를 독자 생산하는 나라의 모든 생산품은 같이 높은 평가를 받는다는 이유에서다(정주영a, 157). 자동차가 사람을 한곳에서 다른 곳으로 옮겨 주는 수단을 넘어 사람이 한곳에서 다른 곳으로 옮겨지는 것을 보여 주는 기계장치이기도 하다는 관점에서 보면 자동차와 생산국 간의 이미지 관계도 긴밀하다. 현대차를 '모바일 태극기'라고 불러도 될 것 같다.

'정이 든 물건'이라는 말이 있다. 사람은 무생물인 물건에도 정서적으로 유착되고, 마르크스의 말처럼 심지어 집착하고 숭배까지 한다. 어떤 물건이 대량으로 사회에 유포되면 그 물건은 소유주들을 통해 사회적 기능도 개시한다. 현대사회에서는 자동차가 그 대표적인 물건이다. 자동차는 움직일 뿐 아니라 운전하는 동안 운전자와 일체가 되는 운명공동체다. 그래서 독일차를 운전하는 사람은 독일 안에 있는 것처럼 독일과 심정적 유대관계를 맺게 되고 현대차를 타는 사람은 한국과 그렇게 된다. 현대차는 해외에서는 한국 정체성의 일부라 해도 과언이 아니다.

자동차만큼 현대사회의 틀을 규정짓는 제품이 없다. 오늘날 대도시와 인프라의 형태, 시민들의 생활양식은 상당 부분 자동차가 만든 것이다. 부작용도 있다. 그래서 고도의 규제대상이다. 안전, 대기오염 축소, 자원 절약 같은 가치가 규제에 스며 있고 그는 다시 자동차 형태와 기능, 가격을 결정했다. 이제 그 모든 것이 바뀌는 중이다. 소유 의식도 함께 변한다.

지금 현대차는 큰 전환기를 맞고 있다. 3세로 이어진 경영권 승계와 그에 따르는 지배구조의 변화 외에도 송호근 포스텍 교수가 진단하듯이(송호근, 2017) 단일 리더를 중심으로 한 추진력과 노사 간 화합이라는 장점이 사회의 다원화와 노조의 강성화로 희석되는 위기를 맞이한 것이다. 이 와중에 '스마트 모빌리티 솔루션' 기업(Smart Mobility Solution Provider)을 지향하는 변신도 가속 중이다.

스마트 모빌리티 솔루션은 지능형 모빌리티 제품과 지능형 모빌리티 서비스 등 2대 사업을 중심으로 한다. 2019년에 현대차가 내놓은 '2025전략'은 내연기관 고수익화, 전동차 선도 리더십, 플랫폼 사업기반 구축 등을 3대 전략 방향으로 설정하고 2025년까지 글로벌 전동차(전기차, 수소전기차) 3위 도약, 연간 67만 대 판매, 플랫폼 기반 서비스 신사업 본격화, 세계 최고 맞춤형 모빌리티 라이프 제공 등의 내용을 골자로 한다.

현대차가 배워 왔던 포드식 생산 방식과 경제 체제를 포디즘

(Fordism)이라고 한다. 컨베이어벨트를 사용한 대량생산 체제다. "그러나 지금은 자동차의 정의가 달라지는 시대다. 포디즘이 대변하는 한 세기 전의 생산 방식과 경제·사회 체제는 송두리째 바뀔 것이다. 자동차는 바퀴 달린 컴퓨터가 될 것이고 단순 조립 노동자와 인공지능 기술자의 연대는 기대할 수 없을 것이다. 불평등과 포퓰리즘은 심화될 것이다."(매일경제, 2019.12.18.)

새로운 자동차를 접할 때마다 운전자의 환경이 급속히 디지털화하고 있음을 느낀다. 지금은 플랫폼 기업이라고 부르는 애플, 구글, 페이스북, 아마존의 세상인데(뉴욕대 스콧 갤러웨이 교수가 말하는 이른바 '4대 천왕') 이들 중 애플, 구글, 그리고 테슬라는 그 영혼이 기계적이라는 자동차에 진출해서 자동차의 정체성을 디지털로 바꾸고 있다. 자동차는 운송수단에서 IT플랫폼으로 변모하고 있고 기존 자동차 회사들은 그 조류에 적응하느라 분주하다.

애플은 사상 최초로 시가총액 2천조 원을 넘은 회사다. 우리가 매일 300만 원을 쓴다고 할 때 고려 태조 왕건 때부터 오늘까지 써야 1조 원이 된다고 하는데 그 2천 배다. 이런 파워를 가진 기업은 사업다각화를 하려고 마음먹으면 한계가 없다. 애플이 본격적으로 진출할까 봐 가장 전전긍긍하는 분야는 미디어 산업이지만 전기차 프로젝트 '타이탄'이 보여 주는 것처럼 애플은 자동차 산업도 긴장시킨다. 타이탄은 스위스 시계를 꺾은 애플워치 개발자 밥 맨스필드가 지휘하는 것으로 알려진다.

회계법인 언스트앤영은 자동차 산업의 움직임을 '자동에서 자율로'(from automobile to autonomous)라고 규정한다. 이 진화 과정에 적응하기 위해 현대차를 비롯한 기존 자동차 회사들은 디지털 기술 확보를 통한 고객층 방어에 부심하고 있고 플랫폼 회사들은 고유의 기술로 자동차 산업을 넘보고 있다.

정의선의 스마트 모빌리티 솔루션

아산과 정몽구 현대자동차그룹 명예회장을 이어 현대차의 미래를 짊어질 사람은 정의선 회장이다. 앞서 언급했듯이 자동차는 그 영혼이 '기계'적이라고 했는데 이제 디지털 디바이스로 변신 중이고 현대차는 기존 사업을 다음 시대에 적응시키면서 꾸준히 성장하는 것을 넘어 디지털 혁신을 성취해야 한다. '스마트 모빌리티 솔루션 기업'의 실현이다. 지능형 모빌리티 제품과 지능형 모빌리티 서비스 기업이 현대차가 구상하는 미래의 모습이다.

정 회장은 실리콘밸리 캐주얼한 점이 특징이다. 한 살 차이인 다임러의 새 수장 올라 칼레니우스와 스타일이 비슷하다. 물론 그 점은 시작에 불과하다. 정 회장은 겸손하고 온화하며 젊은 직원들과 격의 없이 소통한다. 그러나 의사결정은 신속, 단호하고 특히 인사 문제에는 매우 냉철하다.

집안의 장손이기 때문에 아산이 특별히 아꼈고 청운동 집에서 같이 생활도 했어서 그런지 부친은 물론이고 조부 아산을 닮은 느낌을 준다. 아산도 손자 정의선에게 기대가 컸다고 한다. 아산은 정 회장이 고등학생일 때 3년 동안 집에서 같이 지내게 했다. 매일 5시에 기상하는 아산과 아침을 함께하는 스케줄대로 살았다. 그때 아산은 정 회장에게 "시류를 따라야 한다"는 말을 자주 했다고 한다. 2019년 5월 칼라일그룹 초청 대담에서 정 회장이 직접 밝힌 이야기다.

선대의 DNA를 물려받은 데 더해 3세대답게 임직원, 사회와 세련되게 소통하는 데도 노력을 기울인다. SNS와 친한 것은 물론이다. 애플, 구글 같은 실리콘밸리 테크기업 경영자 모습도 자주 보인다. 임직원들에게도 한 거대한 조직의 단순한 일원이 아닌 '스타트업의 창업가'와 같은 마인드, 그리고 창의적 사고와 도전적 실행을 당부한다. 수평적 소통이 이루어지고 개개인의 다양한 개성과 역량이 어우러지는 조직문화를 지향한다.

정의선 회장은 자신이 경영책임을 맡은 회사의 역사와 현재, 그리고 미래를 진지하게 받아들인다. 회사 일과 회사 사람들을 좋아하고 회사 경영에 대한 의지와 책임감이 강하다. 그 의지와 책임감은 주어진 것을 충실히 받아들이는 것에 그치지 않고 내부에서 발현되는 열정적인 진심이다. 주주와 임직원, 그리고 사회가 한국 대표 기업의 차세대 경영자에게 그보다 더 바랄 일은 없을 것이다.

정 회장은 무엇보다도 자신의 회사가 만드는 물건인 자동차를 매우 좋아한다. 개발 중이던 차를 직접 시운전하면서 서킷에서 시속 250킬로미터로 달렸다는 얘기도 전해진다. 경영학을 공부했지만 '제다이 마스터급' 포스의 엔지니어인 부친을 따라 기술에도 천착한다.

CES 2020에서 발언하는 정의선 회장(현대자동차그룹 제공)

정 회장은 2005년부터 기아자동차 CEO를 맡았다. 모하비와 'K 시리즈'가 대표작이고 '디자인 경영'이 특징이다. '아우디TT'와 폭스바겐 '뉴비틀'로 잘 알려진 피터 슈라이어를 직접 나서서 최고디자인책임자(CDO)로 영입했다. 그의 CEO 취임 후 기아차는 바로 흑자전환되었고 2009년 시장점유율은 국내 29.4%, 해외 2.6%로 상승했다. 기아차는 현대차의 단순한 '아우'가 아닌 독자적인 개성과 존재감을 갖추었다. 기아차의 성공으로 정 회장의 경영능력은 일찌감치 입증되었기 때문에 향후 스마트 모빌리티 플랫폼 회사로의 변신을 어떻게 이끌지에 기대를 모으고 있다.

정의선 회장은 2019년 초에 피터 드러커의 책 『최고의 질문(*The Five Most Important Questions*)』(2008)을 임직원들에게 선물하고 '열공' 시켰던 적이 있다. 유작 『최고의 질문』에서 드러커는 고객가치를 강조한 것으로 유명하다. 고객을 최우선 가치로 보는 관점은 정 회장의 2020년 사내 신년사에서도 묻어 나온다.

> "모든 변화와 혁신의 노력은 최종적으로 바로 '고객'을 위한 것임을 다시 한번 강조합니다. 회사의 성장보다 더욱 중요한 것은 우리의 제품과 서비스를 이용하는 고객의 행복입니다. 이것이 바로 우리가 추구하는 진정한 기업가치이며 자산이 될 것입니다. 따라서, 우리 기업의 활동은 고객으로부터 시작되어야 하며, 고객과 함께 새로운 가치를 만들어 나가야 합니다. 특히, 새로운 시대의 주축이 되고 있는 밀레니얼 세대와 같이 새롭고 다양한 고객들에 대해서는 더욱 깊은 이해와 공감이 필요합니다."

아산은 쏘나타가 나온 지 3년째였던 1991년에 펴낸 첫 번째 회고록 『시련은 있어도 실패는 없다』에서 "세계 제일의 자동차를 만들겠다"고 다짐한다(정주영b, 274~8). "나의 목표는 성능 면에서 세계 제일의 자동차를 만드는 것이다. 이 목표는 반드시 달성할 수 있다... 훌륭하고 우수한 이들의 능력과 헌신에 힘입어 머지않아 한국의 자동차,

우리의 자동차 부품이 세계 시장을 휩쓰는 날이 반드시 온다고 나는 확신한다." 아산의 이 확신은 이제 현실이 되어 있다.

구글의 에릭 슈미트와 조너선 로젠버그는 혁신을 '새로운 큰 거한 방'(Next Big Thing)이라고 부른다. 혁신은 새로운 기능성을 내포해야 하고 '과격한' 유용성을 구현해야 한다고 한다. 2007년 6월 29일 처음 세상에 나왔던 아이폰은 혁신이다. 책을 눕히지 않고 세워서 보관하는 혁신이 도서관을 진화시켰고 재봉틀 회사 싱거가 처음 도입했던 할부판매는 역사상 가장 큰 금융혁신이다.

아산과 정몽구 명예회장은 각자 시대 기준의 혁신 아이콘이다. 두 인물이 새로운 뭔가를 세상에 처음 만들어 낸 것은 아니다. 그러나 새로운 기능과 과격한 유용성을 이 땅에서 유의미한 규모와 수준으로 새로 시작하고 발전시켰다. 넓은 의미에서 구글이 말하는 혁신과 맞닿는다. 구글은 검색엔진 분야에서 매년 500개 정도의 개선을 성취하는데 그것들이 모여서 혁신으로 이어진다고 한다. 현대차의 역사도 개선의 부단한 축적을 통한 혁신의 역사였다.

정주영, 정몽구 선대가 보여 준 혁신 리더십의 DNA를 정의선 회장에 그대로 내장한 채 현대차가 새 시대와 미래에 맞는 스마트 모빌리티의 모습으로 변신과 업그레이드에 성공하기를 기대한다.

전기차와 자율주행차 시대

전기차

전기차 시대가 바짝 앞으로 다가왔다. 전기차 시장은 2015년 이래 중국 시장을 선두로 연평균 54% 성장했다. 독일의 폭스바겐은 전기차 회사로 변신하기 위해 앞으로 수년간 총 600억 유로를 투자한다. 독일은 미국, 일본과 같이 2050년을 무공해자동차(ZEV) 시대 원년으로 정해 놓고 있다.

전기구동이 어울릴 것 같지 않은 스포츠카도 플러그인 하이브리드 단계를 거쳐 본격적인 전기차로 전환하고 있다. 폭스바겐의 계열사 포르쉐는 자사 최초의 전기차 타이칸을 내놓았는데 시속 100킬로미터까지 2.8초가 걸린다. 최고 주행 속도는 시속 260킬로다. 내연 포르쉐 모델들의 최고 시속이 316킬로미터 안팎이다. 스포츠카의 지존인 이탈리아의 페라리도 2025년을 목표로 전기차를 본격 개발하고 있다. 페라리는 전기차에 소극적이었다가 2019년에 처음 플러그인 하이브리드를 내놓았고 같은 해 전기차 기술특허를 유럽특허청에 제출했다. 페라리가 이제 생각을 바꿔 테슬라의 로드스터에 도전하는 것이다. 전기차의 선구자 테슬라는 2019년 말부터 주가폭등으로 시가총액 기준 글로벌 1위의 자동차 회사가 되었다. 변속기가 없는 전기차는 스포츠카 자체의 정체성과도 잘 맞지 않는 것으로 여겨졌는데 이제 그 생각조차 바뀌고 있다.

현대차와 기아차가 전기차를 출시한 것이 2011년이다. 이후 국내외에서 모두 28만여 대를 판매했다. 2020년 1분기에는 총 24,116대를 판매했는데 테슬라(88,400대), 르노-닛산(39,355대), 폭스바겐(33,846대)에 이어 글로벌 4위로 선전했다. 누가 전기차, 나아가 플라잉카의 최강자가 되는가는 배터리에 달려 있다고들 하는데 2020년 7월 현대차와 LG, 삼성, SK의 최고경영자들이 잇달아 회동하면서 전기차 배터리 협력을 논의해 화제가 되었다. 정의선 회장은 국내 배터리 3사 LG화학, 삼성SDI. SK이노베이션 공장을 다 둘러보고 기술정보를 공유한 후 미래 신기술 개발 방향에 관해 상호 의견을 교환했다.

자율주행차

자율주행차의 개발과 도입도 빨라지고 있다. 전기차도 자율주행과의 결합을 통해 더 속도를 낼 것이다. 우버가 인기 있는 이유 중 하나는 택시와 달리 운전자와 단 한마디의 대화도 필요 없다는 점이다. 대화를 안 해도 서로 필요한 정보는 다 안다. 대화보다 의사소통이 정확하고 주행 상황은 더 안전하다. 그렇긴 해도 처음 보는 사람과 좁은 공간에서 가까운 거리에 위치한다는 불편은 제거할 수 없다. 2020년의 코로나 사태가 여기에 결정타를 날렸다. 불편뿐 아니라 위험할 수도 있다는 메시지다. 또, 전혀 모르는 누군가가 내가 탄 차를 운전하는 것은 원래 불안한 일이다. 위급상황의 융통성만 빼면 우리는 사람보다 기계를 더 신뢰할 수도 있다.

자율주행차는 21세기 경제의 디지털화 가속과 더불어 비로소 본격화되었다. 현재 자동차 회사들뿐 아니라 구글 같은 디지털기술 기업, 그리고 옥스퍼드대 같은 대학들도 이 분야에서 활발하게 움직인다. 제도적 인프라도 개선 중이다. 2020년 현재 미국의 35개 주가 자율주행차를 허용하는 법령 개정을 완료했다. 우리나라에서는 자동차관리법이 "운전자 또는 승객의 조작 없이 자동차 스스로 운행이 가능한 자동차"로 자율주행차를 정의하고 있다(제2조 제1호의3). 자율주행차 상용화와 기술개발 촉진의 기초가 마련되어 있는 셈이다.

자율주행차 시장은 2019년 540억 달러 규모에서 2026년에는 5570억 달러로 성장할 전망이라고 한다. 선두주자는 웨이모(Waymo)인데 알파벳의 자회사다. 즉, 구글 계열사다. 구글 내부에 있다가 2016년에 독립했다. 2018년 12월 미국 애리조나주 피닉스 지역에서 자율주행 택시(Waymo One)를 론칭했다. 2013년까지 현대자동차 아메리카 CEO를 지냈던 존 크라프칙이 이끌고 있다. 애플도 이런저런 우여곡절은 있었지만 구글을 바짝 추격 중이다.

자동차 회사들 중에서는 GM이 대주주인 크루즈가 앞서가고 있다. 소프트뱅크와 혼다도 참여한다. 론칭되면 구글, 애플과 같은 디지털 회사들과는 달리 대량생산에서 강점을 발휘할 것으로 기대된다. 2017년에 포드가 10억 달러로 출범시킨 아르고AI도 있다. 아르고AI에는 폭스바겐이 최근에 합류했다.

우버도 회사의 사활을 걸고 자율주행에 투자한다. 2019년 기업가치가 72억 달러였을 때 자율주행에 10억 달러를 투자했을 정도다. 토요타와도 협력한다. BMW와 다임러는 공동개발을 진행하고 있고 화웨이는 아우디와 손잡았다. 그리고, 거의 모든 언론이 2020년을 자율주행차 출시 시점으로 보았을 때 2018년에 자율주행차를 내놓겠다고 장담했던 테슬라도 있다.

자율주행차 연구는 서구에서 1920년대부터 시작되었고 1980년대 들어 현대적인 의미의 프로젝트가 미국과 독일에서 본격 등장했다. 그러나 세계 최초의 유의미한 자율주행은 한국에서 이루어졌다. 1993년이다. 자율주행 분야 선두주자인 구글이 탄생(1998)하기도 전이다. 고려대 산업공학과 한민홍 교수가 아시아자동차의 '록스타'를 개조해 만든 자율주행차로 고려대에서 청계고가차도, 남산1호터널, 한남대교를 거쳐 여의도 63빌딩까지 약 17킬로미터 구간을 무사히 자율주행했다. 2년 뒤에는 경부고속도로도 달렸다(중앙일보, 2018.08.27.).

당시 시대를 너무 앞서갔던 감이 있다. 자율주행차는 완성차 기업과 부품 기업, 그리고 정보기술(IT) 기업의 3박자로 탄생하는 것인데 1993년이면 현대차가 연 100만 대 생산을 돌파하기 한 해 전이다. IT 산업도 아직 개화하기 전이었다. 또, 자율주행은 도로인프라의 업그레이드를 전제로 하고 인프라와 자동차 간 정보의 교환이 필수다. 자동차 기술만으로는 부족한 일이고 정부와의 파트너십도 다면적으로 잘 돌아가야 한다. 당시 정부가 이 사업을 이해하고 파트너가 되는 것을 기대할 수는 없는 일이었다.

이제 현대자동차도 자율주행 부문에 박차를 가하고 있다. 현대차는 2020년 3월 27일에 미국의 자율주행기술업체 앱티브(APTIV)와 합작법인 설립을 마쳤다고 발표했다. 미국 보스턴에서 40억 달러 규모의 사업을 50대 50으로 진행한다. 합작법인은 현대차의 설계, 개발, 제조 역량과 앱티브의 자율주행 솔루션을 융합해 스마트 모빌리티 사업의 성장을 추구한다.

내일을 향하는 현대자동차

2020년 'Next Awaits'라는 현대차의 색다른 광고가 선보였다. 약 2분 길이인 이 브랜드 광고는 뒤로 가기 기법을 사용해 현대차와 현대, 그리고 한국의 역사를 보여 준다.

이 광고는 2019년 9월 유럽에서 처음 공개했다가 12월에 글로벌로 공개를 확대한 것이다. 코로나19가 한창 기승을 부리던 2020년 3월 16일 현대자동차 한국 유튜브 공식계정에 우리말로도 올라왔다. 제목은 "내일을 향합니다"이다. 이 영상에 달린 댓글 중 '모든 사람에게 사랑받는 위대한 인물이자 등대 같은 역할을 해 줄 할아버지를 둔 현대차 회장'을 부러워하는 내용이 있어 눈에 띄었다.

이 광고는 마지막에 채석장에서 돌을 지고 나르는 한 청년의 얼굴을 비추면서 모든 것이 그 '한 사람(One Man)의 더 나은 미래를 향한 열정'에서 시작됐다고 말한다. 그 한 사람은 바로 아산이다. 광고에는 대형 채석장이 등장하는데 실제로 아산이 돌을 나르는 막노동을 한 곳은 지금의 고려대학교인 보성전문학교 교사 신축공사장이었다. 기록으로만 내려온 아산의 당시 모습을 영상화했기 때문에 감동적이다.

미국 영화감독 단테 아리올라가 제작한 이 광고는 호평받았다. 그런데 외국 시청자들에게는 광고의 마지막에 채석장이 나오는 이유가 분명치 않았을 것 같다. 더구나 얼굴이 나오는 그 한 사람이 바로 현대의 창업자라는 인식은 잘 안 되었을 것이다. 공사장에서 돌을 나르던 인부가 초대형 글로벌 기업 현대를 만들었다는 것은 통상적인 인과관계 개념을 가진 외국인들에게는 매우 상상하기 어려운 일이다. 사실 우리도 보고 듣지 않고서는 알기 쉽지 않다.

라이벌인 나이키와 아디다스가 한때 각각 'Just Do It'과 'Impossible Is Nothing'이라는 광고 카피를 내놓고 치열한 경쟁을 펼친 적이 있다. 편하고 가격 좋은 운동화를 만들어 팔면 되는 회사들이 왜 인생관적인 카피를 쓸까. 빅데이터 전문가 송길영 박사에 따르면 현대의 소비자들은 단순히 효용과 가격만으로 물건을 구매하지 않는다고 한다. 스토리와 이념을 구매한다. 그래서 그런 광고들이 나왔고 성공했다. 그런데 '이봐, 해봤어?'와 '어려운 것은 우리가 다 극복할 수 있다'는 아산의 특허 카피다. 마치 나이키와 아디다스가 베낀 것 같다.

현대가 하는 아산 기념사업이 단순히 고인을 기리는 데 그치면 아쉬운 이유다. 포드 자동차 단골고객들은 창업자 헨리 포드와 포드 자동차의 역사, 그 역사가 갖는 의미 등등을 책이나 〈포드 V 페라리〉(2019) 같은 영화를 통해 부지불식간에 학습했고 자신도 모르는 사이에 그런 정보를 소비자로서 행동에 반영한다. 포드차를 구매하고 운전하면서 포드의 가치와 자신을 연결한다.

현대차는 ‘한국의 한 회사가 만든 성능 좋고 가격 좋은 자동차’로는 아쉽다. 스토리가 있으면 좋고, 그 물건에 모종의 가치관이 내재되면 더 좋다. 여기서 가장 효과적인 것이 창업자의 스토리와 그가 표상하는 기업관, 가치관을 세상에 알리는 것이다. 현대의 모든 회사가 아산의 스토리를 잘 관리하고 실제로 ‘활용’해야 할 것이다. 글로벌 시장에도 본격적으로 소개돼야 한다. 이 광고는 그런 점에서 매우 좋은 시도였다.

최근 저자는 외국 대학에서 강의할 때 처음에 “BTS(방탄소년단)의 나라 코리아에서 왔다”고 자기소개를 한다. 그러면 강의실 분위기가 평정된다. 2019년 강의 중에는 아산을 잠깐 소개했다. 학생들의 탄성이 나왔다. 저자가 다 놀랐다. 그동안 뭘 했나 하는 생각이 들었다. 현대차의 광고에 대한 온라인 반응은 호평 일색이다. 감동, 향수, 존경, 국가적 자부심 같은 것들이 배어 나온다. 사람들이 아산과 그 시대를 호의적으로 잘 기억하고 있는 것 같아서 기쁘다.

현대백화점의 상생과 동반

아산이 창업해서 성장시킨 기업들은 거의 다 중후장대 산업의 범주에 들어가고 일반 대중과의 직접 접점은 별로 없는 제품과 서비스를 만들고 제공한다. 건설, 조선, 기계, 해운, 제철, 정유, 석유화학 등이다. 전자 산업에는 나중에 진출했고 자동차만 해도 아산의 시대에는 오늘날과 같이 대중에게 보편적으로 보급되어 사용되는 제품은 아니었다.

아산의 유산 중에 일반 소비자들과 가장 가까운 기업으로 금융업에서는 현대증권과 현대투자신탁이 있었고 현대자동차그룹에 현대캐피탈, 현대카드, 현대차증권이 있다. 그리고 유통그룹인 현대백화점그룹이 있다. 2020년 기준 재계 순위 22위인 현대백화점그룹은 현대백화점, 한섬, 현대그린푸드, 현대리바트, 현대홈쇼핑 등 계열사로 구성된다. 종합유선방송인 현대HCN도 현대백화점그룹 소속이다.

롯데, 신세계와 함께 국내 3대 백화점인 현대백화점의 모태는 1971년 설립되었던 금강개발산업이다. 당시 현대그룹 계열사에 식자재 납품 등을 위해 만들어졌던 회사다. 경부고속도로 금강휴게소를

30년 넘게 운영했다. 금강개발산업은 1971년에 오늘날의 씨마크호텔인 동해관광호텔, 1977년에 현대쇼핑센터를 오픈했다. 현대백화점그룹으로 독립한 것은 1999년 4월이다.

현대백화점이라는 상호는 2000년 4월부터 쓰기 시작한 것이다. 아산의 3남 정몽근 현대백화점 명예회장이 키웠고 지금은 3세 정지선 회장, 정교선 부회장 형제가 경영한다. 현대백화점 17% 대주주인 정지선 회장은 35세에 경영을 승계했다. 아산의 3세들 중 가장 이른 승계다.

화려함과 우아함의 대명사인 현대백화점이지만 2020년 4월에 대치동으로 이전할 때까지 본사는 엉뚱하게 압구정동 현대아파트 단지 내에 있었다. 초기 회사 이름 '금강'이 남아 있는 근린상가 금강쇼핑센터다. 더구나 건물 1층과 지하는 슈퍼마켓을 포함해서 여러 점포가 들어서 있다. 현대백화점의 본점으로는 좀 의외의 위치였는데 그곳을 택한 이유는 명당자리이기 때문이라고 한다. 현대백화점 새 본사는 삼성동 무역센터점 부근 신축 사옥이다. 무역센터점은 매출이 가장 많은 점포이기도 하다.

1985년에 개장한 압구정 현대백화점 본점 입구 좌측을 유심히 보면 "한국 최고의 명당 압구정"이라는 제목의 현판이 기둥에 붙어 있고 바닥에는 포토스폿이 있는 것을 알 수 있다. 현판 내용이 3개국어로 적혀 있는 '기(氣)'카드 선물도 있다.

2007년에 경영을 승계한 정지선 회장은 젊은 나이 탓도 있었겠지만 외부에서 크게 눈에 띄지 않는 조용한 리더십을 보이다가 2010

년 회사 창립 39주년을 맞아 '비전2020'을 공표하면서 공격적인 경영으로 전환했다. 사업다각화가 포함되었음은 물론이다. 10년 후 그룹 매출 20조 원, 영업이익 2조 원 목표를 제시했다. M&A도 활발해서 2012년 리바트, 의류회사 한섬, 2016년 SK네트웍스 패션 부문을 인수했다. 2018년에는 면세점 사업에도 진출했는데 무역센터점 개점에 이어 강북의 두산그룹 면세점도 인수했다.

한샘에 이은 국내 2위 가구제조사 현대리바트는 원래 현대종합목재로 1977년에 설립되었다. 1979년에 '리바트' 브랜드가 히트하자 사명을 바꾸었다. '왕자의 난' 이후 현대그룹에서 분리되어 10여 년간 독자 생존했다. 그러다가 업계 3위 퍼시스가 적대적 M&A를 시도했는데 경영진은 현대백화점그룹에 SOS를 쳤고 현대백화점그룹이 백기사로 회사 지분을 인수했다. 2012년에 범현대가로 되돌아왔다.

고객가치를 가장 중시해야 하는 백화점이지만 동시에 '진상' 고객이 가장 자주 등장하는 문제가 있다. '고객은 왕이다'(The customer is always right)라는 말은 존 워너메이커를 포함한 미국 백화점 창업자들이 즐겨 쓴 말인데 사업자가 고객을 대하는 자세를 가리키는 말이지 고객이 왕 행세를 하라는 뜻은 아니다. 현대백화점은 '갑질 고객'으로부터 직원을 보호하기 위해 2017년에 감정노동자 보호와 문제행동 소비자 대처방안을 가이드북으로 만들어 시행하고 있다.

유통기업인 만큼 현대백화점은 상생과 동반의 철학을 성실하게 실천한다. 2020년 초 코로나19 사태가 심각하자 정지선 회장은 매출 급감에도 불구하고 중소기업 매장 매니저 3천 명에게 각 100만 원씩 총 30억 원을 지원했다. 동시에 중소 협력사들에는 5개월간 납품 대금을 앞당겨 지급했고 협력사들의 경영 안정을 위해 상생협력기금 500억 원을 조성해 무이자로 지원해 주기도 했다.

아산은 현대라는 기업 유산뿐 아니라 아산재단을 통해 나눔의 철학이라는 사회적 유산이자 후손들에게는 유지를 남겼다. 현대백화점의 상생 경영을 다룬 뉴스에 달렸던 댓글 하나가 기억에 남는다. "멋지다. 정주영 회장이 뿌듯하시겠네."

초정밀화학기업으로 변신한 KCC

아산의 막냇동생 정상영 KCC그룹 명예회장은 1958년 영등포의 양평동에서 건자재회사 금강스레트공업을 창립했다. 당시 스물셋이었다. 아산이 한강인도교 복구 공사로 고령교 공사의 후유증에서 겨우 빠져나온 해가 1958년이었으므로 정상영 명예회장은 형과 같이 사업을 성장시키다가 독립해 나왔다기보다는 일찌감치 독자 창업한 셈이다. 다만 아산은 1958~9년 첫 1년간 회사의 대표를 맡아 동생의 사업이 자리 잡도록 지원했다. 후일인 1970년대 초에 현대자동차가 위기를 맞았을 때 아산이 정상영을 2년간 구원투수로 투입하기도 한 것을 보면 그의 경영능력을 많이 신임했던 것 같다.

정상영 명예회장이 현대차에서 복귀한 1973년에 기업을 공개한 금강스레트는 1976년에 ㈜금강이 되었다가 2000년에 고려화학(1974년 창립)과 합쳐져 금강고려화학이 되었다. 금강고려화학은 2005년에 사명을 KCC로 바꾸어 오늘에 이른다. 그룹매출 8조 원대, 임직원 수 1만 3천 명을 넘는 기업이다. KCC는 삼성물산의 8.9% 주주이기도 하다. 2000년부터 정상영 명예회장의 장남 정몽진 회장이 이끌어 왔다. 정몽진 회장은 소련이 붕괴되고 러시아가 탄생한 지 2년만인 1993년에 러시아 교수들과 함께 『비즈니스 러시아어』라는 러시아어 교재를 낸 독특한 이력이 있다. 구소련에는 비즈니스라는 개념이 없었기 때문에 이런 책이 필요했다고 한다.

KCC는 소비자친화적이다. 1990년대 세간의 화제였던 인기 광고를 선보였다. '도미노로 그림 그리기'라 불리는 고려페인트 광고인데 여러 가지 색깔의 도미노가 쓰러지면서 예쁜 그림들이 차례로 나타난다. 2019년에는 박찬호 선수를 광고모델로 기용했고 최근에는 '기안84의 페인트 교실'이라는 광고로 신세대 네티즌들의 인기를 끌었다. 웹툰작가 기안84가 화가 밥 로스로 분장해서 쉽게 페인트 인테리어를 하는 영상이다.

자연은 원래 휘황찬란한 컬러의 세계지만 인간이 산업활동으로 만드는 모든 물체는 무채색에 가깝거나 보기에 아름답지 않다. 역사가 4만 년 전으로 거슬러 올라가는 페인트가 그 문제를 해결해 준다. 건물과 시설물, 자동차, 선박, 항공기, 그리고 가전제품에 이르기까지 페인트가 필요치 않은 생산 현장이 없다. KCC는 국내에서 압도적 1위의 페인트회사다. 우리가 사는 도시의 외관에 생명력을 불어넣어 준다.

그러나 KCC는 도료회사에서 그치지 않고 첨단소재와 정밀화학 분야 사업 확장도 진행해 왔다. KCC는 IMF 위기 때 실리콘 사업에 착수해서 2004년에는 한국을 세계에서 일곱 번째로 실리콘의 상업적 생산에 성공한 나라로 만들었다. 같은 해 영국의 실리콘회사 바실돈을 인수했고 2019년에는 미국의 유서 깊은 실리콘기업인 모멘티브(Momentive)를 인수했다. 모멘티브는 에디슨이 창업한 GE에서 분할되어 나왔던 회사로 암스트롱이 달에 첫발을 내딛었을 때 신은 실리콘 소재 부츠를 제작한 회사다. 모멘티브는 미국의 다우코닝에 이어 독일의 와커와 함께 세계 2대 실리콘·석영기업으로 외형이 27억 달러를 넘는다. 모멘티브 인수가는 30억 달러로 삼성의 하만, 두산의 밥캣 인수에 이은 국내 기업 3대 해외 M&A다.

KCC는 산학협력과 청년 교육지원에도 아낌이 없다. 특히 2019년 9월에는 정상영 명예회장과 KCC의 170억 원 기부로 아산이 창학했던 울산대학교에 새 기숙사가 준공되었다. 'KCC생활관'이라는 이름이 붙었다. 14층 건물에 504명을 수용할 수 있다. 200KW 태양광 발전설비도 갖추고 빗물을 조경용수로 활용하는 등 친환경 기술과 설비가 적용됐다. 친환경은 사회공헌과 함께 KCC의 중점가치다. 139건의 환경보호인증을 보유한다. 준공식에 참석한 정몽진 회장은 KCC생활관이 단순한 기숙사를 넘는 교육, 문화의 공간으로 "젊은 인재들이 미래를 꿈꾸는 요람"이 되기를 희망했다.

'스레트'는 점판암 슬레이트(slate)의 옛 표기다. 골슬레이트는 가옥, 창고 등의 지붕재로 가장 많이 쓰인다. 아직도 '스레트지붕'이라는 말이 사용되고 있다. 슬레이트는 6·25전쟁 후 전후 복구와 국가재건에 큰 몫을 했던 소재이고 스레트지붕은 농촌의 초가지붕을 걷어내고 주택을 개량하던 1970년대 새마을 운동의 대표적 이미지이기도 하다. 이 슬레이트 생산에서 출발해 개발시대를 지원했던 건자재 회사 KCC가 한국 최대의 도료회사를 거쳐 이제 약 8천 종의 실리콘제품을 생산하는 디지털시대 첨단소재의 글로벌 강자로 변신했다.

한국의 일론 머스크, 정주영

화성에 가겠다는 스페이스X 설립자 일론 머스크(Elon Musk)와 실리콘밸리의 블랙홀이라고 불리는 아마존의 제프 베조스(Jeff Bezos)는 혁신과 모험적 기업가 정신의 아이콘이다. 이들은 스티브 잡스 신화의 계보를 잇는다. 이 땅에서는 머스크와 베조스의 출현이 쉽지 않을 것처럼 이야기된다. 과연 그런가? 돌이켜 보면 우리나라에도 그들 못지않은 혁신 기업가들이 있었다.

머스크는 하늘에서 떨어지지 않았다. 그는 미국이라는 거대한 혁신과 창의의 에너지가 담겨 있는 최고급 인큐베이터에서 배양된 사람이라고 보아야 한다. 개인적인 소양이나 천재성을 깎아내리자는 것은 아니다. 하지만 그런 환경에서는 누군가 머스크의 역할을 하게 되어 있다. 머스크는 실리콘밸리라는 비옥한 토양과 평균 이상의 교육(와튼과 스탠퍼드)에 천재성을 추가해 미국이라는 풍족한 나라에서 큰 사업을 일구었고, 그를 기반으로 우주 진출까지 꿈꾸고 실행하는 진취성을 보이고 있다.

반세기 전 한국의 정치사회적 토양과 경제 환경은 어땠나. 아직도 '보릿고개'란 말이 남아 있었고 학교에서는 원조물자로 만든 옥수수빵을 배급하던 시절이다. 미국에서 누가 박사학위를 받아 귀국하면 신문에 보도되던 때다. 그런 여건에서 몇몇 기업가들이 오늘날의 현대와 삼성, 그리고 포스코를 일구어 냈다. 기적이다. 전 국가적 지원이 있기는 했지만 혁신은 고사하고 아무것도 없는 상태에서 뭔가를 만들어 냈기 때문이다. 자리 잡히지 않은 사회의 온갖 부조리, 제약과 싸우는 치열함까지 갖추어야 했다.

우리 젊은 시절에는 기업인의 기념관 같은 것은 홍보성 우상화라고 생각하는 경향이 있었다. 돌이켜 보면 철없는 생각이다. 국가와 관료의 선도적인 역할을 부각시키느라 기업인의 업적은 일단 깎아내리는 것이 '사농공상' 관념을 은연중에 승계한 우리네 교육이었나 싶기도 하다.

지금 머스크가 화성에 가겠다는 것을 무모하다 하지만 아직 있지도 않은 조선소에서 만들지도 않은 선박을 팔러 다니던 아산에 비하면 약과다. 앞서도 언급한, 영국 바클레이스 은행의 차관을 얻기 위해 A&P애플도어 회장에게 거북선이 그려져 있는 당시 500원권 지폐를 보이면서 우리가 영국보다 300년이나 먼저 철선을 건조했다고 성공적으로 설득한 일화는 유명하다. 1972년 출범한 현대중공업은 10년 만인 1983년 세계 1위가 되었다. 그사이에 오일쇼크를 두 번이나 겪었다. 화성에 가는 것이 차라리 쉬울 것이다.

천하의 머스크와 베조스라 해도 반세기 전의 한국에서 빈손으로 세계 1위 현대중공업, 세계 5위 현대자동차, 세계 3위 반도체 제조회사 SK하이닉스의 전신인 현대전자 같은 기업들을 한꺼번에 만들어

울산 현대중공업 아산 정주영 기념관에 전시된 아산, 이병철, 박태준 회장의 1983년 사진.
어벤저스를 보는 것 같다.(현대자동차그룹 제공)

내지는 못했을 것이다. 각기 다른 산업분야에서 세계 5위권 기업 세 개를 포함, 무수히 많은 굴지의 기업을 한 사람이 '창업'한 사례는 세계사에 또 없다. 가끔 고인을 직접 알았던 연로한 미국의 정재계 인사를 만나면 거의 절대적인 존경의 마음이 담긴 회고담을 듣게 된다.

이렇게 보면 우리 기업가들에게도 머스크와 베조스를 능가하는 혁신과 모험의 DNA가 잠재되어 있을 것이다. 지금의 기업환경이 아무리 답답하다고 해도 1960~70년대의 그것과 비교할 바는 아닐 것이고 지금의 한국 경제라는 그릇도 그때와는 차원이 다르다. 아산과 같은 창조와 혁신의 '풍운아'를 꿈꾸는 크고 작은 차세대 기업인들이 많이 탄생해야 할 것이다.

정주영의 디지털 성지

충남 서산

충청남도 서산 일대의 해안 지역은 빙하기 끝 무렵인 약 2만 년 전까지만 해도 해수면 위로 드러나 있었다. 빙하기가 끝나고 해수면이 상승하면서 지금과 같은 섬이 많고 복잡한 형태의 해안선이 형성되었는데 관광객들이 보기에는 멋있을지 모르지만 교통과 교역에는 매우 불편하고 위험한 지역이었다.

고려 때 이미 운하건설이 시도되었다. 『고려사』 16, 인종세가 12년 7월에는 "이달에... 홍주 태안(소대현)에 운하를 굴착하게 하였다. 안흥정 부근의 바닷길이 사방에서 모여든 물살로 거셀 뿐 아니라 위험한 암석이 있어 종종 배가 뒤집히는 사고가 있었기 때문이다"라고 적혀 있다. 인종(1109~46)이 천수만과 가로림만을 연결하는 굴포운하를 건설하고자 했던 것인데 중도에 포기되고 지금은 그 흔적만 남아 있다.

이 지역은 한반도에서 간척사업이 가장 많이 이루어진 곳이기도 하다. 수심이 얕은 연안을 매립하는 간척 방법도 있지만 규모가 큰 간척은 방조제를 쌓아 바다를 가로막는 방식을 쓴다. 천수만 맨 위쪽에 있는 간월도 좌우 두 개의 서산방조제가 대표적이다. 철새도래지로 유명한 간월도는 이름 그대로 섬이었는데 간척 과정에서 육지가 되었다.

서산A지구

간월도 우측에 서산A지구 방조제라고 명명된 6.5킬로미터짜리 긴 둑이 있다. 이 방조제가 바다를 막아 1935만 평의 농지와 담수호인 간월호가 생겼다. 서산B지구방조제는 A보다 훨씬 짧다. 1188만 평 농지와 부남호가 탄생했다. 1995년 8월의 일이다. 1980년 5월에 현대건설이 매립공사를 시작해서 준공에 15년 3개월이 걸렸다.

1984년 2월 25일에 그 유명한 A지구 최종 물막이 공사가 있었다. 공사 최대의 난관은 양쪽에서 쌓아 들어온 두 제방을 서로 연결하는 작업이었다. 두 제방 사이의 거리는 270미터. 강한 조류의 유속이 초속 8미터로 너무 빨랐다. 토사와 암석을 아무리 갖다 부어도 바로 유실되었는데 조류는 10톤짜리 바위도 가차 없이 밀어내 버렸다.

공사를 직접 지휘했던 아산은 23만 톤에 322미터 길이인 대형 유조선(VLCC)을 울산에서 불러 조류를 가로막은 후 가라앉혀 물막이에 성공했다. 그때 저자는 대학원생이었는데 TV로 그 뉴스를 보면서 아산의 생각의 스케일에 감탄했었다. 이 물막이 공법은 유조선 공법이라고 부른다. 일명 '정주영 공법'이라고도 한다.

서산B지구

A지구는 오늘날도 전부가 농지로 사용되고 있지만 B지구는 농지 외에도 현대모비스 주행시험장, 한국타이어 주행시험장, 현대에코에너지 태양광발전소 등 다양한 용도로 사용된다. 골프코스도 2개가 있다. 식량의 자급자족이 국가적 과제였던 간척 당시와는 한국의 경제 상황과 산업구조가 많이 달라져서 간척지의 농지로서의 가치도 변했다.

2017년 6월 현대모비스가 B지구에 여의도 절반 34만 평 규모로 자율주행 연구개발이 가능한 첨단 주행시험장을 마련했다. 3천억 원이 투자되었다. 현대모비스는 2019년 10월에 여기서 KT와 함께 5G 커넥티드카 기술교류 시연회를 열기도 했다. 5G 네트워크는 자율주행차와 도로환경을 이어 주는 핵심 매개체다.

전기차와 자율주행차의 시대는 자동차 제작에 소요되는 부품의 수가 줄어들어 맞춤형 조립생산차의 시대가 될지도 모른다고 한다. 삼성전자가 2017년에 전장과 커넥티드카 시스템의 강자인 미국의 하만을 80억 달러에 인수했고 현대자동차그룹은 현대모비스에 연구개발역량을 집중하고 있다. 앞으로는 완성차보다 고부가가치 부품이 더 중요해진다는 이유다.

현대모비스는 아산이 1977년에 현대정공으로 설립했던 회사다. 아산이 서산 방조제 공사 시 현장에서 사용했던 갤로퍼 한 대가 아산

기념관에 보존되어 있는데 현대정공(제네시스 생산라인이 있는 오늘날의 현대자동차 울산 5공장)이 만들었던 차다. 현대모비스는 현대자동차그룹의 지배구조에서도 중심적인 위치를 차지한다. 물막이에 사용했던 VLCC도 현대정공 것이었다.

서산농장

서산 방조제가 완성된 후 7년간의 제염작업 끝에 여의도 면적 33배의 새 농지가 탄생했다. 당시만 해도 식량 자급이 큰 문제였다. 아산은 이 새 농지를 국내에서는 최초로 서구식의 대단위 영농기법을 사용하는 곳으로 만들어 식량 문제 해결에 보탬이 되게 하고자 했다.

덕분에 오지였던 서산과 태안 지역이 활기를 띠게 되었다. 이른바 '서해안 시대'가 개막되었다고도 했다. 노태우 정부(1988~93)는 평택, 아산, 서산, 당진 지역에 자동차와 석유화학 단지를 대대적으로 조성했고 1990년에 당진을 거쳐 가는 서해안고속도로도 착공했다. 현재 현대오일뱅크와 현대제철도 이 지역에 자리 잡고 있다.

B방조제 동쪽 끝 부근에 2005년 설립되고 2011년 현대건설과 함께 현대자동차그룹에 편입된 현대서산농장이 있다. 현대건설이라고 큰 글씨로 표시된 사일로가 있는 미곡종합처리장과 2,500마리가 넘는 고품질 한우를 사육하는 한우목장이 있는 곳이다. 1998년 6월과 10월 아산의 역사적인 통일소 방북 때 1,001마리 주인공 소들이 이 농장 출신이었다. 농장 한쪽에는 아산기념관이 있다. 아산이 현지 체류

시에 쓰던 건물이다.

글로벌 한국인이었지만 농부의 아들이라는 정체성을 평생 소중하게 여겼던 아산은 회고록 서문에 이렇게 적었다. "서산농장은 내게 농장 이상의 의미가 있다. 그곳은 내가 마음으로, 혼으로 아버님을 만나는 나 혼자만의 성지 같은 곳이다."(정주영a, 8)

서산농장과 간척지는 현대의 뿌리인 현대건설이 현대 글로벌 성장의 중추 현대중공업과 현대모비스의 전신 현대정공의 도움으로 조성했다. 창업자 아산이 마음의 성지로 삼은 곳이다. 디지털 시대 미래의 현대를 책임질 신세대들에게 또 다른 차원의 성지가 될 수도 있을 것이다.

제3부

현대를 넘어, 정주영이 꿈꾼 세상

청운동의 새봄

1977년 현대건설이 국내 최대기업이 되었고, 그해 2월 아산은 전국경제인연합회 회장에 선출되었다. 1987년 2월까지 5선 연임해서 10년을 봉직했다. 경제계를 위해 관, 정치권과의 마찰을 마다하지 않았다. 문제는 1981년 2월이었다. 서슬이 퍼랬던 제5공화국 초기였다. 아산은 정권이 전경련 회장직을 내놓으라고 한 압력에 맞서서 결국 전경련 회장에 재선임되었다(자초지종은 이장규, 161~6에 상세히 기술되어 있다.).

그 무렵 아산은 서울신문에 "새봄을 기다리며"라는 제목으로 글월을 한 편 발표했는데 당시의 심경이 잘 반영된 매우 서정적이고 아름다운 글이다. 중반에 사무실 이야기가 나오면서 분위기가 급반전되었다가 다시 앞의 조용함을 되찾는다. 마치 '이별의 곡'이라고 부르는 쇼팽의 연습곡 10-3번을 듣는 것 같다. 이 글은 아산이 직접 남긴 몇 안 되는 귀중한 서면 유산이다.

아산은 생애도 드라마틱했지만 언행도 좋은 의미에서의 반전에 반전을 거듭하는 '재미있는' 인물이었던 것 같다. 많은 사람들의 회고담에서 나타난다. 다양한 분야 사람들과 교류했는데 문인들도 포함되었다.

자동차 수리공장을 할 때부터 네 살 아래의 구상 시인 같은 문인들과 잘 어울렸다. 어릴 때 춘원 이광수의 『흙』을 신문에서 열심히 읽으면서 장차 문인이 되리라 결심도 했던 아산이다. 모윤숙 시인의 「렌의 애가」를 외우면서 시 낭송을 하기도 했다고 전해진다. 구상은 아산을 타고난 시심을 가진 만년 문학청년이라고 불렀다(아산의 묘 곁에는 구상 시인의 추도시가 새겨진 비석이 있다.). 「새 봄을 기다리며」도 그런 아산의 한 단면을 보여 준다. 일단 당시와 같은 타이밍에 이런 글을 써서 발표까지 한 것 자체가 반전이다.

생각이 많은 사람은 대개 인간성이 풍부하고 성품이 재미있다. 언행의 반전은 거기서 나온다. 단서를 찾아보니 아산의 회고록에 이런 말이 있다.

> "누군가가 서양의 점성술로 알아보니 나라는 사람은 듣기에 따라서는 아주 '한심한' 인물이라고 한다. 간단하게 말해서 내가 태어난 별자리의 사람은 항상 너무나 생각이 분주하고 바빠서, 생각이라는 것이 잠시도 한자리에 멈춰 있지를 못한다고 했다... 나는 잠잘 때 빼고는 생각할 수 있는 시간에는 거의 끊임없이 생각이라는 것을 한다. 생각을 해야지 하고 의지로 생각을 하는 것이 아니라 생각이 스스로 꼬리에 꼬리를 물고 이어진다고 하는 말이 맞다."(정주영a, 160~1)

「새 봄을 기다리며」를 읽노라면 과연 학력과 공력은 반드시 일치하지 않는 것임을 알게 된다. 원문에는 한자가 많이 들어 있는데 한자를 다 지우고 리마스터링해 보니 아래와 같이 산뜻한 글이 새로 나타났다. 내용이 길더라도 독자들은 찬찬히 한 번 읽어 보시기 권한다. '불도저'라고 불리기도 했던(정작 아산은 이 별명을 별로 마음에 들지 않아 했던 것 같다.) 아산의 새로운 면모가 느껴질 것이다. 말미에 "봄은 가난한 사람들과 힘없는 사람들에게 먼저 찾아온다"고 한 대목이 바로 아산의 성정이다.

정주영, 새 봄을 기다리며

(서울신문, 1981.02.25.자 칼럼 리마스터링, 아산사회복지재단 홈페이지)

창밖으로 내리는 부드러운 함박눈은 오는 봄을 시새는 것인가. 예로부터 입춘 지나서 오는 눈은 꽃을 시샘하여 내린다 하여 꽃샘 눈이라고 부른다.

초봄의 여신은 자연의 신비로움을 마음속에 흐뭇하게 안겨 준다. 인왕산 골짜기엔 해빙의 물소리가 졸졸 흐르며 삼라만상을 에워싼 대기에는 약동하는 새봄의 기운이 서렸음을 알려 준다. 춥고 지루하던 겨울은 지나가고 깊고 깊은 겨울밤의 사색에서 깨어나 긴 기지개를 켜는 봄을 바라본다.

이른 봄 먼 곳에서 동경(憧憬)의 여인이 살며시 걸어오는 발자국 소리를 기다리는 마음으로 새봄을 기다리며 인왕산 음지의 잔설에 아쉬움을 보낸다.

조춘의 아침은 상쾌하다. 차갑고 부드러운 바람이 뜰 안에 가득하고 나목을 한 둘레 돌아와서 나의 옷깃을 파고든다. 며칠 사이 확실히 달라진 것이 많다. 2월의 이른 봄은 봄을 기다리는 모든 사람들의 마음에 대답하면서 찾아왔다.

봄을 기다린 사람은 많다. 그중에서도 산간농촌 잔설 사이 양지 쪽 논두렁에 불을 피워 놓고 구정 대보름달을 맞이하는 사춘기의 아이들 마음속에 봄은 맨 먼저 온다. 도시의 운동부족인 일과를 다소라도 메우려고 새벽 출근길에 반은 걷고 반은 뛰어가는 사이에도 천지간에 새봄이 찾아들고 있음을 잘 알 수 있다.

눈을 밟으며 뛰어가는 운동화 바닥으로 봄을 느낀다. 겨울눈과 봄눈은 발바닥에 밟히는 촉감부터 다르다. 봄눈의 감촉은 부드럽고 연하며 겨울눈은 이보다 딱딱하다. 달려가는 새벽길의 겨드랑이 속으로 스며드는 봄기운은 생명 속의 오염된 찌꺼기를 씻어 내는 맑은 냉수와도 같다. 새벽녘 경복궁의 중후하고 긴 돌담장 옆을 달리며 아직은 찬 침묵 속이지만 봄의 태동을 곳곳에서 느낀다. 조춘의 감격을 가슴 그득히 들이마시며 아직 밝지 않은 하늘을 올려다본다.

그러나 사무실에 들어서면 봄은 간곳없이 사라진다. 비단 봄뿐이 아니고 모든 절기의 변화에 대하여 그 반사감각은 무디어지고 먼 어린 시절의 감상을 되씹는 일밖에 없다. 계절이나 자연은 그때에만 민감할 수 있고 유정했던 것인지 모르겠다.

어린 날의 순박한 자연은 어느새 멀리 뇌리에서 사라져 버리고 고향을 등진 도시의 유랑민처럼 거북한 긴장 속에서만 살아왔던 일을 되돌아본다. 이러한 세월이 제2의 천성으로 화하여 다년간의 생활 감정도 이런 습관에 이어져서 바람직하지 못한 개별의 나를 형성해 놓았다.

오늘의 현실은 4·4 분기제의 소득확대 추구를 위한 치열한 적자생존의 투쟁으로 채워지는 4계절뿐이다. 기업인에게는 환희의 4계절이나 낭만적 4계절은 연분에 닿지 않고 대자연이 가까이 있음을 알고는 있으면서도 심정에 다가서지 않아 멀고 먼 데에 있는 것과 같은 실정이다.

가난하고 어리석은 젊은 계절에 궁핍에서 헤어나기 위하여 굶주림과 헐벗음을 딛고 일어서기 위하여, 그리고 구멍가게에서 벗어나 한 사람의 기업인으로서 불안한 첫발을 내디뎠을 때, 또한 그 일을 기점으로 하여 내 생애의 발목이 잡힌 후 오늘날까지 모험과 투쟁 속을 헤쳐 나왔다. 나로서 최선을 다하는 그 혼신의 집중과 정열과 전심전령을 소진하는 질주의 기나긴 행로만이 있었다.

그러나 이런 형편이 나 하나뿐이라고 생각지는 아니한다. 기업의 대열에 서 있는 여러 기업 동지들이 이와 같은 형편에 놓여 있을 것이다. 남이 잘 때 깨고 남이 쉴 때 뛰어가지 않으면 기업의 육성은 불가능하다. 절하다고 할 만큼 각박한 경합사례들을 수없이 치러내면서 달리고 있다. 그러므로 봄이 와도 봄의 줄 밖에 서서 혼미한 어둠에 몸을 적시고 있는 수가 많다.

경쟁에 이기는 것만이 삶의 전부로 생각해 온 폐쇄적 열기에 갇혀 지내는 나 같은 사람들에게 봄은 환상 속에만 있는 관용의 여인과 같다.

봄은 만인이 듣는 복음일 것이다. 그러나 실제로 봄은 가난한 사람들과 힘없는 사람들에게 먼저 찾아온다. 춥고 음침한 긴 겨울을 힘겹게 견디어 낸 사람들에게 봄은 더욱 따스하다. 살며시 스며드는 봄은 자애의 어머니 같은 성품 그대로이다. 포근하고 훈훈하다.

언제나 긴장하고 서두르면서 마음의 안식이라곤 없는 기업인들은 하늘의 별을 딸 듯한 기세로 달려가지만 정치가나 공직자 또한 성직자들의 비판 앞에서는 자라목같이 움츠러들기를 잘한다. 그 허약한 기업 군상들.

유구한 유교의 사상이 그러했고 사농공상의 선조들의 실정이 그러했거니와 제아무리 천만금을 손에 잡은 사람이라도 봄바람에 녹는 잔설과 같은 인간적 허약의 일면을 숨길 수 없다. 기업의 사무실에는 봄·여름·가을·겨울의 화려한 순환도 속절없이 스쳐 지나가며 다시 새봄이 와도 봄은 없는 것과 마찬가지인 때가 많았다. 〈空地(공지)에 無花草(무화초)하니 春來不似春(춘래불사춘)이다.〉(빈 대지에 꽃과 풀이 없으니 봄이 와도 봄 같지가 않다.)

기업인들이 봄을 기다리는 건 하늘에 별을 붙이고 돌아오는 여인을 기다리는 바나 다름없이 공소(空疎)한 경우가 되곤 했다.

그런데 봄이 또 왔다.

인왕산의 잔설을 밟으며 계절의 은혜를 새삼 되뇌인다. 봄볕이 하루하루 짙어져 간다.

천지가 새봄이다.

이제부터 기업의 단하에서 봄을 만끽하고 싶다. 경제단상에서 호기 있게 일하는 연출자들의 화려한 무대를 바라보면서 오랜만에 심정의 여유를 가지고 이 봄을 즐기리라. 봄눈이 녹은 들길과 산길을 정다운 사람들과 함께 걸으면서 위대한 자연을 재음미하고 인정의 모닥불을 피우리라. 천지의 창조주 앞에 경건한 찬미를 바치리라.

인생은 여러 가지이다. 온화한 삶과 질풍처럼 달리는 삶이 있으나 그 궁극의 염원은 한 가지라고 말할 수 있다. 평화와 자족을 느끼는 마음이다.

봄이 온다. 마음 깊이 기다려지는 봄이 아주 가까이까지 왔다.

울산대학교, 미래를 그리다

아산과 학교 교육

아산은 가정 형편과 유년기의 시대적 상황 때문에 학교 공부를 많이 하지 못했다. 1930년 고향에서 송전소학교를 (2등으로) 졸업한 것이 다다. 그러나 아산은 학교와 관계없이 끊임없이 호기심을 가지고 알고 싶어 했다. 독서는 물론이고 다양한 사람들과의 교류를 통해 지식을 스펀지처럼 흡수했던 것 같다. 그렇지 않았다면 그 많은 혁신적 사업계획이 나왔을 리 없다. 사람은 아는 만큼 좋은 생각이 떠오르고 가지고 있는 정보의 양과 질이 창의성을 결정하는 법이다.

아산이 남긴 글과 필체는 정규 고등교육을 받은 사람들을 훨씬 능가한다. 특히 한자를 적은 글월에 힘이 넘치고 균형이 잡혀 보기에도 멋지다. 틈날 때마다 독서와 글쓰기를 했다는 것을 짐작할 수 있다.

아산은 학교에서 공부를 많이 하지 못한 것에 대해 평생 아쉬움을 가지고 있었던 듯하다. 그래서 아산은 자녀들의 학업에 남다른 열의를 쏟았을 뿐 아니라 어렵게 사업을 하던 현대의 초창기에 동생들 공부까지 다 뒷바라지했다. 철인 아산이 아래와 같은 술회를 하는 것을 보면 약간 숙연해지고 찡하기까지 한다.

> "내가 학식이 없는 사람인 것은 분명하다. 그러나 학식이 없다고 해서 생각도 머리도 지혜도 없는 것은 아니다. 한 인간이 가진 자질과 능력에 대한 평가를 학교에서 배운 학식의 부피나 깊이만으로 내린다는 것은 크나큰 오류이다."(233)

울산대학교 창학

아산은 1969년 4월 8일 지금의 울산대학교 전신인 울산공대를 설립했다. 학교를 설립할 정도였으면 대단한 재벌이었을 것 같은데 당시 현대는 아직 선두 그룹이 아니었다. 한창 경부고속도로를 건설하던 시기다. 1972년 12월에는 울산대학교 병설로 공업전문학교를 설립했다. 울산과학대학교다. 두 학교는 학교법인 울산공업학원에 속한다. 울산대학교와 울산과학대학교 홈페이지에는 창학정신으로 아산의 설립사가 새겨져 있다.

> "무슨 일이든 할 수 있다고 생각하는 사람이 해내는 법이다. 젊은 시절, 어느 학교 공사장에서 돌을 지고 나르면서 바라본 대학생들은 학교 교육을 제대로 받지 못한 나에게는 한없는 부러움과 동경의 대상이었다.

그때 이루지 못했던 배움에 대한 갈망이 여기에 배움의 주춧돌을 놓게 하였으니, 젊은이들이여! 이 배움의 터전에서 열심히 학문을 익혀 드높은 이상으로 꾸준히 정진하기 바랍니다."

청년 아산이 돌을 지고 나르던 곳은 지금의 고려대학교인 보성전문학교 교사 신축공사장이었다. 1933년이었다고 한다. 그로부터 62년 후인 1995년 3월 18일 고려대는 아산에게 명예 철학박사 학위를 수여했다(대학원 위원회의 학위추천이유서와 홍일식 총장의 학위수여사 전문은 박정웅, 249~54에 소개되어 있다.). 학위추천이유서에는 이런 구절이 있다.

"정주영 선생께서는 60여 년 전 저희 고려대학교의 중심 건물인 본관을 지을 때 몸소 주춧돌을 놓아 주신 분입니다. 그 후 고려대학교는 그 건물을 기점으로 거대한 종합명문대학으로 발전하였고 선생께서는 많은 기업을 창건하고 국가의 기간산업을 일으켜 세계 유수의 기업인으로 대성하셨습니다."

아산은 울산대를 설립한 외에도 국내외 여러 대학에 장학금을 포함한 재정적 지원을 아끼지 않았다. 저자의 동료 교수 한 사람은 1997년 아시아 금융위기 때 미국 존스홉킨스대에 유학 중이었다가 환율 폭등으로 짐을 싸서 귀국해야 할 형편이었다. 그런데 마침 학교에서 아산스칼러십 혜택을 주었다. 원래는 유학생들에게 적용되지 않는 것이었지만 상황이 워낙 예외적이어서 가능했다고 한다. 아산의 장학금이 없었다면 최소한 탁월한 서울대 교수 한 사람이 탄생하지 못했을 것이다.

울산대 창학 50주년

울산대는 '공업입국' 실현을 위한 인재양성을 목표로 개교한 학교다. 1972년 국내 최초로 영국의 산학협동교육제도인 샌드위치 교육 시스템을 도입해서 장·단기 산업체 현장학습과 인턴십을 정착시켰다. 이 산학협동교육은 조선·화학·자동차 산업이 밀집한 지역에 위치한다는 이점과 현대중공업그룹의 지원으로 국내 타 대학의 전범이 되었다. 30년 동안이나 변함없이 대학 운영을 지원한 현대중공업그룹 권오갑 회장의 기여도 빼놓을 수 없다.

박정희 대통령의 통치이념 중 하나가 공업입국이었다. 박 대통령은 울산대 개교 후에 두 차례나 학교를 방문했고 다각도로 지원도 했다. 울산대는 1974년 2월 18일에 제1회 졸업식을 가졌는데 모두 103명의 공학사를 배출했다. 1985년 3월 1일 자로 종합대학이 되었다. 대학평가에서는 비수도권 사립대학 1위 자리를 계속 지키고 있다. 2019년 영국 THE 세계대학평가에서 국내 13위, 세계 601위로 평가되면서 글로벌 대학으로 자리잡았다. 네덜란드 라이덴연구소의 세계대학연구력평가에서는 국내 5위, 세계 651위다. 중소벤처기업부 지원 '2020년 초기창업패키지사업' 주관기관으로 선정되어 2020년부터 2022년까지 23억 원을 지원받아 바이오 분야를 특화한다.

사학이기는 하지만 재단이 학교 운영에 일체 관여하지 않는 특별한 구조를 갖추고 있다. 권오갑 회장에 따르면 울산대에서는 총장이 마치 전권을 부여받은 전문경영인처럼 모든 권한을 가지고 책임을 진다. 이는 결국 모두가 설립자의 창학이념을 바로 새긴 결과일 것이다. 교육과학부 장관을 역임한 김도연 전 울산대·포스텍 총장이 이사장을 맡고 있고 염재호 전 고려대 총장도 이사진에 합류했다.

울산대는 2020년 3월 16일에 개교 50주년을 맞았다. 오연천 총장은 기념사에서 "울산대는 한국 경제의 선각자이신 정주영 선생께서 뿌린 인재양성의 밀알이 50년 지나 결실을 이룬 자랑스러운 지적 공동체"임을 강조하고 교직원, 학생들에게 "글로벌 가치를 선도하는 대학으로 나아가자"고 당부했다.

아산과 오연천 총장

울산대 창학 50주년 기념사를 오연천 총장이 했다는 사실은 자못 의미심장하다. 오 총장은 대학교 1학년 때 아산을 만난 적이 있다. 교양과정 학부 강당에 피아노를 한 대 마련하고 싶었던 학생 오연천은 경제학과 친구 정몽준에게 얘기해서 부친 아산을 찾아갔다. 50만 원을 요청했는데 아산은 그 절반인 25만 원을 구해 오면 매칭펀드를 해 주겠다고 했다. 아마도 기특한 젊은이를 테스트해 보려고 그랬던 것 같다.

미래의 서울대학교 총장 오연천은 다른 학우를 통해 정일권 총리를 찾아가 25만 원을 장만했고 다시 아산을 찾아가 약속된 25만 원을 받아 결국 50만 원으로 학교 강당에 피아노를 놓았다. 그때 아산은 오 총장에게 "너 참 기특하구나. 네가 그것을 쉽게 구해 올 줄 몰랐는데..."라고 했다 한다(오연천, 56~7). 그로부터 45년 후인 2015년 3월에 바로 그 청년이 아산이 설립한 대학교의 총장이 된 것이다.

오연천 총장의 책『결정의 미학』에는 서울대 총장을 지낸 후에 울산대 총장으로 가는 결정을 함에 있어서 서울대 교수들에게 그 결정을 어떻게 설명할지 고민했다는 이야기가 나온다(328~31). 울산대행이 '시선 의식하지 않은 결정'이었다고도 되어 있다.

그러나 아산의 창학 동기를 새겨 보면 어떤 대학이든 그 운영 책임을 맡게 되는 것은 보람있고 의미가 큰 일이다. 따로 설명이 필요없다. 대학은 국가와 사회의 지도자도 양성하지만 그 이전에 선량한 시민을 길러내는 곳이고 아산처럼 공부할 기회가 전혀 없었던 청년들에게는 그 존재 자체가 큰 의미를 가진다. 저자가 초등학교(국민학교)에 다닐 때만 해도 월사금을 제때 내지 못해 담임선생님에게 야단을 맞는 급우들이 많았다. 많은 청년들이 대학교에 가는 것 자체를 꿈꾸었다.

요즘 국내의 대학들은 글로벌 경쟁에 내몰려 기금 마련, 랭킹 올리기, 국제화 등등 여념이 없다. 그러나 곰곰이 생각해 보면 대학이란 젊은이들이 착실히 공부하고 어떤 위치든 맞는 곳에서 사회생활을 할 준비를 돕는 곳이다. 일류대학을 나오고 글로벌 인재가 되고 싶은 사람들도 있지만 아산처럼 대학 문턱에도 가기 어려웠던 사람에게 대학교육은 그 자체로도 큰 의미를 갖는다. 대학은 학생들이 다니는 동안 즐겁고 보람 있는 곳이 되어야 하겠고 학교는 그 점을 더 배려해야 한다.

정몽준 명예이사장의 학업

학교 교육을 많이 받지 못했지만 항상 공부에 천착했던 아산의 공력은 후손들에게서도 엿볼 수 있다. 예컨대 정몽준 울산공업학원 명예이사장은 정치인이지만 저자나 저자 주변의 진지한 학자들 빰치게 치밀하고 분석적이며 무엇보다도 책과 글을 좋아하고 즐겨 논한다. 거기에 교수들에게는 잘 없는 세상사에 대한 높은 시각이 더해진다.

1982년 울산대학교출판부에서 처음 발간되었던 정 명예이사장의 저서 『기업경영이념』에는 오늘날 논의되는 기업경영의 정치·사회적 문제들이 이미 다 잘 정리되고 깊이 있게 해설·분석되어 있다. 이 책은 같은 제목(Business Ideology)의 1982년 MIT 경영대(MBA) 졸업논문을 보완한 것이다. 책의 머리말에는 이런 대목이 있다.

> "기업의 대형화 및 국제화와 더불어 프로젝트의 장기화, 경영의 전문화 등은 소유개념의 소극화, 사회적 책임의 강조 등 경영 외부여건의 변화와 함께 거의 동시적으로 기업에 밀어닥치면서 기업의 사회경제적 기능과 역할은 이 땅의 기업인들이 일찍이 경험하지 못한 혁명적이라 할 만한 변화에 직면하고 있다. 기업인들은 이 같은 변화를 어떻게 수용하고 어떻게 대응해야 하는가? 우리 사회가 이들 기업과 기업인에게 요구해야 하는 것은 무엇인가?"(정몽준e, 3)

아산과 정 명예이사장이 88올림픽을 유치하느라 정신없이 보냈던 1981년 다음 해인 1982년 새해 아침에 작성된 이 머리말은 거의 40년 전의 것이다. 저자가 전공하는 기업지배구조 분야가 아직 제대로 탄생하기도 전이다. 특히 이 책은 제3부에서 약 70페이지에 걸쳐 기업의 사회적 책임에 관해 논하고 있는데 당시는 물론이고 지금도 그 정도의 깊이로 이 주제를 다루는 책은 많지 않다.

2011년작인 『나의 도전 나의 열정』에는 "창업 세대가 물러나고 들어선 2대, 3대 경영자들은 국가와 사회, 그리고 기업의 역할에 대한 객관적 인식이 너무 미흡해 보인다. 여기에 더해 앞으로 일정 기간이 지나면 상속세나 기업의 관료화로 대기업들이 국영기업 비슷하게 될 것이다"라는 예측도 보인다.

아산은 아들 정몽준에게 "니가 쓴 논문 읽어 봤다. 니 말이 다 옳다. 기업은 지 혼자 저절로 크는 게 아니다. 기업 하는 사람은 처음 물건 팔릴 때의 고마움을 잊으면 안 된다. 배운 너야 유식한 말로 썼다마는 그게 다 그 말 아니냐? 그만하면 아버지가 보기엔 노벨상감이다"라고 칭찬하고는 서른의 아들에게 현대중공업을 맡겼다고 한다(정몽준a, 93~4).

정 명예이사장은 그로부터 11년 뒤에 미국 존스홉킨스 대학교 국제대학원(SAIS)에서 정치학박사 학위를 받았다. 국제무역 분야 연구의 대가인 고 이사야 프랭크(Isaiah Frank) 교수가 지도한 학위논문의 제목은 "일본의 정부-기업 간 관계"(The Government-Business Relationship of Japan)였다. 총 369페이지에 달한다. 정 명예이사장은 논문을 진행하던 중에 울산에서 국회의원으로 정계에 첫발을 내딛게

되면서 논문완성을 사실상 포기하다시피 했던 듯하다. 그러나 『나의 도전 나의 열정』에 이런 말이 나온다.

> "얼마 후 아버지가 학위는 어떻게 됐냐고 물으셨다. 아무래도 어려울 것 같다고 말씀드렸다가 크게 꾸중을 들었다. 뜻을 세웠으면 끝까지 해 보아야지, 중간에 그만두면 되겠느냐고 호통을 치셨다. 아버지 말씀에 용기를 얻고 다시 시작했지만 시간을 내기가 너무 힘들었다. 논문은 5년이나 걸려서 가까스로 마칠 수 있었다. 박사학위 공부를 시작한 지 8년만인 1993년에 정치학박사 학위를 받았다."(64)

해 본 사람들은 알지만 졸업 바로 전 해가 대학원생의 인생에서 가장 바쁘고 힘겨운 때다. 1992년 아산이 정계에 진출하면서 통일국민당을 창당하고 대선에 나섰던 때와 겹쳐 많은 어려움이 있었을 것이다. 정 명예이사장의 박사학위 논문 서문에는 이홍구 전 국무총리와 한승주 전 외무부장관의 격려와 성원에 대한 감사 인사가 나온다. 끝에 부인 김영명 여사에 대한 감사도 잊지 않는다. 노력 끝에 완성한 논문의 맨 앞 페이지에 'To My Parents'라는 헌사가 있다.

1982년 미국 IBM사를 방문한 아산과 정몽준(정몽준 아산재단 이사장 제공)

정신영과 관훈클럽정신영기금

관훈클럽은 뉴스의 인물들을 초청해 관훈토론회를 개최하는 것으로 유명한 중견언론인 단체다. 관훈토론회는 대통령 후보들을 검증하는 대표적인 이벤트로도 자리잡았다. 성역 없고, '살살 하는' 자리가 아니어서 그런지 1995년에 초청받았던 김수환 추기경조차도 무서운 시험관들 앞에서 시험을 치르는 것 같았다고 회고했다.

이 관훈클럽 안에는 '관훈클럽정신영기금'이라는 명칭의 기금이 있다. 동아일보 기자였던 정신영(1931~62)의 이름을 딴 것이다. 정신영은 아산의 다섯째 동생이다. 형제들 중 유난히 공부 욕심이 많았다고 한다. 서울법대에 들어갔고 고시공부를 했는데 무리했던지 건강을 해쳐 잠시 요양하고 대학원 진학으로 진로를 수정했다. 서울대 대학원을 졸업할 때 아산 부부와 함께 대학원 건물 앞에서 찍은 깔끔한 사진이 한 장 남아 있다. 대학원을 다니다가 형 정인영(후일 한라그룹 명예회장)을 따라 동아일보에서 정치부 기자 생활을 시작했다.

정신영은 1년 3개월의 기자 생활 후 경제학 공부를 위해 독일 함

대학원 졸업식의 아산 부부와 정신영(아산사회복지재단 제공)

부르크로 유학을 떠난다. 아산이 강력히 권유했다. 아산은 회고록에서 "나 자신이 공부가 싫어서 소학교 졸업이 학력의 전부가 된 사람이 아니었기 때문에, 나는 내 능력이 되는 한 아우들을 유학이 아니라 그 이상이라도, 아니 그 이상의 이상이라도 공부를 시키고 싶었다"고 한다(정주영a, 86). 당시는 물론이고 저자가 중학교 다닐 때만 해도 국내 대학원 과정은 지금과 달리 제대로 학자를 양성하지 못했다. 해외에서 박사학위를 받고 귀국하면 신문 한쪽에 기사가 실리던 시절이다. '유학'이라는 것은 최고 학위과정 공부를 의미했다. 아산이 재능 있고 향학열 높은 아우를 유학 보낸 것은 당연했다.

정신영은 동아일보를 떠난 상태였음에도 독일 체류 중에 간간이 기사를 작성해 서울로 보냈는데 동아일보에서는 '정신영 특파원'이라는 타이틀로 정신영의 기사를 게재했다. 예컨대, 1961년 8월 26일 자에는 1면 톱으로 '집단감옥 동백림[동베를린]을 가다'라는 정신영의 기사가 실렸다. 독일이 아닌 노르웨이의 동정에 관한 기사도 있는 것을 보면 아예 유럽특파원의 역할을 한 것 같다. 정신영의 기사를 보면서 아산은 매우 대견스러워했다. "정신적으로 큰 위안과 자랑이었던 아우"라고 회고한다(86).

정신영은 현지에서 만난 장정자 후일 서울현대학원 이사장과 결혼해 자녀도 두었다. 그러나 박사학위논문 완성을 앞두고 논문에 집중하기 위해 가족을 미리 귀국시켰던 정신영은 갑작스러운 병으로 타계했다. 당시 서른두 살이었다. 이 일로 아산은 크게 충격을 받고 상심한 나머지 생애 유일무이한 열흘 휴무를 했다. 회고록에도 "아우 신영이"라는 제목으로 36년 동안이나 마음에 담고 있던 절절함을 표한다. 정신영의 미완성 논문(저축과 경제발전의 상관관계: 개발도상국가의 모델을 중심으로)은 지도교수 포이크트 교수의 도움으로 완성되었고 정신영은 사후 20년 만인 1982년에 박사학위를 받았으며 논문은 국문으로도 번역되어 출판되었다.

정신영 기자는 동아일보 시절부터 당시 젊은 엘리트 기자들의 연구·친목단체인 관훈클럽 회원으로 활동했는데 국내에서의 장례도 관훈클럽 회원들이 도왔다. 아산은 1977년 관훈클럽에 1억 원을 출연해 그를 기본자산으로 한 관훈클럽신영연구기금의 탄생을 이끌었다. 처음에 창립회원들이 기금의 명칭을 '신영연구기금'으로 하자고 제안했는데 아산이 앞에 '관훈클럽'을 붙이자고 제안해 관훈클럽신영연구기금이 된 것이다. 이후에도 가족과 관련 기업들이 198억 원을 추가로 출연했고 기금의 명칭은 2019년 10월 지금의 관훈클럽정신영기금으로 바뀌었다. 관훈동에 있는 신영기금회관도 여기서 지은 것이다.

정신영기금은 언론인들의 연구와 저술, 출판, 해외연수와 대학강의 등을 지원한다. 관훈클럽 홈페이지는 기금 창립 당시는 언론인 지원이 거의 없었던 때여서 "정신영기금의 언론인 지원 사업은 한국 언론사의 새 장을 여는 의미 있는 일이었다"고 전한다.

한국의 아우토반 경부고속도로

한국의 아우토반

현대가 성장하던 때는 한국사의 매우 독특한 시기였다. 때문에 아산은 기업인으로서 영리 목적의 사업을 영위한 사람이지만 기업을 국가관에 접목시켜 경영했다. 동시대 다른 기업인들도 정도의 차이는 있었겠지만 크게는 다 마찬가지였을 것이다. 대표적인 예가 현대건설의 경부고속도로 건설이었는데 이 사업은 박정희 대통령이라는 인물과도 떼려야 뗄 수 없는 기념비적 대형 프로젝트다.

아산이 박 대통령으로부터 경부고속도로 건설 이야기를 처음 들은 시점은 1967년 11월쯤이었다고 한다. 경부고속도로는 박 대통령이 그 전 해 선거에서 내놓았던 공약사업 중 하나였다. 1964년 차관을 얻으러 서독을 방문했을 때 아우토반(Autobahn)에 큰 인상을 받고 구상한 사업이다.

당시 서독은 이미 총연장 3천 킬로미터가 넘는 아우토반을 보유했다. 아우토반은 바이마르 공화국 시대였던 1920년대에 구상되었는데 정치, 경제 상황이 여의치 않던 당시 잘 진척되지 않았고 1933년 히틀러가 정권을 잡은 후에 본격적으로 건설이 진행되었다. 독일이 완전고용을 달성했던 1936년에는 13만 명이 동원되었다. 독일은 나치 시대에 3,736킬로미터의 아우토반을 보유했었다.

박 대통령으로부터 현대건설이 공사 방안을 강구해 보라는 요청을 받고 아산은 바로 계획안 작성에 들어갔다. 박 대통령은 현대건설이 1966~8년 태국에서 2차선 98킬로미터의 파타니나라티왓 고속도로 공사를 해 본 경험이 있는 것을 잘 알고 있었다.

이 사업에는 반대가 많았지만 1968년 2월 1일 첫 발파음과 함께 착공되었다. 아산은 "그 순간 벅차오르던 흥분과 감동을 나는 잊지 못한다. 대통령도 나와 같은 느낌인 것 같았다"고 회고한다(118).

서울-수원과 대구-부산 간 핵심 구간을 포함해서 40%를 현대건설이 시공했다. 그 외, 15개 업체와 육군 건설공병단 3개 대대가 참여했다. 2년 5개월간 연인원 890만 명이 일했다. 77명이 순직했다. 이 공사는 당시 단군 이래 최대의 토목공사로, 약 430억 원의 건설비는 1967년도 국가예산의 23.6%였다. 아산과 박정희 두 사람은 이 공사가 인생의 소명인 것처럼 몰입했다. 박 대통령은 고속도로에 관한 얘기를 하고자 시도 때도 없이 밤중이건 새벽이건 아산을 찾았다. 두 사람은 식사도 같이 많이 했고 막걸리도 함께 많이 마셨고 나라 경제 얘기도 많이 나누었다고 한다(121).

공사는 강행군의 연속이었고 어려움도 많이 겪었지만 1970년 6

월 27일 밤 11시에 최대 난공사였던 당재터널 공사가 끝나 7월 7일에 예정되어 있던 경부고속도로 준공식이 거행될 수 있었다. 토사퇴적층 구간이었던 당재터널 공사는 희대의 난공사였다. 3명의 인명손실도 치렀을 정도다. 단양시멘트 공장에서 20배 빨리 굳는 고가의 조강시멘트를 공급받아서 가까스로 마무리 지었다.

금강휴게소 남동쪽에 있는 이 터널은 지금은 이름이 옥천터널인데 2002년 선형 개량 구간이 개통하면서 고속도로에서 은퇴했다. 터널 상행선 구간은 김치제조업체가 옥천군으로부터 임대해서 김치 숙성 저장고로도 사용 중이고, 영화 〈터널〉(2016)이 촬영되기도 했다.

지금은 교통체증으로 상황이 달라졌지만 차가 별로 없던 경부고속도로 개통 당시 서울-부산은 4시간에 주파되는 거리였다. 경부고속도로 준공을 알리는 대한뉘우스 제784호는 걸어서 보름이 걸리는 거리가 4시간 거리로 단축되었다고 보도했다. 개통 10주년 맞이로 촬영된 뉴스영상에도 차량이 뜸하다. 첫 10년간 1억 9백만 대가 도로를 이용했는데 그중 53%가 화물차량이었다. 유지와 관리 비용은 높았겠지만 상당 기간 높은 산업 부가가치를 창출했다. 고속국도 노선 번호 1번인 416킬로미터의 경부고속도로 준공 이후 약 50년이 지난 지금 대한민국 고속도로의 총연장은 2018년 기준으로 4,766킬로미터다.

아산과 박정희

경부고속도로 건설사업은 아산과 박정희 대통령이 가장 긴밀히 협동했던 프로젝트였다. 아산은 박정희 대통령을 높이 평가했다. 아무리 국가관이 확실한 기업인이라도 국가 지도자를 그다지 좋게 생각하지 않았다면 파트너십이 견고할 수는 없었을 것이다. 아산은 박 대통령에 대해 다음과 같이 적고 있다.

"비록 군사 쿠데타로 정권을 잡았다는 지울 수 없는 약점을 가진 지도자이기는 했지만, 나는 박정희 대통령의 국가 발전에 대한 열정적인 집념과 소신, 그리고 그 총명함과 철저한 실행력을 존경하고 흠모했다. 사심 없이 나라만을 생각하던 대통령을 도와 한푼이라도 적은 예산으로 소기의 목적을 달성시키는 목표 외에 나에게 다른 생각은 아무것도 없었다."(122)

아산은 1972년 박 대통령이 유신체제를 도입한 후에는 다소 부정적으로 돌아섰던 듯하다. 정몽준 이사장의 책에는 그 당시 아산이 집에서 아침 면도를 하면서 "국민은 열심히 일하고 있는데 나는 독재의 도구 노릇이나 하는 거 아닌지 모르겠다. 나라 꼴이 이게 뭐냐?"고 불만스러운 심기를 내비친 적이 있다고 한다(113). 그렇긴 했어도 만년에는 긍정적인 역사적 평가를 내리고 있다.

"박 대통령도 나처럼 농사꾼의 아들이었다. 박정희 대통령과 나는 우리 후손들에게는 절대로 가난을 물려주지 말자는 염원이 서로 같았고, 무슨 일이든 신념을 갖고 '하면 된다'는 긍정적인 사고와 목적의식이 뚜렷했던 것이 서로 같았고, 그리고 소신을 갖고 결행하는 강력한 실천력이 또한 서로 같았다.

공통점이 많은 만큼 서로 인정하고 신뢰하면서 나라 발전에 대해서 같은 공감대로 함께 공유한 시간도 꽤 많았던, 사심이라고는 없었던 뛰어난 지도자였다. 개인적으로 특별한 혜택을 받은 것은 없었지만, '현대'의 성장 자체가 무엇보다 경제발전에 역점을 두고 경제 정책을 강력하게 추진했던 박 대통령의 덕이라고 나는 생각한다."(253).

박정희-정주영 같은 정부와 재계 파트너십은 지금은 가능하지 않다. 그러나 지금 시대에 맞는 상호 이해와 동행은 얼마든지 가능할 것이다. 실제로 정부는 그 입장을 견지하고 있다. 문재인 대통령은 2020년 새해에 친환경 전기차와 수소트럭을 수출하는 현대기아차를 첫 현장 방문하기도 했다. 그러나 전반적으로 정부가 기업과 기업활동을 촘촘한 규제대상, 잠재적 적폐로 여기는 분위기는 계속되고 있는 것 같다. 준법과 사회 기여의 중요성을 인식하는 기업과 기업인들에 대해 정부는 이제 적극 격려, 지원해 주어야 한다.

서울을 세계로, 88올림픽 유치

계륵 88올림픽

아산이 사업으로서가 아니라 온전히 나라를 위해서만 했던 일 중 하나가 88년 서울올림픽 유치 활동과 성공이다. 아마도 아산이 국가 경제와 위신 제고, 그리고 외교에 가장 크게 공헌했던 대역사였을 것이다. 스포츠 분야에의 공헌은 말할 것도 없다.

어느 날 당시 문교부 체육국장이 올림픽 유치 민간추진위원장 사령장을 들고 전경련 회장 아산을 불쑥 찾아왔는데 그 사령장에는 “무에서 유를 창조하고, 강인한 추진력과 번뜩이는 기지로 ‘현대’를 세계적인 기업으로 키운 저력과 갖가지 신화를 남기면서 해외에 한국 기업의 위상을 제고시킨 능력을 높이 평가해서” 위촉한다고 되어 있었다 한다(271).

제24회 올림픽 서울 유치 구상은 원래 박정희 대통령의 작품이다. 정부가 그런 방침을 정하고 1979년에 박 대통령이 직접 발표도 했다. 그런데 박 대통령의 갑작스러운 퇴장으로 정치적 상황이 급변했고 박 대통령을 이어받았던 최규하 대통령의 내각은 올림픽 유치 계획을 철회해 버렸다.

그런데 5공 정권이 들어서면서 다시 사정이 달라졌다. 일단 5공은 박 대통령이 구상한 일이 백지화된 데 대해 못마땅해 했다. 정권 출범을 앞두고 국민들이 정치에서 눈을 돌릴 관심사로 올림픽을 생각했다는 것이 정설이다. 그리고 정부는 1980년 11월 IOC에 공식적으로 우리 유치의사를 전했다. 신군부 정권은 스포츠를 크게 장려해서 국민들의 불만을 무마하고 싶어 했고 그 이유로 올림픽 유치가 서울시가 아닌 국가 차원의 사업이 되었다. 정권의 2인자였던 노태우 당시 정무장관이 전면에 나섰다.

그러나 회의론이 빗발쳤다. 남덕우 총리는 올림픽 망국론까지 내놓았다. 당시 약 2조 원 정도로 비용 견적이 나왔다. 1976년 몬트리올 올림픽이 10억 달러 적자였던 것도 마음에 걸렸다. 더구나 경쟁 상대는 1977년부터 일찌감치 준비해 온 일본의 나고야였다. 5공 정부가 민주 정부가 아니라는 점도 큰 핸디캡이었다. 이래저래 여의치 않은 상황이 계속되었다.

신청서를 냈기 때문에 철회를 할 수는 없고 부딪혀 봐야 가능성이 전혀 없다는 생각으로 결과에 대한 책임을 민간에 떠넘기려던 정부가 자신을 찾았다는 것이 아산의 생각이었다. 서울시장도 IOC 위원도 나서지 않는 판에 망신 대역으로 전경련 회장이 당첨되었다는 것이다.

이것이 아산이 올림픽 유치에 나섰던 당시 상황이다. 한국 대표단이 서울을 떠날 때 받은 훈령이 '창피만 당하지 마라'였다니 말 다한 것이다. 더해서, 북한에서도 '올림픽 유치 방해단'이 대거 파견되어 왔다. 북한으로서는 남한의 올림픽 유치가 체제경쟁에 치명타가 될 것이었으므로 당연한 일이었다.

아산은 영어뿐 아니라 독일어도 능통한 정몽준 후일 아산재단 이사장을 현대중공업에서 불러올려 같이 유럽으로 향했다. 정 이사장은 통역 겸 수행비서 자격으로 동행했는데 출정 때 결의의 악수를 하면서 철들고 처음 아버지 아산의 손을 잡아 보았다고 한다(정몽준a, 85).

유치작업과 성공

그 후 유럽 현지에서 아산과 한국 대표단이 기울인 노력에 대해서는 반복할 필요가 없을 것이다. 유럽 현지 현대 지사들과 임직원, 심지어 그 가족들까지 모두 같이 뛰었다. 아산의 회고록에도 상세히 기록되어 있다(정주영a, 273~83). 1981년 9월 30일 오후 3시 45분, 사마란치 IOC 위원장이 투표결과를 보고 발표한 "쎄울"은 대표단의 만세 장면과 함께 전국을 뒤흔들었다. 52:27의 압승이었다.

정몽준 이사장에 따르면(정몽준a, 86~8) 유치위원들이 서독의 바덴바덴에 도착한 와중에 런던으로 날아가 영국의 IOC 위원들과 식사를 했을 때 영국의 IOC 위원 한 명이 아산에게 '체육계에서 얼마나 일했는가'를 물었고, 이에 아산은 '올림픽 유치를 위해서 처음 일하는 것'

이라 대답했다고 한다. 그러자 그 위원은 '초보자를 내보냈다'고 하면서 아산에게 냉소적인 반응을 보였다고 한다.

그렇게 서먹한 분위기가 계속되던 와중에 아산이 대뜸 '일본은 이미 올림픽과 같은 세계적인 행사들을 개최한 이후 경제대국으로서 발돋움하고 또 영향력을 끼치고 있는데, 만약 이번에도 유치한다면 일본의 경제발전을 더 가속화하는 계기가 될 것이다'라고 직언했고, 그러자 영국 위원들은 돌연 관심을 갖고 아산의 말을 귀기울이면서 들어 주었다고 한다. 심지어 바덴바덴의 어느 호텔에 묵고 있는지까지 물으면서 서로 연락하자는 적극적인 관심을 보였다. 아산은 '아시아에 나라가 일본만 있는 것은 아니다'라고 강조도 했다. 일본의 부상에 신경이 쓰이던 영국의 위원들로 하여금 마음 돌리게 한 이 일화는 아산의 국제정치 감각을 보여 준다.

한편 비협조, 비판으로 일관했던 인사들이 좋은 결과가 나오자 갑자기 생색을 내기 시작하고 올림픽의 성공적인 종료 후에도 민간위원들이 아닌 정부관리들만 줄줄이 훈장을 받는 것을 보고 아산은 매우 실망했다. 그리고 아산은 "반드시 짚어둘 얘기가 있다"면서 지면에서조차 매우 분명하게 드러나는 단호한 어조로 이렇게 쓴다.

> "88올림픽 준비 과정에서 나는 단 1원의 올림픽 관련 수익 사업도 하지 않았고, 단 1원의 올림픽 시설 공사도 하지 않았다."(정주영a, 292)

서울올림픽이 결정된 후에도 일본의 공동개최 책동, 북한의 1983

년 아웅산 테러와 1987년 대한항공 858편 폭파 등 갖은 방해가 있었다. 그러나 서울올림픽은 1988년 9월 17일부터 10월 2일까지 성공적으로 개최되었다. 88올림픽은 구소련의 아프가니스탄 침공으로 보이콧을 당했던 1980년 모스크바 올림픽, 그리고 그 여파로 역시 반쪽 올림픽이었던 1984년 LA올림픽의 상처를 아물게 한 모처럼의 전지구촌 동서화합 행사였다. 북한이 방해하려고 애를 썼지만 167개 회원국 중 구소련과 중국을 포함 160개국이 참가했다. 대한민국팀은 금 12, 은 10, 동 11로 구소련, 동독, 미국에 이은 종합순위 4위를 기록했다.

88올림픽 후 한국 경제는 이른바 저물가, 저환율, 저금리의 '3저' 시대를 맞이해 크게 도약했고 남북관계에서는 물론 국제관계에서의 위상도 급속히 높아졌다. 국내 정치도 큰 진전을 맞게 된다. 1987년의 6월 항쟁도 88올림픽 덕분에 성공적이었다는 시각이 있다.

2002 FIFA 월드컵의 기억

월드컵 공동유치

아산은 씨름을 매우 좋아했다. 신입사원 연수 때마다 씨름을 빼지 않았고 본인이 샅바를 매고 직접 경기에 나설 정도였다. 아산은 이만기라는 스타가 탄생했던 1983년 제1회 천하장사 씨름대회를 VIP석에서 처음부터 끝까지 다 보기도 했다. 씨름의 인기가 없어진 후에도 현대중공업과 현대삼호중공업이 상당 기간 후원을 한 이유다.

그리고 현대는 축구와 특히 인연이 깊다. 한국 축구 최대의 후원자다. 현대오일뱅크가 오랫동안 한국프로축구연맹(K리그) 스폰서였다. 아산재단 정몽준 이사장은 1993~2009년 16년 동안 대한축구협회 (4선)회장, 1994~2011년 17년 동안 FIFA (4선)부회장으로 활동했고 결국 2002년 한일월드컵을 유치하는 쾌거를 이루었다.

현재도 2013년부터 HDC현대산업개발 정몽규 회장이 대한축구협회 회장을 맡고 있다. 정몽규 회장은 부산 아이파크 구단주이기도 하다. 정몽준 이사장은 울산 현대 구단주였고 정의선 현대자동차 회장은 전북 현대모터스 구단주다. K리그도 정몽준(초대~2대), 정몽규(9대), 권오갑 현대중공업그룹 회장(10대~현재)이 회장을 맡았다.

2002 FIFA 월드컵 유치전은 당시 FIFA 내의 정치적 상황 때문에 거의 세계대전을 방불케 했다. FIFA 내의 개혁파 요한슨 유럽축구연맹(UEFA) 회장이 일본 편이었던 FIFA 아벨란제 회장을 견제했다. 여기서 정몽준 부회장이 FIFA 내 남미세력을 유럽세력으로 견제하는 수완을 발휘한다. 우여곡절 끝에 일본을 일방적으로 지원했던 아벨란제 회장과 블래터 사무총장이 공동개최를 제안했고 정몽준 부회장이 그를 받아들이는 형식을 취해 사상 최초의 월드컵 공동개최가 결정되었다(2026년 월드컵은 캐나다, 멕시코, 미국 3국 공동개최다.).

그러나 정작 아산은 1996년 5월 31일 FIFA가 한국과 일본이 월드컵을 공동으로 개최하도록 했다는 얘기를 듣고는 시큰둥하게 "몽준이가 하는 일이 다 그렇지 뭐"라면서 정 이사장에게 핀잔을 주었다고 알려진다. 일본을 제치고 88서울올림픽을 유치했던 아산은 "하려면 단독개최를 해야지 [일본과] 무슨 공동개최냐"면서 아쉬워했다는 것이다.

2002 월드컵의 성공과 의미

정 이사장은 『나의 도전 나의 열정』에서 아산과 축구에 대해 '담담한 열정'을 되새기면서 다음과 같이 쓴다.

"내 인생에 큰 영향을 끼친 사람은 아버지였고, 이 세상을 가르쳐 준 것은 축구였다. 아버지는 커다란 열정을 가지신 분이었다. 그 열정은 타인을 휘두르는 것이 아니라, 안에서 타오르면서 자신을 밀고 가는 것이었다. 어떤 일이든 담담하게 보고, 자신을 돌아보게 하는 열정이었다. 축구는 내게 새로운 세상을 열어 주었다. 국제 외교의 치열한 각축장인 FIFA의 정치를 경험하면서, 그리고 세계 정상들을 만나면서 지구촌의 정치를 직접 체험했다. '2002 월드컵'을 유치하는 과정에서는 지구를 38바퀴 돌았는데, 국민들은 광화문 길거리를 가득 메운 거대한 붉은 물결로 답해 주었다."(정몽준a, 4~5)

우승컵은 독일을 2:0으로 꺾은 브라질이 가져갔다. 통산 5회째 우승이었다. 한국팀은 터키에 이어 4위에 올라 '4강 신화'를 썼다. 애초의 목표는 16강이었는데 그조차 달성이 힘든 목표였다. 스페인, 잉글랜드가 한국의 뒤를 따랐다. 프란츠 베켄바워 독일 축구협회 회장은 정몽준 회장을 만나 독일의 준우승은 한국이 스페인, 이탈리아 같은 강팀들을 꺾어 준 덕분이라고 말하기도 했다.

브라질의 호나우두는 8골로 그린슈를 차지했고 독일의 골키퍼 올리버 칸은 MVP 골든볼의 주인이 되었다. 네덜란드 출신 한국팀 감독 거스 히딩크는 국민 영웅이 되었고 박지성 선수가 스타로 탄생했다. 히딩크는 자꾸 상대팀에게 5:0으로 진다고 해서 경질 위기에 놓였던 적이 있는데 정몽준 회장의 신임으로 명장이 되고 역사를 쓸 수 있었다.

아산이 유치했던 88올림픽이 그 스케일과 정치경제적 파급효과는 더 컸지만 아들 정몽준 이사장이 유치했던 월드컵은 국민적인 열의와 감동 면에서 올림픽보다 더 큰 이벤트였다. 한국 축구가 세계적인 수준으로 도약하는 결정적인 계기도 되었다(2002 월드컵 유치 과정과 의미에 대해서는 그를 가장 잘 아는 정 이사장의 책에 잘 설명되어 있다. 정몽준a, 140~215).

아산의 유형적 유산은 우선 '현대'라는 이름이 붙은 기업들이다. 그러나 아산의 후손들과 아산이 양성한 기라성 같은 전문경영인들도 그에 못지않은 유산이다. 그렇게 본다면 기업인으로는 현대자동차의 정몽구 명예회장이 가장 큰 유산이고 정치(7선 의원)와 국제관계, 스포츠에서는 정몽준 이사장이 가장 큰 유산일 것이다. 그래서 2002 월드컵도 아산이 한국에 남긴 유산으로 볼 수 있다.

스포츠에는 현대 산업사회가 지향하는 규율, 경쟁력, 인내, 성취, 협동과 희생 같은 다양한 가치가 반영되고 추구된다. 이런 가치들은 경기장에서 선수들을 통해 관중과 시청자들에게 전달되고 미디어에 의해 정치의식에 편입되며 스포츠 우상들을 통해 인격화되고 대중화된다. 이로써 스포츠는 기존의 사회규범과 사회 구성원들의 일반적 가치관에 영향을 미친다.

역사는 스포츠가 사회통합에 기여함을 잘 보여 주는데 2002 월드컵은 그 대표적인 사례다. 항상 나뉘어 아웅다웅하는 우리 역사에서 국민 전체가 하나가 되었던 얼마 안 되는 귀중한 시간이었고 두고두고 새겨보는 국가적 추억이다. 2002 FIFA 월드컵의 감동이 언젠가 다시

2011년 함께한 정몽준, 박지성, 히딩크

한번 한국 땅에서 일어났으면 좋겠다. 이번에는 아산의 핀잔을 받지 않게 단독개최로.

2015년 FIFA에서 생긴 일

2015년은 국제스포츠의 역사에 길이 남을 충격적인 일이 일어난 해다. FIFA가 사상 최대의 부패 사건으로 얼룩지고 다수의 FIFA 임원이 사법처리되었다. 2018, 2022 월드컵 개최지가 재검토될 수 있다고 해서 전 세계가 떠들썩했다. 그 여파로 FIFA의 지배구조도 요동쳤다. 제프 블래터 회장이 선출된 지 며칠 만에 사퇴했다. 한국의 정몽준 FIFA 전 부회장이 회장에 출마했지만 기득권 세력의 견제로 부당하게 자격정지를 당해 중도 하차했다.

2015년 FIFA에서 일어났던 일은 국제스포츠계뿐 아니라 사회적 파장도 작지 않아서 워너브라더스와 벤 애플렉이 그 해 일어난 사건을 소재로 한 영화제작까지 발표했을 정도다.

FIFA의 위상

FIFA가 4년마다 개최하는 월드컵은 올림픽만큼 큰 세계의 축제다.

정치적·경제적 파급효과가 그 어떤 행사보다 크다. 따라서 각국이 앞다투어 대회를 유치하려고 애쓴다. 개최지 선정에 치열한 경쟁이 벌어진다. FIFA가 일정한 규칙에 따라 개최지를 선정하고 그 결정에 누구도 이의를 제기할 수 없다. 그 과정에서 여러 가지 비리가 발생할 위험이 있고 실제로 발생한다.

또, 월드컵 경기와 그밖에 FIFA가 개최하는 대회는 스폰서, TV 중계 등을 둘러싸고 큰 돈, 즉 이권이 움직인다. 월드컵이 있는 해에는 FIFA에 약 5조 원의 수입이 발생하고 그중 절반이 수익이다. FIFA는 이렇게 엄청난 돈을 벌어들이면서도 비영리 단체여서 일체의 세금을 내지 않는다. 막대한 재산을 보유하지만 외부의 누구도 감시감독하지 않기 때문에 구조적으로 부정부패에 취약하다.

막강한 재력에 더해 FIFA 회장은 211개 회원국에서 국가원수급 대우를 받는다. 자연스럽게 국제정치와 외교에서 스포트라이트를 받고 발언권도 작지 않다. 따라서 FIFA 회장 자리에는 후보자들이 많고 경쟁이 치열하다. 누구나 연임하고 싶어 하기 때문에 현직도 당연히 경쟁에 뛰어드는데 그 때문에 기득권 지키기 정치가 생긴다. 여기에는 기득권을 활용한 경쟁자 죽이기가 포함된다. 이 모든 문제들이 2015년에 한꺼번에 노출되어 버렸다.

가르시아보고서

우리나라는 2022 월드컵 유치 활동의 일환으로 2010년 10월 런던에서 열린 심포지엄에서 대한축구협회를 통해 이른바 GFF(Global Football Fund) 구상을 공개한 적이 있다. GFF는 2022년 월드컵을 염두에 두고 한국이 2011년에서 2022년에 걸쳐 약 7억 7700만 달러의 축구발전기금을 조성해 각 대륙의 축구연맹에 배분하겠다는 구상이었다. 물론, 기금의 운용은 각 대륙의 연맹이 관장하도록 한다.

정몽준 당시 국회의원은 FIFA의 부회장이었고 그 위치에서 일부 동료들에게 GFF 구상을 설명하는 서신을 보냈다. 그러자 제롬 발케 FIFA 사무총장이 해당 서신이 공정 경쟁을 해친다는 우려를 발생시킬 수 있다고 문제를 제기했는데 정 부회장은 그에 대해 설명하는 답을 보냈고 발케는 사안을 종결했다. 2010년 12월 2일에 FIFA는 2018, 2022 월드컵 개최지를 각각 러시아와 카타르로 선정했다.

이듬해 2011년 블래터 회장이 4선에 성공했다. 블래터는 선거 때 5선에는 도전하지 않겠다고 공약했다. 그런데 차기 회장 선거를 1년 반 정도 남기고, 2018, 2022 개최지 선정이 있은 지 3년이 경과한 2013년 말이 되자 FIFA 윤리위원회가 2018, 2022 개최지 선정 과정을 조사하기 시작한다. 가르시아라는 조사관이 담당했다. 2014년 4월 조사위는 정 부회장에게도(정 부회장은 2011년에 명예부회장으로 물러났다.) 서면질의서를 발송했다. 세월호 침몰 사건으로 당시 국내 상황은 참담하고 어수선했다. 정 부회장은 같은 해 5월 19대 국회의원 임기가 종료된 후에야 회신을 보낼 수 있었다. 정 부회장은 서울시장 선거전도 치르고 있는 와중이었다. 가르시아와의 연락이 원활할 수 없었다.

2014년 9월에 조사작업이 완료되고 이른바 '가르시아보고서'가 작성되었다. 이 보고서는 FIFA가 그 내용을 극히 일부만 공개했기 때문에 아직도 베일에 싸여 있다. 2015년 1월 FIFA는 가르시아보고서에 기초해 정 부회장에 대한 조사를 개시한다고 발표했다.

FBI의 FIFA 정화

그런데 2015년 5월 예기치 않은 일이 일어났다. 미국의 FBI가 블래터의 측근 FIFA 임원 7인을 스위스에서 전격 체포해 미국으로 송환했다. 스포츠마케팅에 관련된 뇌물수수, 사기, 자금세탁, 탈세 등 혐의다. 스위스는 미국과 사법공조, 범죄인인도가 잘 되기로 유명한 나라다. 미국인들이 스위스 은행계좌를 통해 범죄를 많이 저지르기 때문이다. 또, 스위스인이 범죄에 미국의 금융기관을 경유하면 미국이 관할권을 가진다. 스위스 수사당국도 FBI와는 별도로 수사를 개시했다. 관련하여 푸틴 대통령은 러시아는 2018 월드컵을 정당하게 유치했다고 강조했다.

피의자들은 FIFA 회장 선거가 치러질 총회에 참석했다가 체포되었다. 5선에 나서지 않겠다고 공약했던 블래터는 5월 29일 5선에 성공했다. 그러나 며칠 후인 6월 3일에 갑자기 사임해 버린다. 블래터도 수사선상에 올라 있었고 FIFA를 떠나 행동이 자유로우면 FBI 수사망을 피하기 쉬울 것으로 생각했던 것 같다. 회장 자리에 있으면 미국 여행을 피할 수 없는 문제가 있었다. 결국 세계에서 축구에 가장 관심 없는 나라 미국이 FIFA를 정화하는 결과가 되었다.

FIFA의 정몽준 제재

갑자기 회장이 공석이 되었기 때문에 회장 출마 선언이 잇달았고 정 부회장도 7월에 회장 출마를 선언하고 선거전에 뛰어들었다. 그러나 회장에서 사임한 블래터와 FIFA 내 그 세력들의 방해 공작이 개시되었다. 10월에 윤리위가 정 부회장에게 자격정지 제재를 내린 것이다. 확정되면 회장 선거에 나갈 수 없다.

제재 이유는 윤리규정 위반이다. 애초에 윤리위는 정 부회장이 FIFA 동료들에게 GFF 구상을 알리는 과정에서 이익제공에 준하는 행동이 있었다는 것과 투표담합을 그 이유로 들었다. 그러나 그런 이유들은 근거가 박약해 스스로 중도에 철회하고 정 부회장이 FIFA의 로고가 찍힌 편지지를 개인적인 일에 사용했다는 이상한 이유를 새로 내세웠다. FIFA 부회장이 FIFA 동료들에게 FIFA 편지지를 사용해서 연락한 것을 문제 삼은 것이다. 그러다가 다시 윤리위의 조사에 비협조적이었다는 이유를 드는 등 오락가락했다. "거짓말은 그때그때 다르다"는 말을 생각나게 한다.

한편, FBI가 FIFA 비리 수사를 개시한 덕분에 FIFA 내의 분위기가 좀 달라져서 12월에는 블래터와 블래터가 일찌감치 후계자로 점찍어 두었던 미셸 플라티니가 함께 제재를 받는 일이 벌어졌다. 플라티니는 2011년의 회장 선거 때 블래터로부터 거액의 돈을 받은 것이 문제되었다(2019년 플라티니는 카타르 월드컵 관련 뇌물죄로 체포까지 된다.). 블래터와 플라티니는 재빨리 항소했는데 2016년 2월 항소위는 두 인물에 대한 제재를 확정했다. 블래터는 85세가 되는 해까지 자격정지다. 불명예로 축구계를 떠났다.

반면 정 부회장은 항소 자체를 할 수가 없었다. 윤리위가 차일피일하다가 제재 이유를 6개월이나 지난 2016년 4월에야 통보해 주었기 때문이다. 이유를 모르는 상태에서는 아무것도 할 수 없다. 결국 자격정지가 유지된 셈이어서 2월에 있었던 선거에 나갈 수 없었고 UEFA 사무총장 출신 잔니 인판티노가 9대 회장에 당선되었다.

CAS 중재판정

그렇지만 정 부회장은 FIFA 회장 선거와는 별도로 명예회복 차원에서 항소했다. 항소위는 제재를 다소 감경하는 데 그쳤다. 정 부회장은 사법 절차를 밟고자 했지만 다시 9개월이 지난 2017년 3월에야 항소위로부터 결정 이유를 통보받을 수 있었다. 정 부회장은 바로 4월에 스위스 로잔에 있는 국제스포츠중재재판소(CAS)에 FIFA를 제소했고 CAS는 2018년 2월 FIFA의 제재를 대부분 무효로 하는 판정을 내렸다.

CAS는 1984년에 IOC가 설립했는데 이후 IOC에서 독립되었고 스위스연방대법원도 그 독립성을 인정한 권위 있는 기구다. 저자의 박사과정 지도교수 브루노 짐마 전 국제사법재판소(ICJ) 판사가 CAS 설립부터 계속 중재재판관 명부에 올라 있다.

CAS는 2018년 2월 9일 자 50페이지짜리 장문의 판결문을 통해 FIFA의 정 부회장에 대한 제재가 '중대하고 명백하게' 부당하다고 결론 내렸다. 네 가지 이유다. 첫째, FIFA의 임원들은 본국이 개최지 유치에 나설 때는 본국이 선정되는 데 필요한 노력을 기울이는 것이 통상적이다. 둘째, 정 부회장은 한 번도 윤리 규정을 위반한 사실이 없다. 셋째, 정 부회장은 항상 FIFA 내의 부패 문제를 제기하고 개혁을 역설해 왔다. 넷째, 정 부회장은 오랫동안 FIFA와 축구의 발전에 공헌해 왔다.

흥미롭게도 CAS는 정 부회장에게 씌워진 혐의는 블래터와 플라티니의 혐의에 비하면 그 정도가 미미하다고 덧붙이고 있다. CAS는 판결문에서 FIFA가 시간끌기로 일관한 점을 특별히 비난하기까지 했다. 정 부회장이 조사에 비협조적이었다는 대목에서는 FIFA를 매우 훈계하면서 블래터는 8일만에 항소 결과를 받았고 플라티니는 9일만에 항소결과를 받았음을 지적했다. 그리고 "○ 묻은 개가 겨 묻은 개 나무라는 격"(The pot cannot fairly call the kettle black, especially when it itself is blacker.)이라고 덧붙였는데 이는 통상 판결문에서 잘 볼 수 없는 강력한 어법이다.

사실 이 사건은 정 부회장이 2002 한일월드컵의 주역이었을 뿐 아니라 오랫동안 대한축구협회 회장을 지냈고 한국의 2022 월드컵 유치 노력 과정에서 발생한 일이어서 정 부회장 개인뿐 아니라 한국 축구와 국가적인 명예가 걸린 일이기도 했다. 지리하고 답답한 장기간의 구제 과정을 정 부회장이 견뎌 낸 이유도 거기에 있었을 것이다. 정 부회장은 정치인으로서 국내에서는 호불호가 있을 수 있으나 국제 스포츠 무대에서는 일치된 지지를 받아야 마땅하다.

의 미

이 모든 과정을 복기해 보면 대략 그림이 나온다. 블래터는 전임자 주앙 아벨란제 회장처럼 장기집권을 꿈꾸었다. 아벨란제는 24년 장기 재임했었다. 2002 월드컵 때 노골적으로 일본을 지지했던 사람이다. 블래터는 아벨란제의 지원으로 회장이 되었는데 후일 아벨란제가 비리 혐의를 받을 때 불리한 사실을 폭로해 인간성을 의심받기도 했다. 또한 여자월드컵의 인기를 올리기 위해서는 선수들의 옷을 더 짧게 해야 한다는 등의 망언으로 비난을 받기도 한 문제적 인사다.

블래터는 회장 5선을 염두에 두고 잠재적인 경쟁자들을 견제할 자료를 준비하기 위해 지난 일에 대한 조사를 개시했던 것으로 보인다. 프란츠 베켄바워도 표적이 되었다. 그러나 갑작스러운 상황의 변화로 FBI의 수사를 피해 당선된 회장직을 내려놓고 도주하면서도 자기 세력의 건재를 통해 이후의 안전을 보장받으려 했던 것 같다. 그러자면 반부패를 내세우는 정 부회장 같은 개혁적 인물이 뒤를 이어받는 것은 곤란하다.

축구는 지구상의 많은 사람들에게 거의 종교다. 축구를 빼고는 인생의 의미를 찾지 못한다는 사람들도 많다. 축구는 청소년 범죄율을 낮추는 사회적 기능을 발휘하기까지 한다. 그러나 정작 FIFA는 가장 문제가 많은 단체라는 오명을 쓰고 있다. 미국의 시사토크쇼 진행자

존 올리버는 “자기가 사랑하는 것이 어떻게 만들어지는지 알려고 하지 마라. 이를 소시지 원칙이라고 부른다”고 하면서 “축구를 사랑하려면 FIFA에 대해 알려고 하지 말라”고 뼈 있는 농담을 남겼다.

2019년 6월 재선에 성공한 현 인판티노 회장은 비교적 젊다. 50세다. 2020년 1월 IOC 위원으로도 선출되었다. 인판티노는 2015년 FIFA에서 일어난 일 때문에라도 지속적으로 개혁을 추진해야 할 것이다. FC 바이에른 뮌헨의 칼 하인츠 루메니게는 인판티노가 투명성과 개혁성이 떨어진다는 비판을 하고 있다. FIFA가 과거의 경험에서 배운 것이 있는지는 더 두고 볼 일이다.

소떼 방북과 현대아산

아산은 1989년 1월에 북한 조국평화통일위원회의 허담 위원장 초청으로 북한을 방문했다. 금강산 개발 협의를 위해서였다. 첫 방북이라 긴장되고 걱정도 많았는데 도쿄를 거쳐 평양에 도착하니 공항에 40명이나 되는 친척들이 와 있어서 놀랐다고 한다. 아산은 북에 열흘 정도 머물면서 금강산 공동개발 의정서를 만들고 왔다.

소떼 방북

1998년에 아산은 통일소라고 불리는 소떼와 함께 방북했다. 해상이나 공중이 아닌 판문점의 육상 군사분계선을 바로 넘어서 갔다. 아산은 금강산 관광을 북측과 협의할 때부터 "군사분계선의 통과를 우리 민족이 합일로 나아가는 출발의 상징으로 생각했다"(정주영a, 343). 실향민 아산이 남북문제에 큰 관심을 갖고 민간 차원에서 남북관계 개선에 천착했던 것은 당연한 일로 보이지만 그러나 이는 단순히 아산이 고향을 그리워해서만은 아니었던 것이다.

1998년 6월 83세의 아산은 서산의 농장에서 잘 키운 한우 3천 마리 중 500마리를 트럭에 싣고 방북했다. 농장에서는 큰 환송 행사가 열렸다. 아산은 판문점에서 도보로 군사분계선을 넘었다. 군사분계선을 넘은 첫 민간인이 되었다. CNN은 전 세계에 그 장면을 송출했고 문명비평가 기 소르망은 아산의 소떼 방북을 '20세기 최후의 전위예술'이라고 불렀다. 아산은 기자회견에서 "이번 방북이 개인의 고향 방문이 아니라 남북한 사이에 화해와 평화를 이루는 초석이 되기를 바란다"고 말했다.

그런데 이 소들이 병이 나서 폐사하기 시작했다. 북한 당국은 이를 언짢아했다. 북한은 조사 결과 소들에게 작은 비닐 같은 이물질들을 먹여 보냈다고 우리 정부를 비방하기도 했다. 소들에게서 이물질이 검출된 것은 사실이었지만 먹이를 잘 먹고 건강상태가 좋았을 때는 전혀 문제되지 않을 정도의 소량이었다. 소는 축사 밖에 나가면 풀과 이물질을 같이 먹기도 한다. 요는 북한에 가서 먹이를 잘 먹지 못한 소들이 허약해졌던 것이 원인이었다.

아산은 1998년 10월에 다시 소 501마리를 북으로 보냈다. 그래서 총 1,001마리가 북으로 갔다. 이 소들은 아산이 어린 시절 고향에서 가출할 때 집에서 소를 판 돈 70원을 가지고 나왔던 데 대한 갚음이었다. 원금이 1천 마리, 이자가 한 마리다. 물론 상징적이다. 네 번째 가출 후 결국 서울에서 자리 잡은 아산은 이미 1940년에 큰돈을 가지고 고향에 돌아갔었다. 아버지에게 논 2천 평을 사 드렸다. 소떼는 트럭과 사료도 같이 가지고 갔다. 총비용이 41억 7700만 원이었다.

아산은 2차 소떼 방북 때 김정일 위원장을 만났다. 김정일 위원장은 평양의 백화원초대소를 깜짝 방문하기도 했다. 2차 방북 직후 첫 금강산 관광 크루즈선 '금강호'가 출항했다.

1999년 2월 현대그룹은 금강산 관광 등 대북 사업을 전담할 회사를 (주)아산이라는 이름으로 설립했다. 나중에 현대아산으로 개명했고 현대엘리베이터의 자회사다. 금강산 관광은 2003년 개성공단 건설로 이어졌다. 그러나 어렵게 시작되었던 금강산 관광은 2008년 금강산 관광객 피격 사건 후 중단되었다. 개성공단도 2013년 폐쇄 후 재가동했다가 2016년 2월에 북한의 핵 개발을 이유로 종국적으로 가동 중단되었다.

2001년 3월 아산이 타계했을 때 김정일 위원장은 '정주영 선생의 유가족들에게'라고 시작하는 조의문을 내고 "나는 북남 사이의 화해와 협력, 민족대단결과 통일애국 사업에 기여한 정주영 선생의 사망에 즈음하여 현대그룹과 고인의 유가족들에게 심심한 애도의 뜻을 표합니다"라고 밝혔다. 북한은 송호경 아태평화위 부위원장을 포함한 조문단도 파견했다.

평양에는 시내 류경호텔 옆 보통강변에 류경정주영체육관이 있다. 1만 2,309석 규모의 현대식 체육관이다. 2000년 7월 착공돼 2003년 10월 6일 개관했다. 북한이 이례적으로 남측 인사의 이름을 체육관에 붙인 것은 아산의 북한에 대한 애국사업의 공로를 인정했기 때문이다. 현대는 설계·기술·자재, 북측은 노동력과 시공·골재 등을 각

1940년대 금강산 구룡연에 오른 청년 사업가 아산 정주영
(사진 가운데, 아산사회복지재단 제공)

각 제공해서 건립되었다.

고향집의 감나무

강릉 씨마크호텔 로비 한쪽에는 청년 아산이 1940년대 금강산 구룡연에서 찍은 사진이 크게 걸려 있다. 이 사진은 아산정책연구원을 포함해서 범현대와 관련 기관의 곳곳에서 볼 수 있는 유명한 사진이다. 금강산은 아산이 어렸을 때 "일하기 싫을 때 툭하면 가곤 했기 때문에 오솔길까지 대충은 다 알고 있는 곳"이다(337).

한 TV 프로그램에서 아산 탄생 100주년을 맞이해 '정주영이 없었다면 없었을 것'을 꼽아 본 적이 있다. 5위 경부고속도로, 4위 조선 세계 1위, 3위 88올림픽, 2위 자동차 강국, 그리고 1위가 남북 민간 교류의 순으로 나타났다.

아산은 1989년 첫 방북 때 약 40년 만에 고향을 방문했다. 고향집은 알아볼 수 없었지만 감나무 다섯 그루는 기억했다고 한다. 남쪽으로 떠나는 날 작은 어머니에게 와이셔츠 한 벌을 내주면서 다음에 와서 입도록 깨끗하게 빨아 놓으라 당부하고 왔다. 그래서 아산의 소떼 방북 이전에 출간되었던 아산의 회고록에는 "고향의 작은 어머니 방에는 내가 벗어 놓고 온 와이셔츠가 나를 기다리고 있을 것이다"(343)라고 적혀 있다. 아산은 9년 후 소떼 방북 때 마지막으로 고향을 찾았다.

소년 정주영과 함께 걷기

요즘 많이들 걷는다. 제주 올레길, 서울 양재천길부터 시작해서 전국에 이런저런 길들이 있다. 해외에는 각종 트래킹과 트레일이 있다. 멀리 스페인 산티아고 순례길, 남미 파타고니아까지도 걷기 위해 간다. 걷는 행동에는 마음의 진정과 정서적 선순환이 따른다고 하는데 '하염없이 걷는다'라든지 '빗속을 걸었다' 같은 말들이 상징한다. 걷기를 마음을 다스리고 심기일전하는 기회로 활용할 수 있을 것이다.

아산 정주영은 일제강점기, 열일곱 살이던 1931년부터 모두 네 차례 가출했다. 강원도 통천군 송전면 아산리의 가난한 농가에서 태어나 자란 총명하고 꿈 많은 소년 정주영은 어떻게든 바깥세상에 나가 인생을 개척해 보고 싶었다. 그래서 결국 집을 나왔다. 가출하는 소년이 돈이 있었을 리 없다. 걸었다.

첫 번째 가출 때는 청진까지 걸어 올라갔다. 보름이 걸렸다. 두 번째 가출 때는 서울을 향했다. 금강산을 가로질렀다. 고무신을 신었을 것이고 가난한 소년이 옷이라고 변변했을 리 없다. 회고록에 눈 덮힌 산 이야기가 나오는 것을 보면 추위가 가시지 않은 이른 봄이었을 것이다. 밤을 새워 걷기도 하고 산사에서 신세도 졌다. 그렇게 사흘을 걸어 김화군 두목리라는 지명의 아마도 오늘날의 철원 지역에 닿았던 듯하다. 친척 집에서 하룻밤 신세지려고 했는데 미리 아버지의 전갈을 받았던 당숙께 막혀서 집으로 돌아가야 했다. 세 번째 가출 때는 그 유명한 소 판 돈 70원을 몰래 갖고 나왔고, 네 번째 가출 때는 친구한테 돈을 빌려 밤차로 청량리에 갔다.

큰 꿈을 품고 집을 뛰쳐나온 십대 소년 정주영은 고생스럽게 서울을 향해 걸으면서 무슨 생각을 했을까. 나라가 일제강점에서 벗어나 경제 대국이 되고 자신은 훗날 세계사에 남을 큰 기업들을 창업해 성공적으로 키우고 이 땅에서 가장 큰 병원을 세울 것을 예상하지는 못했을 것이다. 세계 1위가 될 조선소를 짓고 내로라하는 일본 회사들을 따돌릴 글로벌 5위권 자동차 회사를 만들 것도 상상하지 못했을 것이다. 66년 세월이 흐른 후 소 판 돈 70원을 갚기 위해 1,001마리의 소를 몰고 고향을 찾을 것도 생각하지 못했을 것이다. 소년은 그냥 좀 더 나은 미래를 갈구했을 것이다. 그러나 위대한 역사는 바로 그 길에서 시작되었다.

'옛날에 누가 이 길을 갔었다'는 역사적 사실은 우리에게 영감을 준다. 로마 근교 압피아 가도를 잠시라도 따라 걸어 보면 로마 역사 전체가 바로 마음에 와닿는 것 같다. 철학이 독일 모든 대학에서 필수과목이던 시절 학생들이 개척했다는 하이델베르크의 '철학자의 길'에서는 2킬로미터밖에 안 되지만 저명한 철학자들이 그랬을 것으로 상상하면서 뭔가 깊이 생각하면서 걸어야 할 것 같다.

소년 정주영이 고향에서 서울로 걸어 내려오던 '정주영 트레일'은 대부분 북한 지역이라 통일 후에야 따라가 볼 수 있을 것이다. 대신 아산이 생전에 자주 왕래했던 제2의 고향 강릉과 서울을 잇는 길을 한번 걸어보아도 좋겠다. 소년 정주영과 마음속으로 함께 걷는 상징적인 행동을 통해 뭐든 내면의 정리를 해 볼 수 있을 것이다. 도전과 창업정신이 예전 같지 않은 지금, 청년들이 정주영이라는 입지전적 거인의 인생을 생각하면서 혼자 또는 삼삼오오 길을 따라 걷고 인생을 설계하는 데 도움이 되는 새로운 에너지를 얻을 수도 있지 않을까 한다.

가까이 다가온 시베리아

아산과 한소수교

국제정치와 외교 무대에서 세운 아산의 국가적 공헌으로 88올림픽 유치 외에도 한소관계 개선을 들 수 있다. 아산은 1988년 2월에 노태우 대통령이 취임하면서 본격적으로 전개되었던 이른바 북방외교(45개국과 신규 수교)의 핵심 부분을 전심전력 지원했다.

원래 정부가 해외의 험한 길을 개척해 주고 기업들이 그 기반에서 경제활동을 하는 것이 바람직한데, 당시 기록을 보면 아산을 필두로 한 기업인들이 오히려 앞장을 섰다. 북방외교에서 아산이 수행한 역할은 당시 주역의 회고록에도 상세히 소개되어 있다(박철언, 32, 153~4).

한국과 구소련이 수교한 것은 노태우 대통령 때인 1990년 9월의 일이다. 그전 1990년 6월에 노태우 대통령과 소련의 미하일 고르바초프 서기장이 샌프란시스코 정상회담을 통해 수교의 원칙에 합의했다.

아산은 그 전 해인 1989년 1월에 소련상공회의소 회장 초청으로 소련에 가서 한소 경제교류와 시베리아 개발을 논의했다. 그때 한소 경제협력위원회가 만들어졌고 아산이 물론 한국 측 위원장이 되었다. 연합뉴스는 "주소련 현대대표부 업무개시"라는 제목으로 다음과 같이 보도하고 있다.

> "소련원동 나홋카시에서 한국의 현대회사 대표부가 업무를 시작했다고 모스크바방송이 3일 보도했다. 내외통신에 따르면 이 방송은 지금까지 프리모리에 사람들이 자신들의 풍부한 자원을 이용하는 데 경험이 없어서 주로 일본과 수십 년 동안 수출을 위해 벌목을 하고 거기서 번 외화로 소비품을 수입하는 '낭비적 무역'을 해 옴으로써 부유한 생활을 하지 못했으나 최근 현대가 합영기업소 설치라는 다른 방도를 제의해 왔다고 전했다. 프리모리에와 현대대표부가 운영하는 이 합영기업소는 목재를 가공, 가구를 생산하는 회사로 연간 1백만m^3의 목재를 가공하게 되며 계약기간은 30년인데 올해 중으로 본격적인 생산을 시작할 것이라고 이 방송은 소개했다."(연합뉴스, 1990.05.04.)

아산은 한소수교 직후인 1990년 10월에도 소련을 방문해서 고르바초프 대통령과 만났다. 여기서 아산은 고르바초프에게 시베리아 개발에 한국 기업이 주축이 되어야 한다고 역설했다. 이 만남에서 고르바초프는 소련과 남한이 함께 밥을 지어서 북한과 나누어 먹는 날이 올 것이라고 했다 한다(정주영a, 345). 그 한 달쯤 후에 노태우 대통령이 모스크바를 방문해서 한소관계는 명실공히 정상화되었다. 2020년 9월 30일은 한러수교 30주년이다. 아산의 개척에 힘입어 이제 한국과 러시아는 2014년부터는 비자 없이 왕래하는 우호관계다.

아산은 자신이 한소 국교정상화를 앞당기는 데 힘을 보탰다고 생각했고 소련의 영향력과 도움으로 남북관계를 진전시켜야 한다고 보았다(349). 실제로 아산의 한소관계 활동과 남북교류 활동은 시기적으로 병행해서 이루어진 것이다. 아산은 1989년 1월 첫 모스크바 방문과 연계해서 첫 번째로 북한을 방문했다.

시베리아 개발

아산은 첫 번째 회고록 『시련은 있어도 실패는 없다』에서 소련 첫 방문, 고르바초프와의 만남, 1991년 블라디보스토크와 모스크바 방문 때의 이야기를 학생이 일기를 쓰듯이 각각 상세히 기록해 놓고 있다. 그중 한 구절이다.

> "3월 12일(화요일) 흐림. 새벽 4시 기상... 6시에서 7시까지 호텔 주변을 속보로 산책하고 오전 11시엔 벨리치코 연방정부 제1부수상을 예방, 연해주의 수력발전소 건설과 알루미늄 제철소 문제를 협의해서 좋은 반응을 얻었다. 제1부수상은 소련의 석유생산을 부활시키기 위한 5억 달러의 원유생산 기자재 차관 문제를 간곡히 부탁했다. 사할린 지방의 원유 가스 생산문제의 상호협력을 진지하게 검토했다... 오후 3시,

메드베데프 대통령위원회 위원을 예방, 소련 연방의 정치, 경제, 사회 등에 걸친 문제에 대한 설명을 들었다…"(정주영b, 243)

같은 해 현대는 현대종합목재를 통해 연해주 스베틀라야 삼림개발 사업을 시작했다. 현대자원개발이 벌목을 담당하고 현대종합상사가 운반과 수출을 맡았다. 현대와 연해주산림연합이 50:50으로 5370만 달러를 투자해 20년 동안 52만 헥타르 면적의 지역에서 100만 세제곱미터의 원목을 벌채하는 사업이다. 이 사업이 언제까지 계속되었는지는 기록상 분명하지 않으나 사업 철수 후 일부 인원은 현지에 잔류해서 레스토랑이나 다른 사업을 계속했다고 알려진다.

아산은 자원의 보고인 시베리아 개발이 매우 중요하다고 여겼다. 그 교두보 역할을 해 줄 블라디보스토크에 5성급 호텔인 현대호텔(현 롯데호텔)도 지었다. 여기서 매년 동방경제포럼이 열린다.

현대중공업은 2009년부터 아산의 서산농장을 모델로 연해주에 대규모 영농기업도 운영했다. 농업에 대한 애정과 그린비지니스 확대, 식량안보 기여 등 차원에서 서산농장과 비슷한 크기의 땅을 3개 법인을 통해(Hyundai Khorol Agro, Hyundai Mikhailovka Agro, Hyundai Primorye) 확보했고 2017년 롯데상사에 매각하기까지 약 9년간 운영했다.

아산은 처음 시베리아 개발을 구상하던 당시에 이미 야쿠츠크에 매장되어 있는 천연가스를 북한을 통과하는 파이프라인을 통해 들여오는 안을 생각했다. 이 구상은 먼 훗날까지 살아남아 아산사회복지재단 정몽준 이사장이 2010년 10월 모스크바에서 블라디미르 푸틴 당시 러시아 총리와 만났을 때 시베리아 가스를 한국에 판매하는 안에 대한 진지한 상의로 이어졌다. 정 이사장과 푸틴 총리는 블라디보스토크에서 액화천연가스를 LNG선으로 운송하는 방안과 북한을 경유하는 가스관을 통해 운송하는 방안 두 가지에 대해 서로 의견을 교환했다고 전해진다.

현대와 러시아의 동반성장

현대중공업과 러시아 국영해운사 소브콤플로트(Sovcomflot)는 1989년에 첫 선박건조계약을 체결했는데 2019년 9월 현재 총 100여 척의 선박이 성공적으로 인도되었다. 1995년에 설립된 소브콤플로트는 석유와 천연가스 운송 특화회사로 러시아 최대 해운사다. 또 현대중공업은 세계 최초의 LNG추진 LLVC인 '가가린 프로스펙트'호를 비롯해 모두 6척을 건조해 인도 완료했다.

러시아 정부가 대형 국책사업으로 추진하고 있는 극동 조선소 현대화 사업에는 현대삼호중공업이 협력한다. 로즈네프트와 가스프롬에 선박을 공급하는 유서 깊은 즈베즈다(Zvezda) 조선소(1945년 설립)와 2015년부터 기술협력 관계다. 2018년 2월에 LNG추진 11만 4천톤급 원유운반선 3척의 분할 건조와 기술협력계약이 체결되었다. 저자는 현대삼호중공업에서 이 배들을 직접 보았는데 대형 유조선들이 블록으로 나뉘어 블라디보스토크까지 예인된다는 것이 신기했다.

2019년 7월에는 LNG추진 원유운반선 4척에 대한 건조협력계약이 추가로 체결되었다.

2010년 9월에는 현대자동차 러시아공장이 상트페테르부르크 인근에 준공되었다. 푸틴이 쏠라리스를 직접 시운전했고 정몽구 회장이 옆자리에 동승했다. 쏠라리스는 이른바 극지 맞춤형 전략 모델이다. 긴 겨울, 눈이 많이 오는 환경과 러시아인의 운전습관까지 연구했다. 현재 현대차 러시아공장에서는 약 2,300명이 현대자동차 해외 생산량의 4%인 연 20만 대를 생산한다. 현지 협력업체를 포함한 총고용창출은 거의 7천 명이다.

러시아 다시 보기

100년 전 러시아는 동아시아에 적극 진출하다가 일본 때문에 좌절되기까지 상당한 군사력을 보유했다. 한반도에도 진출해서 중국과 일본 사이 완충세력 역할을 해 주기도 했다. 고종이 피신해 갔던 곳이 러시아 대사관이다. 러시아 외교관들이 한국에 대해 매우 호의적인 평가를 했었다는 당시의 기록도 많이 남아 있다. 1884년 조러수호통상조약이 체결되었는데 러시아가 러일전쟁에서 패하면서 1904년에 파기되었다.

볼셰비키혁명을 거쳐 한국전쟁 때 소련이 북한을 지원하고 북한이 공산화되면서 러시아는 우리에게 먼 나라가 되었다. 미국과 소련의 냉전시대에는 한미동맹이 러시아를 적국으로 만들었다. 1980년대 저자가 독일 유학을 갈 때 러시아 상공을 지날 수 없었기 때문에 북극 항로로 갔었고 그 후 대한항공기 피격사건까지 났다.

러시아는 중국만큼 북한에 집착할 이유는 없기에 미국의 대북제재에 대해 미온적이다. 사실 북한 때문에 동쪽 끝을 향하려는 시베리아 횡단철도의 꿈이 보류되어 있는 셈인데 러시아는 못마땅할 수도 있다. 유가는 떨어지고 경제제재는 옥죄어 오는 상황에서 푸틴의 마지막 보루는 시베리아다. 만일 지구에 갑작스러운 기후변화라도 생겨서 시베리아가 지금보다 온난한 지역이 된다면 러시아 경제는 많이 달라질 것이다. 1904년 로마노프 왕조의 발틱함대가 대한해협까지 오는 데 일곱 달이 걸렸다. 지쳐서 일본에 패전했다. 시베리아의 동토가 풀리면 러시아의 동서가 잘 이어질 것이다.

역사적으로 러시아는 매우 역량 있는 민족의 나라다. 차이콥스키, 도스토옙스키, 그리고 톨스토이는 우리 젊은 시절의 지적·정서적 동반자들이었다. 미국보다 먼저 우주인을 배출했다. 나폴레옹과 히틀러도 러시아를 꺾지 못했다. 엄청난 고난을 겪었지만 자존심을 지켜 낸 나라다.

2017년 독일 함부르크에서 한·러 정상은 극동개발 협력과 함께 북핵 불용과 비핵화 협상 재개에 합의한 바 있다. 양국 간 경제교류와 사업협력도 활발하다. 아산이 역설했던 것처럼 러시아와의 경협과 사업협력에 지속적으로 더 공을 들여야 한다. 아산의 시베리아 꿈은 언젠가는 이루어진다.

아산정책연구원

서울의 경희궁과 담 하나를 사이에 두고 있는 초현대식 건물이 있다. 아산정책연구원(The Asan Institute for Policy Studies)이다. 아산을 기념해서 세워진 것이다. 연구원 홈페이지에서 말하듯이 아산은 "한국의 현대화와 남북한 평화 교류의 고비마다 족적을 남긴 우리나라 현대사의 큰 별"이었다. 정몽준 명예이사장은 아산의 정신을 이어받아 한국의 국력과 위상에 걸맞은 국제적 싱크탱크를 건립하려는 생각을 가지고 있다가 2008년 2월 11일에 아산정책연구원을 설립했다. 아산의 정신과 정몽준 명예이사장의 활동 분야가 조합된 기관이다. 앞서 언급했듯이 정 명예이사장은 미국 존스홉킨스대에서 정치학 박사학위를 받았고 정치인으로 활동하면서 특히 외교안보와 국제관계 분야에 무게를 두었다. 연구원의 이사장은 한승주 전 외교부장관이다.

아산 탄생 100주년 기념 컨퍼런스의 정몽준 명예이사장(행사 영상 중에서)

국내 최대의 민간 싱크탱크

아산정책연구원의 설립목적은 "한반도, 동아시아, 그리고 지구촌의 현안에 대한 깊이 있는 정책대안을 제시하고, 올바른 사회담론을 주도하는 독립 싱크탱크"가 되는 것이다. 특히 "통일-외교-안보, 거버넌스, 공공정책-철학 등의 분야에 역량을 집중하여 우리가 직면한 대내외 도전에 대한 해법을 모색함으로써, 한반도의 평화와 통일 및 번영을 위한 여건 조성에 노력하고" 나아가 "공공외교와 유관분야 전문가를 육성해 우리의 미래를 보다 능동적으로 개척할 수 있는 역량을 키우는 데 이바지"하기 위해 설립되었다.

아산정책연구원은 안보, 외교, 지역연구, 여론과 국내 정치, 사회과학 방법론, 글로벌 거버넌스 등 분야에서 꾸준히 연구실적을 내고 있는데, 아태지역 외교안보 이슈에 대한 아시아의 시각과 목소리를 세계에 소개하는 외교안보정책전문 영문저널 *The Asan Forum*을 발간한다. 2011년부터 매년 '아산플레넘'(Asan Plenum: Connecting Insights)이라는 대형 국제포럼도 개최한다. 거의 600명에 가까운 학자, 전문가들이 세계 각지에서 모여 의견을 교환한다. 2019년 주제는 '한국의 선택'(Korea's Choice)이었다.

연구원의 국제자문위원단에는 세계은행 총재를 지낸 폴 월포위츠, 브루킹스연구소 소장을 지낸 마이클 아마코스트도 포함되어 있다. 정 명예이사장은 2011년에 『세상을 움직이는 리더와의 소통』이라는 대담집을 펴냈는데 여기 등장하는 10인의 인물도 대개 연구원의 국제자문위원들이다. 이 책에는 마이클 샌델, 기 소르망, 헨리 키신저(Henry Kissinger), 도널드 럼스펠드, 에드윈 퓰너(Edwin Feulner) 등 인사들과의 대화가 수록되어 있다. 정 명예이사장이 지은 서문에 기 소르망이 "우리는 상대방을 설득시킬 수 없습니다. 하지만 상대방이 당신을 존경하게끔 만들 수는 있습니다"라고 대화 중 이야기했다는 언급이 특히 눈길을 끈다.

헨리 키신저와의 교류

키신저는 2010년 3월 아산정책연구원에서 개최된 초청강연에서 북핵 문제에 대해 강연했다. 정 명예이사장은 특히 키신저와 자주 만나고 소통한다. 2009년 초에 키신저 초청으로 워싱턴을 방문했는데 알팔파 클럽(Alfalfa Club)에서 오바마 당시 대통령당선인과도 만났다. 알팔파 클럽은 1913년에 결성된 미국 정계와 재계 유력인사 약 200인의 모임으로 현 회장은 칼라일그룹 창업자 루벤스타인이다. 매년 1월 마지막 토요일에 모이고 전현직 대통령을 자주 초청해서 연설을 듣는다.

2012년 3월에는 서울에서, 2014년 8월에는 코네티컷의 키신저 자택에서 두 사람의 만남이 있었고 키신저는 정 명예이사장과 존스홉킨스대 동창으로 교분이 깊은 마이클 블룸버그 전 뉴욕시장을 자신의 뉴욕 아파트에 초청하기도 했다. 여기서 블룸버그는 자신의 뉴욕시장 경험을 이야기했고 글로벌 경제에 대한 대화도 오갔다고 한다(Forbes, 2014.04.30.). 가장 최근인 2019년 11월 뉴욕 회동에서 두 사람은 미중 관계와 북핵 문제에 대한 의견을 교환했다.

정몽준-키신저 교류는 1985년 7월에 아산이 전경련 회장으로서 서울에서 키신저를 만났던 인연의 계속이다. 당시 키신저는 국무장관직을 마치고 사인의 자격으로 덩샤오핑(1904~97)을 만나기 위해 중국 방문길에 오른 참이었다. 한국은 중국과 수교(1992)하기 전 상태에서 덩샤오핑의 현대화 정책과 관련한 중국에서의 동향에 매우 관심이 많았다. 중국의 미래에 대한 아산과 키신저의 대화 한 대목이 인상적인 기록으로 남아 있다.

"키신저: ...앞으로 3년만 더 현대화 정책이 지속된다면 중국 공산주의는 결국 하나의 관념으로서만 그 명맥을 유지할지 모릅니다. 그러나 이런 관점에는 문제점도 있습니다. 그것은 중국이 공산주의 체제를 계속 유지하면서 경제만 시장경제체제로 간다면 그동안 공산주의 체제에 익숙했던 의식구조와 관행이라는 타성과 소득격차 확대에 의한 계층 간의 불만과 갈등으로 인한 사회 불안이 야기되어 좌초할 수도 있습니다. 그럴 경우 그 파장은 중국 자체뿐만 아니라 세계적으로 엄청난 것이 될 수 있습니다. 한국 경제계도 이런 점을 아울러 고려해야 한다고 생각합니다.

정주영: 키신저 박사님 제 견해는 다릅니다. 나는 미국 사람들이 중국을 너무 모른다고 생각할 때가 종종 있습니다. 중국 사람들은 미국이 태동도 하기 수천 년 전부터 정치와 외교, 특히 장사에 있어서는 세계 최고의 경험과 수완을 가지고 있는 사람들입니다. 불과 반세기 정도 공산주의 체제 속에 살았다고 해서 이들 핏속에 뿌리 깊이 수천 년 내려온 최고의 장사꾼 기질이 변할 수 있다고 생각하지 않습니다. 박사께서 말씀하신 대로 과정에 다소 혼란과 차질은 겪게 되겠지만 제가 단언할 수 있는 것은 앞으로 몇십 년 안에 중국은 미국에 버금가는 세계 최고의 경제 대국으로 부상할 것이라는 점입니다."(박정웅, 122~3)

이 대화만으로 본다면 세계 최고의 중국전문가이자 학자인 키신저보다 아산이 중국의 앞날을 더 잘 내다본 셈이다. 당시만 해도 키신저는 중국의 미래를 반신반의했지만 아산은 확신을 가지고 있었던 듯하다.

1987년 미국 백악관에서 레이건 대통령과 회담하는 아산과 정몽준(아산정책연구원 제공)

헤리티지재단과의 인연

미국 싱크탱크의 역사는 19세기로 거슬러 올라가지만 현재 활동 중인 대다수 싱크탱크는 20세기에 만들어졌다. 1910년 설립된 카네기 국제평화재단이 있고 1916년 설립된 브루킹스연구소가 있다. 랜드 연구소 설립은 1948년이다. 1973년에는 보수성향의 헤리티지재단(Heritage Foundation)이 출범해서 진보성향의 브루킹스와 양대 싱크탱크로 불린다. 헤리티지재단은 레이건 행정부와 함께 크게 발전했다. 그 외, 부시 행정부 때 네오콘의 산실이었던 미국기업연구소(AEI)가 있다.

아산정책연구원은 헤리티지재단과 컬러가 유사한 것으로 평가받는다. 저명한 지한파 에드윈 퓰너 헤리티지재단 설립자는 아산과 교분이 깊었다. 퓰너는 아산정책연구원 국제자문단에 이름이 올라 있을 뿐 아니라 실질적인 교류를 유지하고 있다. 아산플레넘에도 첫해부터 거의 매년 빠짐없이 참가한다.

아산은 헤리티지재단을 지원했다. 1994년 재단에 '정주영 컨퍼런스룸'이 설치되었는데 이듬해인 1995년부터 정기 강연 프로그램이 운영되었고 첫 강연자가 키신저였다. 1999년에는 '정주영 펠로십'이 출범했다. 초대 정주영 펠로는 와이오밍주 출신 맬컴 월럽(Malcolm Wallop, 1933~2011) 공화당 상원의원(3선)이었다.

퓰너는 2015년 중앙앙일보와의 인터뷰에서 한국에서도 세계적 싱크탱크의 탄생이 가능할까라는 질문에 이렇게 답한 적이 있다.

> "아산정책연구원을 보자. 저명한 석학과 우수 인력을 다수 거느리며 글로벌 임팩트가 있는 어젠다와 연구결과를 제시한다. 10년 전만 해도 생각지도 못할 일들이 한국에서 가능해졌다. 싱크탱크는 아이디어가 갖는 힘을 나누고, 공유하며, 확산시켜 나가는 역할을 해야 한다. 한국에서는 이런 지적 활동이 경제성장 못지 않게 중요시된다."(월간중앙, 2015년 11호)

미국 보수정권의 대외정책은 미국은 국제사회를 규정짓는 전통적 요인들의 제약을 받지 않으며 미국적 가치인 민주주의와 자유시장경제를 전 세계에 전파해야 한다는 안보관을 핵심으로 한다. 레이건 행정부가 이를 상징한다. 부시의 '신세계질서'도 그 연장이었다. 미국은 전통적으로 제국주의를 혐오하지만 보수주의자들 중에는 평화보다 정의를 우선하는 사람이 많고 이 생각이 대외관계와 무력사용 결정에 영향을 미쳐 왔다.

저자는 국내 언론인들이 퓰너와 한 시간 정도 이야기를 나누는 자리에 참석한 적이 있다. 퓰너는 강력한 군사력을 기초로 국제사회에서 미국의 국익을 지키겠다는 미국의 보수정권이 보호주의를 표방해 경제와 통상에 타격을 줄지는 몰라도 북핵과 남북문제 해결에는 도움이 될 수 있다는 생각을 가지고 있었다. 퓰너와 같은 정통파 보수 이론가들은 아시아에 있어서 미국의 중요한 외교자산인 한미동맹의 전략적 의미와 가치도 잘 아는 사람들이다. 아산정책연구원이 한국을 대표하는 싱크탱크로서의 위치를 계속 유지해 나가야 하는 이유다.

미스터 정, 여의도에 가다

CIA가 본 아산

미국 중앙정보국(CIA)은 2011년에 기밀 해제되고 2017년 1월 23일 홈페이지에 공개된 보고서에서 1980년대 초 한국 경제 동향을 분석하면서 아산을 5공화국의 경제정책에 비판적인 인사로 분류했다. CIA는 "한국: 경제적 의사결정의 과도기"(South Korea: Economic Decision Making in Transition, 1983.01.)라는 제목의 보고서에서 "정 회장은 한국 언론이 '자수성가의 전형'으로 칭하는 백만장자"이고 "재계와 한국 사회에서 존경받는 인물이며 미국에 호의적"이라고 평가했다.

그리고 "정 회장은 일반적으로 전 대통령의 경제 정책에 비판적"이고 "정부가 직접적인 명령보다는 당근과 채찍으로 경제를 가이드하기를 선호하며 정부의 물가 통제에 대해서도 '실행 불가능'이라고 비판한 적이 있다"고 했다. 그리고 "그러나 정부 경제정책에 대한 비판에도 불구하고 정 회장은 전 대통령 취임 후 정부가 후원하는 여러 경제 단체에서 적극적으로 활동하고 있다"고 보고했다.

아산은 5공과 6공 정부에 대해 매우 실망했던 것 같다. "5, 6공을 거치면서 우리나라는 지도자 복이 참으로 없는 나라라는 생각을" 많이 했다고 한다(정주영a, 422~3). 정권의 정치자금 요구와 아무런 기준 없는 세무조사, 정부의 과도한 경제 개입과 무능한 경제 운용이 아산을 실망하게 했다.

노태우 정권 말에는 6공을 포함 역대 정권에 준 정치자금을 공개해 버려 정권을 난감하게 했었다(최정표, 103). 아산이 익숙했던 박정희 정권 시절에는 경제 현안에 따라 정권과 기업이 주고받는 형식의 거래를 했다. 그런데 5, 6공은 상당히 일방적이었던 모양이다. 정권의 비자금 조성에 '고지식하게' 협조하지 않으면 재계 7위였던 양정모 회장의 국제그룹처럼 정무감각이 없었던 대가로 해체되어 버릴 수도 있었다. 훗날 받는 사법적 판단은 실질적으로는 아무 소용이 없다. 결국 이 추세는 점점 '진화'되어서 후대에는 노골적인 후원 요구로 변모하게 된다.

아산은 정치에 대한 실망 때문에 '새롭게 도전할 새 일감으로' 정치 참여를 결심했다. 기회만 주어진다면 5년 동안 해결이 필요한 모든 국가적 현안을 모두 깨끗이 처리할 자신이 있었다고 한다(정주영a, 424). 그리고 1992년 1월 1일에 77세의 아산은 매년 있는 설 가족 모임에서 폭탄선언을 한다. 정계 진출의 뜻을 밝힌 것이다.

여의도와 청와대

1992년 초 아산은 통일국민당을 창당했고 바로 그해 3월의 제14대 총선에서 31명의 국회의원을 당선시켜 원내교섭단체를 구성했다. 드라마에서 아산 역할을 단골로 하던 최불암 씨도 이때 통일국민당 전국구 국회의원이 되었다.

통일국민당의 득표율은 17.4%로 지역 기반도 없는 신생 정당이 거둔 가장 큰 성공이었다. 이변이었고 정치권에는 큰 충격이었으며 아산이 하는 일다운 결과였다. 특히 강남 3구에서 득표가 많았다는 점에 비추어 새로운 보수정당에 대한 국민들의 기대에 부응하는 데 성공한 것으로 해석되었다. 아산이 매우 고무되었을 것으로 추측할 수 있다.

총선 성공 후 통일국민당은 기세를 올렸고 인재들도 속속 합류했다. 총선 때는 회의적이었던 일부 현대맨들도 태도를 바꾸었다고 한다. 대선에 출마한 아산은 자신의 아이콘인 호랑이를 상징으로 내세우고 반값 아파트, 국가보안법 폐지, 초등학교와 중학교 전면 무상급식, 심지어 '재벌 해체'와 같은 지금 보아도 파격적인 공약들을 내놓았다. 그러나 기성 정치의 벽은 아산에게도 너무 높았다. 지역감정도 기승을 부렸다. 대선 결과는 득표율 16.3%에 그친 3위였다.

아산과 박태준

포스코엔지니어링 조용경 전 부회장의 블로그(한송의 세상보기)에 아산에 대한 귀중한 자료가 공개되어 있다. 아산의 친필 서신인데 수신인은 포스코 박태준 회장이다. 이 서신은 아산이 1992년 11월 하순에 조 부회장을 불러 박태준 회장에게 전해 달라 했던 것이라 한다. 당시 박태준 회장은 민자당 최고위원이었고 조 부회장은 민자당 총재비서실에서 근무하고 있었다.

박태준 회장은 당의 김영삼 대표최고위원 대통령 후보 선출을 문제 삼고 탈당해 해외에 체류하고 있었다. 아산은 박태준 회장을 통일국민당으로 영입하는 것이 선거에 도움이 될 것으로 생각해 박 회장에게 그 뜻을 전했지만 여의치 않자 조 부회장에게 서신 전달을 부탁했다. "박 회장께 잘 말씀을 드려서 꼭 모시고 와 달라"고 당부했다 한다. 원고지 두 장에 쓴 편지의 전문은 다음과 같다(한자를 풀고 맞춤법을 업데이트했다.).

> 박태준 인형.
> 제례하옵고, 우리 두 사람은 구국 차원의 동지애로 결합된 동지입니다.
> 저는 요사이 내각책임제로 당론을 결집시키려 전심전심하고 있습니다.
> 이 나라가 잘되게 하기 위하여 김씨시대를 열 수 없게 하는 것뿐입니다.
> 내각책임제는 정치발전의 이상이요, 꽃입니다.
> 즐거운 마음으로 초지일관하여 주시기 바랍니다.
> 정주영 친서

내각제가 지론이었던 박태준 회장을 영입하기 위한 내용이다. 그러나 일본 후쿠오카의 한 호텔에서 이 서신을 읽은 박 회장은 조 부회장에게 "이 편지는 자네가 알아서 처리해라"라고 했다.

후폭풍

선거 후폭풍으로 현대가 대대적인 세무조사를 당하고 아산에 대한 검찰수사가 개시되자 아산은 광화문에 헌정 사상 최초의 천막당사를 차리기도 했다. 아산은 주위의 만류에도 정치에의 뜻을 굽히지 않았다. 그러나 결국 아산은 국회의원직을 내놓았고 당은 소멸되었다.

당시 총자산 규모 23조 원으로 21조 원의 삼성에 앞선 1위 그룹 현대는 정권이 돈줄을 다 막아 버려서 거의 2년간 씨티은행 외에서는 자금을 조달하기 어려웠다. 산업은행이 시설자금을 동결했고 해외증권 발행도 봉쇄되었다. 유상증자도 못하게 막았다. 과하다는 여론도 일부 있었지만 당시 하나회 척결에서 시작된 최고 지지율 94% 기적의 주인공 문민정부의 기세가 워낙 등등했다. 현대는 1995년에야 재계 1위를 되찾았다.

김영삼 대통령은 1995년에 아산을 대통령선거법 위반에 대한 형으로부터 사면·복권하면서 청와대로 한 번 초청했으나 그 이상은 없었다(김 대통령은 아산이 타계했을 때 청운동 빈소를 찾았다.). 정작 김 대통령은 선거 때 한보의 정태수 회장으로부터 거액의 지원을 받았고 한보에서 비롯된 IMF 위기에 책임이 있는 사람이다(최정표, 104). 이래서 선거는 이겨야 하는 것이다.

정치인 아산의 회환

아산의 정계 진출에 대해 세간에서 가장 많이 나온 말은 돈을 넘어 권력까지 욕심낸다는 것이었다. 동기가 이해는 되지만 어쨌든 과욕이었다는 시각이 많다(142~5). 재벌이 정치권력을 가지려고 한다는 비판은 경쟁 정치인들에게는 가장 효과적인 홍보 카피였고 일반의 인식도 그에 부응했다. 지금은 도널드 트럼프가 미국 대통령을 역임하고 마이클 블룸버그도 도전장을 내는 시대지만 당시만 해도 부호의 정계 진출은 쉬운 컨셉이 아니었다. 정몽준 아산재단 이사장이 지적한 대로 아산은 기존의 관념, 그리고 사회 분위기와 싸웠던 것이다(허영섭, 462).

물론 아산은 부인한다. "나라를 구하고 싶었다"는 것이다. 아마 정계 진출의 동기는 단순하지 않았을 것이다. 누구도 단 한 가지 이유로 어떤 행동을 하지는 않는다. 스스로 잘못 생각할 수도 있고 합리화할 수도 있으며 외부의 시각에 저항하기도 하면서 생각을 추슬러야 하는 것이 우리 인간들이다.

그런데 아산의 생애 전체를 볼 때 나라를 구하고 싶었기에 정계 진출과 대통령 출마를 했다는 아산의 회고가 진심이었다고 믿게 된다. 아산의 기업인으로서의 활동과 그 외의 사회적 활동은 요즘과는 달리 어떤 국가적 이익과 혼재되어 있었고 그런 생애를 산 아산은 그 두 가지가 별개라고 생각하지 않았을 것 같다. 단순히 보면, 그때까지 해 온 일을 형태만 바꾸어 계속한다는 느낌이었을 가능성도 크다.

삼성의 창업자 이병철 회장도 '사업보국'을 경영이념으로 했다. 이병철 회장은 아산과 달리 박정희 대통령과의 관계가 그다지 좋지 못했다. 5·16 군사혁명 이후 부정축재자로 몰려 고초를 겪었고 특히 1966년 사카린 밀수사건 때 큰 시련을 당했다. 자신은 삼성그룹 회장에서 물러나야 했고 차남이 옥고까지 치렀는데 정권은 외면했다고 생각했다. 그래서 한때 정계 진출을 모색했지만 유진산 신민당 총재 등 거물 정치인들이 만류해 접었다고 한다. 그 대신 TBC동양방송(JTBC의 전신)과 중앙일보를 더 지원하게 되었다.

가족들의 반대와 사회의 온갖 색안경을 무릅쓰고 정계에 진출해서 대권에 도전했지만 아산은 패했고 그 결과 보복을 당했다. 현대도 여러 가지 불이익을 당했다. 김영삼 정부가 실패하고 국가 부도를 맞은 시기 출간된 회고록에 아산의 회한이 진하게 묻어 나온다.

> "혹자는 나의 대통령 출마에서의 낙선을 두고 '시련은 있어도 실패는 없다'고 주장하던 내 인생의 결정적 실패라 하는 모양이지만, 나는 그렇게 생각하지 않는다. 쓰디쓴 고배를 들었고 보복 차원의 시련과 수모도 받았지만 나는 실패한 것이 없다. 오늘의 현실을 보자. 5년 전 내가 낙선한 것은 나의 실패가 아니라 YS를 선택했던 국민들의 실패이며, 나라를 이 지경으로 끌고 온 YS의 실패이다. 나는 그저 선거에 나가 뽑히지 못했을 뿐이다. 후회는 없다."(정주영a, 428)

이 구절, 그리고 "후회는 없다"가 사실상 아산의 마지막 회고다.

아산과 현대는 1998년에 김대중 정부가 시작되면서 비로소 정상을 되찾았으나 외환위기와 계열 분리라는 또 다른 고비를 앞두고 있었다. 두 차례의 소떼 방북이 있었고 아산은 잠시나마 기력을 다소 회복했지만 2차 방북 이후 건강이 악화되었다.

많은 사람들이 아산의 정계 진출이 아산의 전 생애에 걸친 업적에 아쉬운 그림자를 드리웠다고 보는 것 같다. 그러나 아산의 정계 진출 자체가 문제가 있었다고 보는 시각에는 동의하기 어렵다. 결과론이고 가정이지만 아산이 대통령이 되었다면 한국이 국가 부도를 맞는 상황이 오지는 않았을 것이라고 생각한다(여기에는 김대중 대통령이 당선되었어도 같았을 것이라는 반론이 가능하다.). 아산이 대통령에 나선 것이 잘못이 아니라 성공하지 못한 것이 잘못이라면 잘못이다.

정주영의 나눔 철학

아산의 두 번째 회고록 제목은 "이 땅에 태어나서"다. 책 맨 뒤편에 이런 말이 나온다. "나는 이 땅에 태어나서 한 사람의 기업인이자 성실한 노동자로서 이 나라의 비약적 발전에 한몫을 다한 것에 대해 무한한 긍지를 가지고 있다."(431)

아산이 형제, 자녀들을 포함해서 같이 일하던 사람들을 강하게 압박하고 결과가 좋을 때도 딱히 치하하지 않았던 것은 스스로도 회고록에 기록하고 있고 많은 사람들의 회고담에서도 드러난다. 그러나 자신을 기업인인 동시에 노동자로 본 인생을 살았던 아산은 현대의 성장에 기여한 근로자들을 마음으로 항상 잊지 않았다.

아산사회복지재단

1970년대에 정부는 현대건설의 기업공개를 종용했다. 그러나 아산은 현대건설의 공개를 미루고 그 대신 자신이 보유한 주식의 50%를 출연해서 1977년 7월 1일 아산사회복지재단(아산재단)을 설립했다. 배당금으로 사회복지사업을 하도록 한 것이다. 아산의 첫 번째 회고록에 의하면 당시 그 주식의 가치는 500억 원이었는데 정부의 1년 사회복지예산 195억 3400만 원보다 훨씬 큰 액수였다.* 그리고 그때까지만 해도 요즘 같은 주주친화정책 요구가 없었고 비상장회사이기도 해서 현대건설은 창사 이후 한 번도 배당을 하지 않고 이익을 모두 사내에 유보했었다.

1977년 당시 현대건설은 매출액 기준으로 석유공사에 이어 국내 2위 기업이었다(5360억 원). 법인세 자납 1위 기업이기도 했다(141억 원). 매출 4위였던 현대중공업이 법인세 자납 2위 기업이었다. 매출 3위는 한국전력이었고 포항제철이 6위, 삼성물산이 7위였다.

아산재단의 설립은 외롭고 가난하고 소외된 사람들을 위한 현대건설의 사회환원이었다. 아산재단 홈페이지에는 아산이 재단 설립발표 기자회견 중 한 말이 소개되어 있다.

> "사람이 모든 것의 근본입니다. 그런데 사람을 괴롭히는 두 가지가 있습니다. 병고와 가난이 그것입니다. 병고와 가난은 악순환을 일으킵니다. 병치레를 하다 보면 가난할 수밖에 없고, 가난하기에 온전히 치료받을 수 없게 됩니다. 현대는 건강하고 유능한 수많은 사람의 힘으로

---

* 국회도서관에 비치된 속기록에 의하면 1973년 정부예산은 2조 6750억 5200만 원이었는데, 그중 보건사회부 예산은 527억 2700만 원이었고 보건 부문 331억 9300만 원, 사회복지 부문 195억 3400만 원으로 구성되었다.

오늘날까지 성장을 지속할 수 있었습니다. 현대의 재산을 어려운 사람들을 위한 일에 뜻깊게 쓰고 싶다는 것이 저의 오랜 소망이었습니다. 아산재단은 더욱 많은 사람에게 더욱 많은 혜택을 주기 위해서 합리적인 검토와 연구를 계속하겠습니다."

그래서 아산재단의 최고 주력 사업은 아산병원이 상징하는 의료사업이다. 서울아산병원을 포함 전국 여덟 곳에서 병원을 운영한다. 서울아산병원은 1989년 6월 23일 개원해서 총 2,705병상을 운영하는 국내 최대 규모의 병원이다. 1일 평균 외래환자 11,885명, 재원환자 2,540명, 응급환자 328명을 진료하며 연간 67,228건의 고난도 수술을 시행하고 있다. 특히 국내 장기이식 분야를 개척하고 그 선두에 선 병원이다. 미국 하버드의대와 항구적 협력병원 관계를 맺고 있다. 2019년과 2020년 뉴스위크지는 서울아산병원을 한국 1위의 의료기관으로 선정했으며, 아산병원은 글로벌 10대 병원 진입을 목표로 하고 있다.

아산재단은 아산의학상을 제정해서 2008년부터 매년 시상하고 있기도 하다. 뛰어난 업적을 낸 의과학자를 발굴하기 위함이다. 2019년까지 사회복지사업으로 총 4,905단체에 571억 원을 지원했고 장학사업으로 총 33,472명에게 690억 원의 장학금을 지급했으며 학술연구로 총 2,343건의 연구과제에 215억 원의 연구비를 지원했다. 『아산의 향기』라는 사외보를 발간하여 활동 소식을 전한다. 수많은 독지가들이 재단의 사업에 동참하고 있는데 서울아산병원 1층 홀에 기부자들의 이름이 기려져 있다.

아산재단의 발전은 아산의 유지 중에서도 비중이 매우 큰 것이다. 아산은 아산재단이 "1백 년, 2백 년 발전하기를 바라는 것"이 몇 안 되는 소망이며 아산재단의 발전이 현대를 있게 한 사회에 대한 보답이고 "한 인간으로서 최선을 다해 일해서 크게 발전한 한 개인의 생이 거두는 최선의 보람"이라고 생각했다(242).

아산과 존스홉킨스

미국 볼티모어에 위치한 존스홉킨스대와 존스홉킨스 병원은 존스홉킨스(Johns Hopkins, 1795~1873)의 유언에 따라 설립되었다. 홉킨스는 철도와 금융을 포함한 여러 사업에 성공해서 거부가 되었던 사람이다. 1996년까지 미국 역사에서 가장 부자였던 100인 중 69위에 꼽혔다. 52세에 은퇴해 자선과 사회사업에 주력하면서 78세까지 살았다. 홉킨스는 독신이어서 자녀가 없었고 따라서 전 재산을 사회에 환원했다. 유산 중 700만(현재가치 약 1억 5천만) 달러를 대학과 병원 설립에 반반씩 쓰게 했고 1876년, 1889년에 대학과 병원이 각각 출범했다. 이 기부금 액수는 당시까지 미국 최대였다.

홉킨스는 타계 9개월 전에 병원의 비전과 이사회를 자신이 직접 작성하고 구성했다. 홉킨스는 설립될 병원이 "최선의 환자치료, 의료진 훈련, 의학의 발전에 필요한 새로운 지식의 추구"에 매진하기를 희망했는데 이를 실현할 이사회를 볼티모어 지역의 지식인들로 구성했고 이들은 최고의 의료진과 교수들이 모여들 수 있는 환경을 조성했다. 존스홉킨스대는 지금까지 29인의 노벨상 수상자를 배출했는데 그

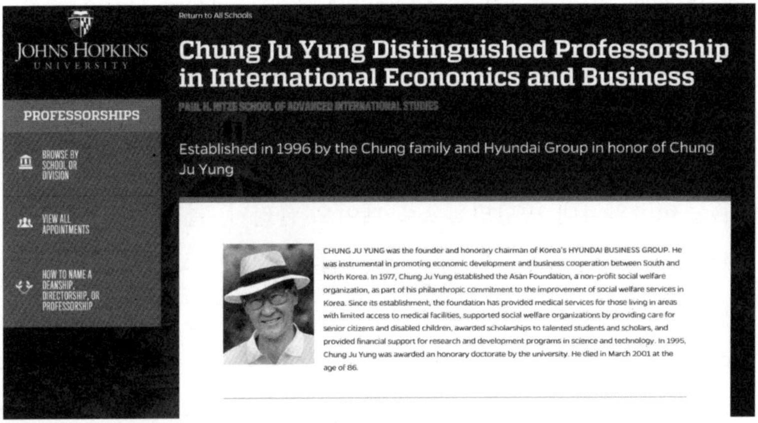

존스홉킨스대 정주영 석좌교수 홈페이지

중 16명이 의학상 수상자다. 하버드의대 15명보다 많다.

존스홉킨스대에서는 의대와 함께 국제대학원(SAIS)이 특히 저명하다. 세계 각국의 외교수장과 대사급 외교관들을 배출했다. 앞서 언급했듯이 아산재단 정몽준 이사장이 공부하고 박사학위를 받은 곳이기도 하다. 아산은 1995년 존스홉킨스대에서 명예박사학위를 받았고 1996년 SAIS에 국제경제 및 경영 부문 정주영 석좌교수직이 설치되었다. 정주영 석좌교수직 홈페이지에는 아산의 남북한 경제교류 기여, 그리고 아산재단을 설립한 취지, 아산재단의 활동이 소개되어 있다.

그러고 보면 훗날 이어진 인연이기는 하지만 아산과 존스홉킨스 두 인물 사이에는 공통점이 많아 보인다. 우선 존스홉킨스 병원 홈페이지는 설립자를 "정직하고 관대하며 비전이 있었고 다소 완고하며 협상에서 강경했다"고 소개하고 있는데 마치 아산을 소개하는 것 같다. 홉킨스가 영세한 농장(담배)을 운영한 집안의 11남매 중 차남으로 태어났다는 점도 가난한 농가의 7남매 중 장남이었던 아산을 연상시키고 3년 동안 초급학교에서 공부하고 12세부터는 농장일을 했다는 것도 그렇다.

가장 큰 공통점은 종합대학과 대형병원을 설립했다는 점이 될 것이다. 미국의 4대 종합병원으로 메이오 클리닉, 클리블랜드 클리닉, 매사추세츠 종합병원, 존스홉킨스 병원을 드는데, 이 중 유일하게 의사가 아닌 기업인이 설립한 병원이 존스홉킨스다. 기업인 정주영도 1969년에 울산대학을 설립했고 병원시스템을 구축하기 위해 1977년 아산재단을 설립했다. 아산의 사재 출연금 500억 원도 한국 역사상 최대 금액이다. 정읍을 시작으로 지방의 무의촌부터 병원들이 설립되기 시작했고 1989년에 존스홉킨스 병원과 마찬가지로 '환자중심'을 표방하는 서울아산병원이 개원했다. 아산병원은 소외계층과 지역사회를 위한 병원이기도 하다. 위안부 할머니, 6·25 참전 군인 등에 의료봉사를 제공한다.

서울아산병원은 2019년에 30세가 되었다. 이제 2,705병상으로 국내 최대 병원인 동시에 한국능률협회컨설팅 주관 조사에서 14년간 연속으로 '가장 존경받는 병원'이다. 2018년 해외환자 17,999명으로 글로벌 한국 의료를 선도한다. 간이식 수술, 심혈관 치료 등 분야에서 이미 세계 최고 수준의 연구중심 병원이다. 멀지 않은 장래에 아산병원이 존스홉킨스 병원과 그 위상을 나란히 하는 발전을 이루어냈으면 좋겠다.

한국 병원들이 우수한 이유

뉴스위크가 선정한 2020년 글로벌 100대 병원에 한국 병원 7개가 포함되었다. 미국 18개, 독일 10개, 일본, 프랑스, 이탈리아, 스페인이 각 7개다. 이 숫자로만 보면 한국 의료는 글로벌 공동 3위인 셈이다. 저자 주위의 의사들은 한국 병원들이 해외 평가기관의 평가기준을 의식하고 병원을 운영했다면 더 많은 숫자가 나왔을 것이라고 자신한다.

평가 대상 21개국 약 7만 명의 의료인들을 대상으로 한 평판조사(비중 55%), 보험회사들이 보유하고 있는 환자들의 만족도 자료(비중 15%), 공개된 의료 부문 핵심성과지표(KPI)(비중 30%) 등을 전문조사기관이 종합해서 결과를 도출하고 그 결과를 다시 6인의 저명한 의료인들이 최종 검증하는 방식으로 100대 병원이 선정되었다. 미국의 메이오 클리닉이 글로벌 1위, 우리나라에서는 서울아산병원이 37위로 가장 높은 평가를 받았다.

뉴스위크가 종합평가와 별도로 수행한 전문분야 평가에서는 한국 병원들의 역량이 최상급으로 나왔다. 당뇨병, 갑상선질환, 골다공증 등을 다루는 내분비내과 분야에서 서울아산병원이 메이오 클리닉, 클리블랜드 클리닉, 매사추세츠 종합병원에 이어 글로벌 4위로 선정되었다. 존스홉킨스 병원이 5위다. 암센터와 백혈병 치료센터를 포함하는 종양내과 분야에서는 미국 최대의 암센터인 텍사스대 MD 앤더슨 암센터가 1위로 평가받은 데 이어 서울아산병원 7위, 존스홉킨스 병원이 8위고, 위암, 간암을 다루는 소화기내과는 메이오 클리닉 1위, 매사추세츠 종합병원 4위, 서울아산병원이 6위다.

뉴스위크가 선정한 전문분야는 의학의 다양한 분야 중에서 생명과학과 접목되는 고난도의 연구 분야들을 포함한다. 즉, 전문분야에서 높은 평가를 받는다는 것은 첨단과학으로서의 의학 연구역량을 인정받는 것이다. 첨단 연구결과는 새로운 수술, 시술 방법의 개발로 이어지고 병원 간 환자 소개를 촉진해 최선의 치료를 가능하게 하기도 한다.

한국의 병원들이 이렇게 우수한 이유는 어디에서 찾을 수 있을까. 아무래도 서구와 일본에 비해 아직 시설과 의료기기 면에서 뒤질 수밖에 없다고 본다면 결국 인적 요인이라고 보아야 할 것이다. 즉 의료진의 전문성과 상대적으로 우월한 직업윤리다. 더해서, 서구 국가들의 오래된 역사를 단기간에 따라잡은 국가 및 의료계 차원의 집중력이다. 많은 시행착오와 희생도 따랐다. 근대적 의미에서 가장 오래된 종합병원은 뉴욕의 벨뷰 병원인데 조선 영조 12년인 1736년에 설립되었다. 국내에서는 갑신정변 후 고종 22년인 1885년에 제중원이 세워졌다. 단순계산으로도 150년이 뒤졌다.

한국의 의료인들은 국가 최우수 인재들이다. 가장 우수한 인재들이 의대에 진학한다. 이 현상은 국가발전전략 차원에 문제를 발생시키기는 하지만 의학과 의료를 세계적 경쟁력이 있는 분야로 만들었다. 이들이 다시 혹독한 교육훈련 과정을 거친다. 물론 해외에서도 크게 다르지 않다. 저자는 미국 매사추세츠 종합병원을 직접 겪어 보았는데 내로라하는 하버드대 출신 의사들이 꼭 해병대 병사들처럼 과장의 지휘에 따라 움직이고 있었다. 그러나 한국의 의사양성기간은 해외보다 더 길다. 인턴-레지던트 과정을 거치는 미국식과 학위 과정을 거치는 독일식이 합쳐진 하이브리드다. 실력이 더 나을 수밖에 없다.

우수한 인재들의 의대 편중 경향은 인위적으로 제어할 수 없다. 다수의 개인적 판단과 인생계획이 집적된 결과이기 때문이다. 그래서 기왕에 이렇게 축적된 최고의 인적 자원, 의료지식과 정보를 산업화하는 데도 노력하면 좋을 것이다. 실제로 코로나19를 계기로 바이오 산업이 더 큰 주목을 받고 있다.

우리나라의 대학병원들은 비영리기관이다. 나아가 영리목적으로 자회사를 거느리지도 못한다. 지금까지 축적된 막대한 자원과 경험, 진료자료, 생명과학 지식이 산업화되지 못하는 이유다. 메이오 클리닉의 경우 벤처기업에서 출발한 25개의 영리회사를 거느리고 있다. 그중 3개가 기업공개를 했는데 공개 가치의 중간값은 5억 6800만 달러다. 2개는 M&A로 인수한 회사다. 국내 최대 서울아산병원의 직원 수가 약 8,700명인데 메이오는 약 6만 3천 명이다. 메이오의 2018년 총매출은 126억 달러로 삼성물산과 LG화학의 절반 정도다. 한국 병원들이 아직 넘보기 힘든 규모다.

병원의 재정이 좋아지면 일차적인 수혜자는 바로 환자들이다. 시설이 좋아지고 고가의 첨단장비가 도입된다. 근무환경이 개선되면 의료진의 업무효율성도 높아진다. 소외계층에 대한 의료봉사도 늘릴 수 있을 것이다. 유능한 인력을 유치할 수도 있다. 서울의대 동창생 명부를 보면 1960, 70년대 졸업생들의 거의 반 이상이 미국으로 건너간 것을 볼 수 있다. 국내에 훈련받고 진료할 대형병원이 없어서다. 1978년에 서울대학교병원이 생기고 이런 문제가 없어졌다. 서울아산병원도 1989년 개원할 때 해외에서 활동하던 인재들을 대거 유치했다. 기여도에 따라 의료진 처우를 개선한다면 어렵게 양성한 우수인력이 병원을 떠나 개업하는 문제도 줄어들 것이다.

국내병원들은 선순환을 위해 재정적 역량을 더 많이 구축해야 한다. 영리병원은 의료보험체계를 혼란시키고 의료의 양극화를 초래할 위험이 있다 해서 논란이 많지만 비영리병원이 영리기업을 거느리는 문제는 좀 다르다. 이윤을 투자자에게 배당해 주어야 하지만 가장 큰 몫은 병원에 귀속되기 때문이다. 사실 지금의 제도도 병원으로 돈 벌지 말라는 것이지 병원이 돈 벌지 말라는 것은 아니다. 규모가 커지고 사람이 늘어남으로 인해 새로 발생할 수 있는 문제들은 대기업 경영에서 축적된 지식과 경험을 수입해 경영을 효율화하고 지배구조를 정비함으로써 해결할 수 있을 것이다.

아산나눔재단

2011년 10월에는 아산의 10주기를 기리기 위해 후손들이 총 4900억 원을 출연해 아산나눔재단을 설립했다.** 이 재단의 목적은 "할 수 있다고 생각하는 사람은 무슨 일이든 이룰 수 있다"는 아산의 도전과 혁신 비전을 전승하기 위해 기업가 정신 확산을 위한 제반 사업을 하고 사회 양극화 해소에도 기여하는 것이다. 청년 창업가와 사회개혁가를 위한 여러 가지 사업을 펼치고 창업 생태계 구축에 노력한다.

아산나눔재단의 상징인 '마루180'은 2014년 문을 열고 청년들에게 창업 인프라, 네트워크, 교육을 제공해 왔는데 국내 대표 창업지원센터로 자리매김했고 서울 역삼동 일대를 스타트업 중심지로 만드는 데 큰 역할을 했다. 설립 10주년이 되는 2021년에는 제2의 마루180(마루360)이 출범해서 제조, 뷰티, 브랜드 등 분야의 창업가와 크리에이터가 교류할 수 있는 허브 역할을 시작한다. 또, 아산나눔재단은 '정주영 엔젤투자기금'을 통해 스타트업에 대한 투자도 집행한다. 기금은 VC와 LP 등에 간접투자하는데 현재 기금 1천억 원 중 300억 원 이상이 투자되었다.

이 재단은 전국 각지의 중고등학교 교사들을 모집해서 창업교육을 제공하는 색다른 프로그램(아산 티처프러너(Asan Teacher-Preneur))도

** 2020년 현재 재단의 출연 총액은 5870억 원이다. 현대중공업그룹 3170억, 정몽준 아산재단 이사장 2000억, KCC와 정상영 명예회장 가족 250억, 현대백화점과 정몽근 명예회장 가족 170억, HDC현대산업개발과 정몽규 회장 100억 등이 포함된다.

운영하고 있다. 세계 각지의 관심 기관을 방문할 기회도 주어지는데 모든 조사와 연락, 스케줄 짜기를 본인이 직접 해야 한다. 물론 비용은 재단에서 제공된다. 교육과정이 끝나면 각자 수업에 필요한 커리큘럼을 설계해 자신의 학교에서 학생들에게 교육 내용을 전수한다.

사실 신세대는 아산에 대해 별 기억도 이미지도 없다. 아산에 대한 책도 신세대들이 관심을 가질 수 있는 형태로 나온 것이 거의 없고 유튜브에서도 오래된 영상들만 찾을 수 있다. 1986년 중앙대학교에서의 강연 영상이 가장 조회수가 많은데 30년도 넘은 것이다.

그러나 정작 신세대가 가장 필요로 하는 것이 아산의 혁신과 창업 정신이다. 세계에서 가장 가난한 나라에서 가장 가난했던 사람이 글로벌 5대 기업 3개를 포함해 무수한 기업을 창업하고 성공시킨 정신은 화성에 가겠다는 일론 머스크도 고개를 숙일 일이다.

아산나눔재단은 신세대를 위한 아산의 유산이 지금 시점에서 가장 필요한 미래지향적 방식으로 발현되는 곳이다. 아산이 돌아와 후세들이 해 놓은 것들을 하나씩 살펴본다면 아마도 아산나눔재단의 활동을 보고 가장 기뻐할 것 같다. 역삼동에서 한국판 아마존과 구글이 자라고 있기를 바란다.

왕회장 손녀 정남이 "한국판 페이팔 마피아 만들어 낼 것"
정남이 아산나눔재단 상임이사 단독인터뷰

(중앙일보, 2019.04.25.)

개관 5주년을 앞두고 정남이 아산나눔재단 상임이사가 22일 서울시 강남구 역삼로 '마루180'에서 중앙일보와 인터뷰를 했다.

"남이님~. 여기요."

지난 22일 오후 서울 강남구 역삼동에 위치한 스타트업 창업지원센터 '마루180'. 직원이 부르자 사원증을 목에 걸고 로비를 지나가던 한 여성이 씨익 웃으며 다가왔다. 이곳에서 '남이님'으로 통하는 이 사람은 아산나눔재단 정남이(36) 상임이사다. 고(故) 정주영 현대그룹 명예회장의 손녀이자 정몽준 아산재단 이사장의 장녀인 그는 글로벌 컨설팅 회사 베인앤컴퍼니에서 일하다 2013년 아산나눔재단에 합류했다.

정 이사가 땅 보러 다니는 일부터 시작해 국내 대표적 스타트업 창업지원센터로 성장시킨 마루180은 2014년 4월 문을 열었다. 이후 5년간 182개 스타트업이 이곳에 머물며 미래 유니콘(기업가치 10억 달러 이상의 스타트업)의 꿈을 키워 갔다. '정주영 창업경진대회'를 통해 새로 발굴한 스타트업만 61팀. 지금은 네이버에 인수된 명함관리 앱 '리멤버'를 만든 드라마앤컴퍼니, 자유여행 플랫폼 마이리얼트립, 스마트벨트를 만드는 웰트 등 쟁쟁한 스타트업들이 마루180 출신이다. 22일 만난 정 이사는 "제가 재미 없는 사람인데 걱정이네요"라는 말로 인터뷰를 시작했다. 그가 언론과 인터뷰를 한 것은 이번이 처음이다.

Q 아버지가 대주주로 있는 회사(현대중공업)에 합류하는 대신 스타트업 육성에 나선 이유가 뭔가요.

A "아산나눔재단 왔을 때부터 많은 분들이 물어봤습니다. 그런데 정

말 남들이 생각하는 (가업 상속이나 후계 구도) 큰 그림은 아무것도 없어요. 재단에 온 건 스타트업 생태계를 조성하는 일에 매력을 느껴서예요. 저희 할아버지는 대한민국 최고 창업가셨잖아요. 그런 창업가가 나올 수 있는 환경을 만드는 일을 하고 싶었습니다. 특히 제가 왔을 때 사회 분위기가 '88만원 세대' 등 젊은 세대의 어려움이 부각되던 시기였어요. 비관적 사회분위기 속 힘들어 하는 이들에게 희망을 줄 수 있는 일을 찾았습니다."

Q 직원들이 '남이님'이라고 부릅니다.

A "우리 재단은 대학생 인턴부터 모든 직원들이 서로를 '님'이라 불러요. 제가 인턴을 부를 때도 님으로 부릅니다. 자율적으로 책임감을 가지고 일하기 위해선 무엇보다 수평적 조직문화가 중요하다고 생각했습니다. 사무실 제 자리도 이사라고 특별한 위치에 있지 않아요."

Q 마루180은 어떤 공간인가요.

A "창업자, 투자하는 벤처캐피털, 자문을 해 줄 엑셀러레이터가 모두 한곳에 모여 교류하고 성장하는 창업 생태계예요. 지금은 분위기가 달라졌지만 2013년만 해도 창업지원센터에 가 보면 공짜 사무실 그 이상도 그 이하도 아니였거든요. '닭장'처럼 벽으로 가로막힌 공간에서 옆 사무실에선 뭐 하는지 서로 모르는 채 자기 일만 하는 구조였죠. 그런 환경에선 창업 효율이 떨어진다고 생각했어요. 창업과 관련된 사람들이 한 공간에서 교류할 수 있게 만들었습니다. 마루180에는 스타트업부터 스파크랩, 퓨처플레이 등 엑셀러레이터, 캡스톤파트너스 등 벤처캐피털까지 다 들어와 있습니다."

Q 스타트업 생태계에 왜 교류가 중요하죠.

A "서로 아이디어를 나누고 의견을 교환해야 혁신적 사업, 좋은 서비스가 나올 수 있어요. 미국 실리콘밸리가 혁신적 기업을 배출할 수 있었던 원동력 중 하나는 '페이팔 마피아'로 불리는 문화예요. 초창기에 성공

한 페이팔 출신 기업인들이 나와서 창업하면서 서로 교류하고 도와줘 링크드인, 유튜브 등이 탄생했잖아요. 세상에 완전히 새로운 아이디어는 없어요. 서로 공유하고 조언해 줘야 성공할 수 있습니다. 전 마루180을 거친 스타트업들이 그런 문화를 업계 전반에 퍼뜨렸으면 해요. 개인의 성취로 끝나지 않고 후배를 도와주고 이끌어서 사회를 위해 기여하는 선순환 구조를 갖추는 첫 단계가 마루180입니다."

Q 스타트업 지원이 많아졌지만 생각만큼 성공한 기업이 많지 않습니다.

A "무엇보다 규제 문제가 큽니다. 저희 재단에서 세계 유니콘 기업 중 누적 투자액 상위 100개 업체의 사업 모델을 한국 시장에 적용했을 때 규제 저촉 가능성을 분석했는데 40.9%가 한국에서 불법이었어요. 30.4%가 조건부로 가능한 사업 모델이었구요. 70%가 한국에서 사업을 하기 어렵단 얘기예요. 혁신이 나올 수 있는 환경 자체가 척박한 거죠."

Q 스타트업들이 규제 관련 어떤 고충을 토로하나요.

A "우리 사회가 무슨 문제가 생기면 쉬운 해법을 택하는 경향이 있어요. 예컨대 악플이 문제된다고 게시판형 서비스를 하는 사업자에게 악플 지우는 인력을 고용하도록 했어요. 그럼 인력 고용할 돈이 없는 스타트업은 게시판형 서비스를 못하는 겁니다. 그렇다고 악플이 줄지도 않았구요. 불법촬영 막는다고 스마트폰에 카메라 촬영음 무조건 들어가게 만든 것도 그렇죠. 모든 국민을 잠재적 범죄자 취급을 하는 겁니다. 불법 촬영이 줄지도 않았고요. 근본적 해결책을 찾는 대신 규제로 풀어 나가다 보니 스타트업은 사업 기회를 잡기 어렵습니다."

Q 본인이 창업할 생각은 없나요.

A "전 어렸을 때부터 창업, 기업 경영이 얼마나 어려운지 보고 배웠어요. 현대중공업이 큰 기업이지만 그렇다고 미래가 보장돼 있는 것은 아니

잖아요. 사업이 얼마나 어려운지 얼마나 독한 마음으로 해야 하는 건지 알고 있어요. 제 스스로 준비가 됐다고 생각해야 할 수 있을 거 같아요."

1시간 동안 이어진 인터뷰 말미 정 이사에게 재벌가 3세로서의 삶이 어떤지 물었다. 그는 "철모르던 어렸을 땐 주목받는 삶이 정말 싫었다"며 "지금은 내가 받은 혜택에 대해 사회적으로 더 책임감을 가져야 하는 위치라 생각한다"고 답했다. 대답을 마친 정 이사는 자신의 차 베라크루즈 조수석에 직원을 태우고 직접 운전해 사무실로 돌아갔다.

아산의 나눔 철학

아산은 밀턴 프리드먼(Milton Friedman)이 대변하는 기업철학인 '기업인의 사회적 책임은 돈을 많이 버는 것'이라는 생각을 지지했던 것 같다. 미국의 휴렛-패커드도 같은 이념을 회사 운영의 제1원칙으로 삼았고 월마트 창업자 샘 월튼도 같은 생각을 가지고 있었다. 기업이 돈을 많이 벌어야 고용, 납세가 이루어지고 협력업체들이 살 수 있다. 품질 좋은 물건을 잘 공급하면 결국 사회의 복지 수준이 높아지는 것이다.

그러나 돈을 많이 버는 것을 지도적인 이념으로 하더라도 그것이 반드시 다른 경로로 구현할 수 있는 사회적 책임을 부정하는 것은 아니다. 아산은 기업이 부실해지거나 부도가 나면 사회에 폐를 끼친다고 강조했다. 정몽준 이사장은 아산의 기업철학을 이렇게 정리한다.

"아버지는 기업가로서 철학이 확고한 분이었다. 기업이 튼튼하려면 사회가 건강해야 하고, 기업가로서 성공한 사람은 사회를 건강하게 만드는 일에 노력을 기울여야 한다고 믿었다. 아버지는 사회가 안정되어야 돈이 의미가 있지, 사회가 불안하면 돈은 종잇조각에 불과하다고 말씀하셨다. 식민지 시절을 보내고 전쟁을 겪은 아버지가 뼈저리게 절감한 '진리'였다."(정몽준a, 130)

아산의 나눔의 철학은 아산이 가장 좋아했던 시 「청산은 나를 보고」에 그림자를 비친다. 이 시는 고려 말의 고승으로 무학대사의 스승인 나옹선사(1320~76)가 지은 것이다. 아산의 회고록 영문판에 수록한 정몽준 이사장의 서문에도 소개된다. 아산과 그의 유산 돌아보기를 마무리하는 데 좋은 싯귀다.

청산은 나를 보고 말 없이 살라 하고
창공은 나를 보고 티 없이 살라 하네
사랑도 벗어 놓고 미움도 벗어 놓고
물같이 바람같이 살다가 가라 하네
청산은 나를 보고 말 없이 살라 하고
창공은 나를 보고 티 없이 살라 하네
성냄도 벗어 놓고 탐욕도 벗어 놓고
물같이 바람같이 살다가 가라 하네

“세상의 변화가 여전히 멋있다”

새천년이 시작되던 첫날인 2000년 1월 1일 0시에 아산이 한 편의 글을 인터넷으로 세상에 내보냈다는 사실을 아는 사람은 많지 않다. 한 미디어그룹이 인터넷신문으로 창간 첫 기사를 내보낼 때 아산이 오피니언을 썼다. 지금은 미디어가 온라인으로 대거 이동했지만 당시만 해도 인터넷 중심 미디어는 새로운 시도였다. 아산이 신생 온라인 매체에 글을 보내 준 것 자체가 파격이다.

아산이 마지막으로 남긴 글이 인터넷에 보관되어 있다는 사실은 참신하기 이를 데 없다. 아산은 글에서 “나는 최근의 ‘인터넷 소용돌이’가 세상의 변화 과정에서 커다란 전환점에 해당한다는 점을 평생 쌓아 온 사업가적 안목으로 분명히 인식한다”고 적고 있다. 아산이 시대를 달리했었다면 구글이 한국에서 탄생했을지도 모르겠다. 여든다섯 고령의 아산이 후대의 기업인들과 세상에 보내는 메시지의 내용도 자못 긍정적이고 고무적이다. 해설이 필요 없는 제목이 말해 준다. “세상의 변화가 여전히 멋있다.” 아산은 한국의 경제가 우뚝 설 것을 기원하면서 "새천년에도 나와 같은 기업인이 또 나올 것이라고 확신한다"고 썼다. 그의 확신이 꼭 실현되어야겠다.

아산이 쓴 두 칼럼을 전재한다. 아산도 당신의 온라인 글이 작성된 지 20년 후 서책의 지면에 담겨 전승되는 데 기뻐하실 것으로 믿는다.

정주영, 세상의 변화가 여전히 멋있다

우선 나는 복 받은 사람이라고 말하고 싶다. 1915년생이니까 내 나이 이제 여든다섯, 이 나이에 2000년의 태양을 볼 수 있다는 것만으로 나는 행복하다. 더구나 나는 만년을 즐길 자격은 인정받을 정도로 저 어려웠던 젊은 시절부터 최근까지 한국 경제에 일정한 자취를 남기고 있지 않은가.

그러나 뭐니뭐니 해도 복 받은 사람들은 요즘의 젊은이들이다. 적극적으로 활동할 수 있는 미래의 시간을 갖고 있다는 것, 그것도 새천년의 초입에 그러한 기회가 왔다는 것은 커다란 복이다.

새천년의 출발에 맞춰 기자들은 있으되 종이신문은 발행하지 않고 인터넷에만 기사가 떠 있는 '인터넷신문'이 나오게 됐다니 반길 일이다. 나는 인터넷을 직접 다루지는 않는다. 그렇다고 내가 시대흐름을 놓치고 있는 것은 아니다. 나는 최근의 '인터넷 소용돌이'가 세상의 변화 과정에서 커다란 전환점에 해당한다는 점을 평생 쌓아 온 사업가적 안목으로 분명히 인식한다.

천부적인 사냥꾼은 큰 짐승이 다니는 길목을 알고 훌륭한 어부는 물고기떼의 흐름을 잡아내듯이, 뛰어난 사업가라면 새천년의 화두를 인터넷에서 찾아야 할 것이다. 내 세대가 자랄 때 겪었던 절대적 궁핍의 위협 없이 요즘 젊은이들이 인터넷의 가능성 앞에서 땀을 쏟으며 노력을 경주하는 것은 행복한 일이다. 그것을 바라보는 나도 덩달아 흐뭇하다.

난 경영인으로서 공장 말뚝을 직접 박아 보는 것을 매우 중시했다. 갖가지 어려움을 딛고 척박한 땅에 자기 공장의 말뚝을 직접 박으며 땀 흘려 공장을 지어 볼 때 단순한 장사꾼을 탈피해 비로소 기업인이 된다고 나는 생각해 왔다. 그래서 부단히 건설 자동차 조선 전자 산업 등에서 막대한 자금을 들여 공장을 지어 왔다. 주변에서 제대로 안 될 것이라고 만류하거나 노골적으로 냉소적인 시각으로 바라볼 때에도 이러한 신념에서 나는 일을 밀고 나갔다. 아직도 난 나의 판단을 소중히 여긴다.

그러나 시대의 변화란 대단한 것이다. 미국이 주도하고 있는 정보화 산업, 인터넷 산업이 세계를 뒤흔들고 있다. 이 산업은 전통적인 분류로 따질 때 공장말뚝이 있는 산업이 아니다. 아니, 그러한 과거 잣대에 의한 분류가 무의미한 산업이다.

세상의 변화란 멋진 일이다. '공장을 직접 지어 봐야 기업인이 된다'는 내 생각에는 변함이 없지만 시대변화로 인해 그러한 생각을 젊은이들에게 꼭 강권할 뜻은 없다.

그러나 공장을 지어 봐야 기업인으로서 사고와 행동의 호흡이 길어진다. 짧은 생각, 가벼운 행동을 스스로 자제하게 된다. 기업을 하려는 사람이 호흡을 짧게 가져가서는 결코 안 된다. 이런 점에서 최근 인터넷 사업에 뛰어든 젊은이들 중 일부가 일확천금을 꿈꾸며 '작전성 사업'을 하려는 경향을 보이는 것은 참으로 안타까운 일이다. 따라서 요즘 젊은이들은 시대변화로 인해 진정한 기업인이 되기 위해 꼭 공장을 지어야 할 필요가 없어졌다고 하더라도 스스로의 훈련을 통해 시골 황소와 같은 우직함을 몸에 익혀야 한다.

이 노인네가 평생 소중하게 여겨 온 공장말뚝론을 새천년을 맞아 새롭게 할 테니 부디 젊은이들도 기업경영을 단기적으로 목돈 한 번 챙기는 정도로 간주하는 습벽을 물리치라고 당부하고자 한다. 시대의 변화가 멋진 것이지만 거기에서 좋은 면들을 섭취해야지, 일시적으로 이용해 돈을 벌겠다고 하다간 오히려 그 변화에 스스로 먹히거나 매몰되고 만다. 괜한 말이 아니라 나는 그러한 예들을 과거에도 무수히 보아 왔다. 엄청난 변화의 시기에 새로운 면모의 젊은 기업인들이 대거 탄생하길 바라며 이 말을 해둔다. 새천년에도 나와 같은 기업인이 또 나올 것이라고 확신한다. 그래야 한국 경제가 우뚝 선다.

(머니투데이, 2000.01.01.)

정주영, 모두 승자가 될 수는 없다

지난해 홍콩의 한 경제지가 나를 20세기의 아시아 10인 중 한 명으로 선정했다고 전해 들었다. 나로선 영광이다. 그렇다고 내가 지금까지 걸어온 길에 줄곧 축배만 있었던 것은 아니다. 오히려 고배가 더 많았던 듯싶다. 다만 나는 그 쓴잔을 실패라고 여기지 않고 시련으로 받아들이며 앞만 보고 걸어 나갔을 뿐이었다. 나의 회고록을 보더라도 금방 드러난다. 그것은 일이 술술 잘 풀려나간 과정에 대한 기록이 아니라 소위 성공했다고 평가받는 내가 도중에 얼마나 많은 시련과 고비를 겪었으며 결과적으로 그것들을 어떻게 헤쳐 나왔는지를 기록한 내용이다.

일이 어긋나거나 사업이 제대로 안 풀리는 것을 겁내서는 결코 안 된다. 그러나 섣부른 시도는 금물이다. 요즘 한창 젊은이들을 사로잡고 있는 벤처기업의 경우 사실상 성공률은 아무리 좋게 봐야 5%를 넘지 못한다고 한다. 95% 이상이 도중하차한다는 얘기다. 여기에 대해 한평생 기업을 일궈 온 내가 몇 가지를 지적해 두고자 한다.

결론을 먼저 말하자면 나 같은 사람들이 100명 나서서 각자 사업을 할 경우에도 반드시 95명 이상은 실패한다는 사실이다. 사업을 하는 모든 사람들이 승리자가 될 수는 없다. 그것은 상대적인 경쟁이기 때문에 필연적으로 소수의 성공자를 남긴다. 이것은 벤처기업에만 해당되는 게 아니다. 벤처기업이라는 말이 없던 나의 젊은 시절에 사업을 할 때에도 성공률은 이처럼 작았다. 사실 사업치고 벤처 아닌 게 어디 있는가.

사람들이 나를 성공의 모델 케이스로 보는 것은 좋다. 그러나 나만을 바라봐서는 곤란하다. 더 많은 실패 케이스에도 주목해야 한다.

또 한 가지 짚고 넘어가야 할 게 있다. 95% 이상의 벤처기업이 쓰러진다고 할 경우 그것은 100번의 시도 중 95번 이상이 성공하지 못한다는 얘기이지, 100명 중 95명이 곧장 인생실패자가 된다는 말은 아니다. 오히려 한두 번의 시도로 좌절해서는 애초에 기업인이 될 자격이 없다고 봐야 마땅할 것이다.

사업시도가 성공하지 못할 때 재기불능으로부터 그 사람을 지켜 주는 것이 바로 신용이다. 신용을 저버린 사람은 막다른 골목에 부딪힌다. 또 다른 시도를 할 수가 없다. 그러나 주변에 신용을 쌓아 둔 사람은 일시적인 어려움을 겪을지라도 또 다른 시도로 재기할 수 있는 기회를 잡는다. 결국 사업에 나선 사람이 커다란 시련에 부딪혔을 때 신용이 있느냐, 없느냐에 따라 정반대로 운명이 갈린다.

신용의 힘을 일찍 깨닫는 젊은이는 사업가적 자질을 반쯤은 이미 갖춘 셈이라고 할 수 있다. 남을 속이면서 조그만 이득을 취하는 것은 사업에서 독약이다. 그 사람 자신을 위해서도 차라리 사업이 망하는 게 낫다. 독약이 쌓여 가지고는 사업을 오래 지탱할 수가 없다. 사업이 망할지언정 사람의 신용을 손상당해서는 안 된다.

벤처 사업에 나서는 젊은이들이 '시련은 있어도 실패는 없다'는 나의 외침을 함께 나눠 갖길 바란다. 남다른 의지로 인생을 걸고 자기 사업에 몰두하고 있는 벤처기업가라면 왜 내가 그러한 신념의 중요성을 그토록 강조해 왔는지를 벌써 깨달았을 것이다.

(머니투데이, 2000.01.10.)

에필로그

우리 시대의 기업환경은 아산의 시대와는 처음부터 끝까지 다르다. 현대차가 포니를 내놓았을 때 스티브 잡스가 창업했던 애플이 지금은 시가총액 2천조 원을 넘는 기업이고 제프 베조스의 아마존은 아산이 사실상 기업활동에서 떠난 후인 1994년에 창업되었다. '신인류'라고 불리는 신세대는 전화통화보다 '카톡' 문자와 이모티콘으로 소통한다. 어느 빅데이터 전문가가 말했듯이 '사람을 상대하기 싫어하는 사람들이 태어났다.' 사회 전체와 산업구조도 신세대에 맞게 재편성되어 간다.

아산은 회고록에서 "요즘 풍조는 더 이상해져서 집보다도 자가용을 먼저 사고, 기저귀 가방에 아이를 들쳐 업은 젊은 아낙네도 핸드폰을 들고 다닌다"며 다소 못마땅하게 쓰고 있다(정주영a, 404). 아산의 그 표현을 빌리면 지금의 풍조는 더더욱 이상해졌다.

지금은 아산의 시대에서 통용되었고 큰 성과를 냈던 공격적인 리더십의 시대가 아니다. 공격적이고 헌신적인 리더십이 상대적으로 더 중요한 중후장대 산업의 비중은 줄어들었고 삼성전자가 글로벌 10위권을 넘보는 섬세한 디지털의 시대다. '4대 천왕'으로 불리는 애플, 구글, 아마존, 페이스북의 시대인 것이다. 그네들이 창출하는 부가가치를 세상이 가장 높이 평가한다.

대기업의 지배구조도 그때와는 천양지차고 대기업의 정부, 사회와의 관계도 아산의 시대에 비하면 거의 지구와 안드로메다의 거리만큼 달라져 있다. 경영판단은 한 사람이 주도하더라도 이사회가 최종적인 책임으로 승인한다. 기업의 사회적 책임도 경영자 개인의 신념이나 가치관 차원이 아닌 기업 자체의 책임 범주에 들어왔다.

그리고 무엇보다도, 아산의 시대와 비교할 때 우리 인간 각자의 능력은 크게 달라진 것이 없는데 기업은 커지고 복잡해졌다. 고도성장기와는 달리 신사업 아이템 발견이 점점 어려워진다. 그리고 하워드 슐츠 스타벅스 회장이 말했듯이 현대의 거대 기업을 끌어가는 능력은 쾌속정 함장의 능력이 아닌 항공모함 함장의 능력이다. 개인기와 결단력보다는 시스템과 협동이 중요하다. 과거 현대의 강점은 약점이 될 수도 있다.

경제와 사회가 안고 있는 과제들도 많이 달라진 모습이다. 독일 베텔스만 재단이 독일 사회가 씨름해야 할 세 가지 문제로 든 디지털화, 양극화, 인구분포 등은 한국에도 마찬가지로 중요한 문제들이다. 아산도 이미 기업의 사회적 책임을 무게 있는 과제로 받아들였지만 지금은 기업의 문제와 사회의 문제가 훨씬 더 밀접하게 연계되어 있기 때문에 기업활동이 그런 현대적 과제들을 더 의식하고 행해져야 한다.

그러나 아산 리더십의 요체가 추진력과 헌신에만 있었던 것은 아니다. 아산은 과거, 현재, 그리고 미래에도 영원히 가장 중요한 책임감과 정직성, 그리고 혁신을 보여 주었다. 사회적 책임과 나눔의 철학은 세월이 흘러도 그 본질이 달라지지 않는다. 아산은 "기업은 인간을 위한 인간의 단체"라고도 했다(정주영b, 345). 아산의 후예들이 변화된 환경에서 그 덕목을 계승하는 것이 과제로 남는다.

저자가 이 책을 쓰면서 놀랐던 점 중의 하나는 아산의 진취적 사업관과 혁신적 경영관은 오래 묵은 옛날 이야기에 그치지 않는다는 점이다. 디지털 시대인 지금도 변함없이 가치를 인정받을 수 있는 것들이다. 구글의 공동창업자 래리 페이지는 "대다수의 사람들이 우리의 계획은 성취 불가능한 계획이라고 생각하는 경향을 보였다. 실제로 가능한 것이 무엇인지 생각해 보려고 하지도 않았다"고 말한다(Schmidt & Rosenberg, xiii-xiv). "할 수 있다고 생각하면 이룰 수 있다"는 아산의 철학과 일맥상통한다.

저자가 이 책을 쓰는 동안 확인한 아산과 그 유산에 관한 수많은 매체 자료, 그리고 그에 대한 댓글이나 리뷰들은 아산이 아직도 한국인들의 마음과 일상 속에 생생하게 살아 있고 경제와 사회의 정신적 지표 역할을 하고 있음을 알게 해 주었다. 따라서 후세가 아산을 '활용'하지 않는다면 귀중한 유산을 모셔만 두는 셈이다. 아산도 미래의 현대, 미래의 한국과 기쁘게 함께하고 싶어 할 것이다.

마지막으로, '인간 정주영'은 어떤 시절이 오더라도 경제에서, 사회에서 우리가 기대고 의지할 수 있는 '담담한 열정'의 지도자 모습이었고, 그리고 무엇보다도, 가족을 위해 언제나 열심히 일하시는 든든한 우리들의 아버지, 우리들의 할아버지 모습이었다.

참고문헌

김동길, 백년의 사람들(나남, 2020)
김동운, 한국의 대규모기업집단 30년(전 2권, 한국학술정보, 2019)
김문현, 정주영은 살아있다(솔, 2015)
김용철, 삼성을 생각한다(사회평론, 2010)
김우중, 세계는 넓고 할 일은 많다(김영사, 1989)
김화진(a), 소유와 경영(더벨, 2020)
______(b), M&A의 역사와 전략(더벨, 2019)
______(c), 기업지배구조(더벨, 2017)
더벨의 눈으로 본 금융·자본시장 10년(더벨, 2017)
모지현, 한국 현대사 100년 100개의 기억(더좋은책, 2019)
박상인, 벌거벗은 재벌님(창해, 2012)
박정웅, 정주영 이봐, 해봤어?(프리이코노미북스, 2015)
박철언, 바른 역사를 위한 증언 2(랜덤하우스중앙, 2005)
산업통상자원 R&D 전략기획단, 플랫폼 레볼루션(이콘, 2019)
서중석·김덕련, 서중석의 현대사 이야기 8(오월의봄, 2017)
송의달, 세상을 바꾼 7인의 자기혁신노트(W미디어, 2020)
송호근, 가 보지 않은 길: 한국의 성장동력과 현대차 스토리(나남, 2017)
열다 짓다 그리고 잇다: 현대건설 70년사(전3권, 현대건설, 2017)
오연천(a), 결정의 미학(21세기북스, 2016)
______(b), 함께하는 긍정(YBM, 2016)

이병철, 호암자전(나남, 2014)
이임광, 변화를 향한 질주: 정몽구와 현대·기아차(생각의지도, 2007)
이장규, 경제는 당신이 대통령이야(올림, 2008)
이채윤, 현대가 사람들(성안당, 2015)
이한구, 한국재벌사(대명출판사, 2010)
이헌재, 위기를 쏘다(중앙북스, 2012)
전우용, 한국 회사의 탄생(서울대학교출판문화원, 2011)
정몽준(a), 나의 도전 나의 열정(김영사, 2011)
______(b), 세상을 움직이는 리더와의 소통(푸르메, 2011)
______(c), 꿈은 이루어진다(룩스북, 2002)
______(d), 일본에 말한다(김영사, 2001)
______(e), 기업경영이념(울산대학교출판부, 1992)
정주영(a), 이 땅에 태어나서(솔, 1998)
______(b), 시련은 있어도 실패는 없다(제삼기획, 1991)
초심, 새로운 도전: 서울아산병원 30년, 1989-2019(서울아산병원, 2019)
최정표, 한국재벌사연구(해남, 2014)
한국경제를 만든 M&A Deal(더벨, 2019)
허영섭, 영원한 도전자 정주영(나남, 2015)
현대경제연구원, 정주영 경영을 말하다(2011)

Chernow, Ron (a), *Titan: The Life of John D. Rockefeller, Sr.* (Vintage, 2004)
________ (b), *The Warburgs* (Vintage Books, 1994)
________ (c), *The House of Morgan: An American Banking Dynasty and the Rise of Modern Finance* (Touchstone, 1990)
Chung, Ju-yung, *Born of This Land: My Life Story* (Asan Academy, 2019)
Clark, Jennifer, *Mondo Agnelli: Fiat, Chrysler, and the Power of a Dynasty* (Wiley, 2011)
Edwards, Lee, *Leading the Way: The Story of Ed Feulner and the Heritage Foundation* (Crown Publishing Group, 2013)
Ferguson, Niall (a), *The House of Rothschild: Money's Prophets 1798-1848* (Penguin

Books, 1998)

_______ (b), *The House of Rothschild: The World's Banker 1849-1999* (Penguin Books, 1998)

Galloway, Scott, *The Four* (Portfolio, 2017)

Graham, Katharine, *Personal History* (Vintage, 1998)

Grässlin, Jürgen, *Daimler-Benz: Der Konzern und seine Republik* (Droemer Knaur, 2002)

Grauer, Neil A., *Leading the Way: A History of Johns Hopkins Medicine* (Johns Hopkins University Press, 2012)

Jennings, Andrew, *The Secret World of FIFA* (HarperSport, 2006)

Jungbluth, Rüdiger, *Die Quandts: Deutschlands erfolgreichste Unternehmerfamilie* (Campus Verlag, 2015)

Kirk, Donald, *Korean Dynasty: Hyundai and Chung Ju Yung* (Routledge, 1994)

Landes, David S., *Dynasties: Fortunes and Misfortunes of the World's Great Family Businesses* (Viking, 2006)

Lansbury, Russell D. et al., *The Global Korean Motor Industry: The Hyundai Motor Company's Global Strategy* (Routledge, 2012)

Meck, Georg, *Auto macht Geld: Die Geschichte der Familie Porsche Piëch* (Rowohlt Berlin, 2016)

Pitts, Gordon, *In the Blood: Battles to Succeed in Canada's Family Businesses* (Doubleday Canada, 2000)

Rockefeller, David, *Memoirs* (Random House, 2003)

Schmidt, Eric & Jonathan Rosenberg, *How Google Works* (Grand Central Publishing, 2014)

Scholtyseck, Joachim, *Der Aufstieg der Quandts: Eine deutsche Unternehmerdynastie* (C. H. Beck, 2011)

Steers, Richard M., *Made in Korea: Chung Ju Yung and the Rise of Hyundai* (Routledge, 1998)

Tifft, Susan E. & Alex S. Jones, *The Trust: The Private and Powerful Family Behind the New York Times* (Little Brown & Co., 1999)

Watts, Steven, *The People's Tycoon: Henry Ford and the American Century* (Vintage, 2006)

Wetterberg, Gunnar, *Wallenberg: The Family That Shaped Sweden's Economy* (Gidlunds Förlag, 2014)

국가기록원, 대기업간 발전설비경쟁과 조정, 2007.(https://www.archives.go.kr/next/search/listSubjectDescription.do?id=007320&sitePage=)

국제신문, 강경식 전 부총리의 환란 이야기 〈7〉 기아의 허상과 실상, 2007.04.15.(http://www.kookje.co.kr/news2011/asp/newsbody.asp?code=2500&key=20070416.22028204004)

매일경제, [장경덕 칼럼] 포디즘의 추억, 2019.12.18.(https://www.mk.co.kr/opinion/columnists/view/2019/12/1058470/)

연합뉴스, 〈프로필〉 박세용 신임 현대자동차 회장, 1999.12.30.(https://news.naver.com/main/read.nhn?mode=LSD&mid=sec&sid1=101&oid=001&aid=0004490007)

연합뉴스, 주소련 현대대표부 업무개시, 1990.05.04.

월간중앙, 헤리티지재단 창립자 에드윈 퓰너가 보는 한반도의 미래, 2015.11.15.(https://news.joins.com/article/19068832)

조선일보, [인터뷰] 초대형 사업 '주바일 항만 공사'를 어떻게 따냈나... 홍순길 前 사우디 주재 건설관, 2019.07.29.(http://news.chosun.com/site/data/html_dir/2019/07/28/2019072801438.html?utm_source=naver&utm_medium=original&utm_campaign=news)

중앙일보, 왕회장 손녀 정남이 "한국판 페이팔 마피아 만들어낼 것", 2019.04.25.(https://news.joins.com/article/23450197)

중앙일보 "세계 첫 자율주행차는 한국"...25년 전 서울 시내 달렸다, 2018.08.27.(https://news.joins.com/article/22916189)

한겨레, "경제성장이 박정희 공로? 위험한 착각입니다", 2020.01.03.(http://www.hani.co.kr/arti/culture/book/923022.html)

Forbes, "Chung Mong-Joon Wants To Lead the City of Seoul Out of Its Funk", 2014.04.30.(https://www.forbes.com/sites/forbesasia/2014/04/30/chung-mong-joon-wants-to-lead-the-city-of-seoul-out-of-its-funk/)

*인터넷 자료의 검색일은 모두 2020.07.16.

지은이

김화진

서울대학교 법학대학원 교수
미시간대 로스쿨 글로벌 석좌교수 역임
뉴욕대 로스쿨 글로벌 법학교수 역임
서울대, 고려대 경영대 강의
스탠퍼드대 로스쿨, 텔아비브대 법대 강의
뮌헨대 법학부, 하버드대 로스쿨 졸업
한국금융투자협회 공익이사 역임
영어, 독일어, 러시아어 저서 출간
옥스퍼드대 금융법학술지 창간편집위원
대한민국학술원 우수학술도서 3회 선정